幼儿教师职业道德

主　编　刘　建

副主编　何　锋　彭　云

参　编　刘　建　何　锋　彭　云
　　　　张司仪　孙　丹　王　捷
　　　　成映洁

华东师范大学出版社
·上海·

图书在版编目(CIP)数据

幼儿教师职业道德/刘建主编. —上海:华东师范大学
出版社,2015.1
ISBN 978 - 7 - 5675 - 3130 - 7

Ⅰ.①幼… Ⅱ.①刘… Ⅲ.①幼教人员－职业道德－
高等职业教育－教材 Ⅳ.①G615

中国版本图书馆 CIP 数据核字(2015)第 034643 号

高职高专学前教育专业系列教材

幼儿教师职业道德

主　　编　刘　建
责任编辑　吴海红
审读编辑　何丹凤
责任校对　时东明
装帧设计　陆　弦
封面作品　张　奕

出版发行　华东师范大学出版社
社　　址　上海市中山北路 3663 号　邮编 200062
网　　址　www.ecnupress.com.cn
电　　话　021 - 60821666　行政传真 021 - 62572105
客服电话　021 - 62865537　门市(邮购) 电话 021 - 62869887
地　　址　上海市中山北路 3663 号华东师范大学校内先锋路口
网　　店　http://hdsdcbs.tmall.com

印 刷 者　浙江临安曙光印务有限公司
开　　本　890 毫米 × 1240 毫米　1/16
印　　张　10.75
字　　数　317 千字
版　　次　2015 年 5 月第 1 版
印　　次　2023 年 8 月第 14 次
书　　号　ISBN 978-7-5675-3130-7
定　　价　29.00 元

出版人　王　焰

前 言

党的二十大报告指出："教育是国之大计、党之大计。培养什么人、怎样培养人、为谁培养人是教育的根本问题。育人的根本在于立德。全面贯彻党的教育方针,落实立德树人根本任务,培养德智体美劳全面发展的社会主义建设者和接班人。"我国现在正处于社会转型时期,受价值多元、市场主义、权力主义、庸俗文化等思想的负面影响,各种各样的师德问题层出不穷,教育事业发展的道德基础逐渐消解并走向混沌。这也导致当下许多中小学、幼儿园等教育机构出现这样或那样的道德困境,引起人们越来越多的关注与担忧。有鉴于此,如何认识道德与教师职业道德,如何提升教师的职业道德水平、促进教师专业发展成为人们普遍关心的话题。为此,《中共中央国务院关于全面深化新时代教师队伍建设改革的意见》《关于加强和改进新时代师德师风建设的意见》《幼儿园教师专业标准(试行)》《小学教师专业标准(试行)》《中学教师专业标准(试行)》等国家相关的文件中都明确提出要加强师德建设,以打造一支德才兼备的教师队伍。

《新时代公民道德建设实施纲要》指出:加强公民道德教育要把立德树人贯穿学校教育全过程。幼儿园教育是基础教育的重要组成部分,是我国学校教育和终身教育的奠基阶段。通过学前教育,可以促进儿童生长发育,提高身体素质;开发大脑潜力,促进儿童智力发展;发展个性,促进儿童人格的健康发展;培育美感,促进想象力、创造性的发展。学前教育的巨大意义不仅表现在个体的发展上,由于在个体发展的同时,由个体组成的社会必然受益,因此幼儿教育也必然显现出巨大的社会效益。幼儿教师是幼儿教育工作的主要实施者,他们对幼儿的发展与成长影响巨大,在幼儿的身心发展中扮演着重要的角色。幼儿教师的职业角色可以从其扮演的社会角色、承担的社会职责及与活动对象的关系等方面表现出来。幼儿教师不仅是教育者、幼儿的游戏伙伴、幼儿的第二任父母、幼儿的知心朋友,还是学前教育的研究者和学前教育理论的建构者。幼儿教师的道德水平直接影响着幼儿的茁壮成长与健康发展。幼儿教师的职业理想、职业责任、职业态度、职业纪律、职业技能、职业良心、职业作风与职业荣誉等都直接决定着幼儿教师的职业发展水平与幼儿园保教质量的高低。因此,强化幼儿教师职业道德教育,全面提升教师思想政治素质和职业道德水平对于推进幼儿教师献身教育事业,激发幼儿教师的工作积极性,提高幼儿园办园质量,办让人民满意的幼儿教育具有重要的理论与实践意义。这也是国家实施师德师风建设、培养高素质教育队伍的重要一环。

本教材基于《中共中央国务院关于全面深化新时代教师队伍建设改革的意见》《关于加强和改进新时代师德师风建设的意见》《幼儿园工作规程》《幼儿园教育指导纲要(试行)》《幼儿园教师专业标准(试行)》《教师教育课程标准(试行)》等文件精神与高职高专学前教育专业教学标准的要求,借鉴基础教育领域教师职业道德研究的既有成果,结合当下幼儿教师职业道德的实际,理论联系实践,做到基于理论、强化实践、以生为本、专业发展。为此,本教材主要选取了以下几个幼儿园教师最重要的职业道德领域进行研究:一是学前教师职业道德内涵,二是学前教师职业道德的重要范畴,三是学前教师的职业道德原则,四是学前教师职业道德规范,五是学前教师职业道德实践,六是学前教师职业道德修养,七是学前教师职业道德评价,八是学前教育名家与职业道德。这些主题既相对独立,又自成一体;既突出专业性,又强调实用性;既关注历史,又凸显逻辑。本教材语言深入浅出、通俗易懂,体例结构清晰、一目了然,提供给读者一个全面而简洁的学前教师职业道德的知识架构。

本教材是集体智慧的结晶,由南京师范大学教师教育学院刘建教授担任主编,主要负责设计教材整体框架,参与编写部分章节,以及统稿、定稿事宜。江苏省教育科学研究院幼儿教育与特殊教育研究所何锋博士,南京市第二幼儿园彭云副园长担任副主编,负责组织协调人员、讨论教材架构与体例、撰写部分章节和参与统稿等。参与编写的人员有:南京师范大学教师教育学院刘建、孙丹、王捷、成映洁,江苏省教育科学研究院幼儿教育与特殊教育研究所何锋,南京市第二幼儿园彭云,江苏省省级机关第一幼儿园张司仪。具体撰写分工如下:前言,刘建;第一章"幼儿教师职业道德概述",刘建;第二章"幼儿教师职业道德的重要范畴",孙丹;第三章"幼儿教师职业道德原则",孙丹、何锋;第四章"幼儿教师职业道德规范",彭云;第五章"幼儿教师职业道德实践",张司仪;第六章"幼儿教师职业道德修养",王捷;第七章"幼儿教师职业道德评价",王捷、何锋;第八章"幼儿教育名家与职业道德",成映洁、刘建。孙丹与王捷做了大量的文字与体例校对工作。

本教材的出版得到许多专家学者的关心与帮助,中国教育伦理学会会长、南京师范大学钱焕琦教授就本教材的编写立意、内容选择、构架安排等给予了精心的指导。《中国教育报》学前版资深主编苏令就本教材的撰写提供了详细的资料,并就教材的内容体系及其他工作提供了许多有益的建议。南京师范大学教师教育学院周晓静副院长、杨跃教授,南京师范大学教育科学学院学前教育系原晋霞副教授等都对本教材的编写提出许多好的意见或建议,华东师范大学出版社责任编辑吴海红老师对教材的编写工作提供了诸多支持,并提出许多宝贵的意见,在此一并感谢!

陈鹤琴先生在《怎样做人民的幼稚园教师》中说:"一个优良的教师一定要具有高度的工作热情,继续不断地改进自己的业务,全心全意为儿童谋幸福。"幼儿教师要热爱与尊重儿童,做好学前教育工作,就要具有"爱满天下"的情怀,必须具备高尚的职业道德,只有如此,才会最终实现"我爱儿童,儿童爱我"的生命价值观。为此,我们一同努力!

编　者

2023 年 7 月 8 日

目 录

第一章

幼儿教师职业道德概述

■ **学习目标**

1. 理解学前教育的内涵与幼儿教师的职业角色。
2. 掌握幼儿教师职业道德的内涵与特征。
3. 了解幼儿教师职业道德的功能与价值。

案例

　　某地教育局每年都要组织新教师参加上岗前的职业道德培训,重点对新教师进行职业道德规范教育,因故未能参加的教师还必须由教育局安排重新补上这一课。当因公而未能赶上首次培训的小陈老师接到园长的通知要其到教育局参加补课时,心里真有点儿不情愿。她认为,作为教师,既有国家一系列有关教育的法律法规的约束,又有幼儿园的规章制度的管理,还要那些职业道德规范干什么? 真是多此一举。①

　　思考:你认为,小陈老师的认识对吗? 为什么?

　　幼儿园教育是基础教育的重要组成部分,是我国学校教育和终身教育的奠基阶段。幼儿教师是幼儿教育工作的主要实施者,他们对幼儿的发展与成长影响巨大,在幼儿的身心发展中扮演着重要的角色。幼儿教师的道德水平直接影响着幼儿的茁壮成长与健康发展,决定着幼儿教师的专业发展水平与幼儿园保教质量。本章首先就学前教育的内涵、特点、意义以及幼儿教师的职业角色等作简单阐述,以此为基础,在分析当前幼儿教师职业道德存在的诸多问题后,就幼儿教师职业道德的内涵与特征,功能与价值等进行详细论述。

第一节　学前教育概述

　　学前教育是学校教育系统中最初的教育阶段,具有自身独特的内涵与性质,表现出独特的规律与特征,要想真正掌握学前教师职业道德的相关知识,必须对学前教育的一般知识予以了解。以下我们就学前教育的内涵、特点、意义以及学前教师所扮演的职业角色进行阐述。

一、学前教育的内涵

　　对学前教育概念的认识,人们有不同的解释。目前国内外对此尚无统一的认识。我国学者黄人颂提出:"学前教育是指从出生到 6 岁前儿童的教育。"学者梁志燊认为,学前教育是对"出生到入学前的儿童"所进行的教育。

---

① 杨芷英. 教师职业道德[M]. 北京:高等教育出版社,2007:83.(引用时编者有所改动)

国外一些学者提出,学前教育是从胎儿到正式受教育前这段时期的幼儿照管和教育。也有一些学者认为学前教育就是能够激起从出生到进入小学的儿童的学习愿望,给他们学习体验,并且有助于他们整体发展的活动总和。在年龄划分上,目前各国也未有统一的说法,有的国家是指从出生到五六岁儿童的教育,有的国家则指从二三岁开始到六七岁入学前儿童的教育,也有的国家是指 3—6 岁儿童的教育。如美国早期教育对象为 0—8 岁,它由不同的学前教育机构来承担,婴儿中心(Infant and Toddler)招收 0—2 岁儿童,保育学校(Nursery School)招收 2—5 岁的儿童,日托中心(The Child Care Centre)招收 3—6 岁的儿童,幼儿园(Kindergarten)招收 5—6 岁儿童。而英国的早期教育对象为 2—7 岁的儿童,2—5 岁的儿童进入保育学校(Nursery School),5—7 岁的儿童进入幼儿学校(Infant School)。随着现代心理学、生理学的发展,大家认为 3 岁前是儿童身体、心理发展的重要时期,所以呈现普遍重视儿童的"零岁教育"与"婴儿期教育"等早期教育趋势。

目前国内对学前教育的理解,一般认为是对胎儿至进入小学前的儿童所进行的教育、组织的活动和施加的影响,它的教育对象包括胎儿、婴儿(0—3 岁)、幼儿(3—6/7 岁)。

学前教育,作为一种对出生到六七岁前儿童的教育活动,也有广义与狭义之分。广义的学前教育包括专业机构的幼儿教育、社会幼儿教育和家庭幼儿教育。换言之,凡是能够影响幼儿身体成长和认知、情感、性格等心理各方面发展的活动,比如学前儿童在家看电视、看图书、帮父母做家务劳动,或随成人去旅游、参观、看电影、参加社会活动等等,都是学前教育。狭义的学前教育则是指专门机构的幼儿教育,特别是 3—6 岁年龄段的幼儿园教育。幼儿园教育在我国是归属于学校教育系统的,和学校教育一样,幼儿园教育也具有家庭、社会教育所没有的优点,如专业性、目的性、系统性等。但是,幼儿园教育与学校教育不同的是,3—6 岁这一特定年龄段的幼儿与学校教育对象——青少年是不同的群体,他们有特殊的需要,而满足这些需要在更大的程度上要家庭和社会的配合。因此,幼儿园教育又具有区别于学校教育的很多特点,其中,与家庭、社会的紧密联系可以说是最突出的。正因为如此,从广义与狭义两方面全面把握学前教育的涵义显得尤为重要。本书着重探讨专门机构幼儿教育的一般规律,并在此基础上兼顾社会幼儿教育和家庭幼儿教育。

二、学前教育的特点

(一) 生活化

幼儿的年龄特点和身心发展需要,决定了学前教育目标和内容的广泛性,也决定了保教合一的教育教学原则。对于幼儿来讲,除了认识周围世界、启迪其心智以外,还应培养其生活和做人所需要的基本态度和能力,如卫生习惯、生活自理能力、交往能力等。但是这样广泛的学习内容不可能仅仅依靠教师设计、组织的教育教学活动来完成,也不可能通过口口相传的方式来实现,儿童更多的是在生活中学习生活,在交往中学习交往。

(二) 游戏化

游戏符合幼儿的年龄特征,能够满足幼儿的各种身心需要,是幼儿园的基本活动,也是学前教育的基本原则之一。从本质上来看,游戏是幼儿的一种自由自发的主体性活动,对幼儿的发展有着多方面的价值。游戏是幼儿的基本活动形式,也是幼儿的基本学习方式。所以,游戏在幼儿园课程中居于非常重要的位置。

(三) 活动性

幼儿主要通过各种感官来认识世界。只有在获得丰富的感性经验的基础上,幼儿才能理解事物,才能对事物形成比较抽象的、概括的认识。幼儿的这种具有行动性和形象性的认知方式和认知特点,使得幼儿园课程必须以幼儿主动参与的教育性活动为基本的存在形式和构成成分。对幼儿来讲,只有在活动中的学习才是有意义的学习,只有在直接经验基础上的学习才是可理解性的学习。

（四）潜在性

由于幼儿身心发展和学习的特点，使得幼儿园课程不是体现在课程表、教材、课堂中，而是体现在生活、游戏和其他幼儿喜闻乐见的活动形式中。虽然怎样创设环境，怎样支持幼儿的探索学习，都是教师根据幼儿园课程的目的、内容要求精心设计的，但这些内容、目的和要求仅仅存在于教师的意识和行动中，幼儿并能不清楚地认识到。也就是说，幼儿园课程蕴含在环境、材料、活动和教师的行为中，潜移默化地对幼儿起作用。

三、学前教育的意义

教育的主要基础是在五岁前奠定的。你们对五岁前儿童所做的一切，就是整个教育过程的百分之九十。而以后是继续教育人、造就人的过程。

——马卡连柯

《幼儿园教育指导纲要（试行）》总则中明确指出："幼儿园教育是基础教育的重要组成部分，是我国学校教育和终身教育的奠基阶段。"人从呱呱落地，到长大成人，成为有健康的身体、发达的智能、丰富的知识和良好的思想品德等良好素质的社会成员，这个变化的实现主要靠的是各个阶段的教育，其中幼儿教育的奠基作用是至关重要的。学前教育的重大意义不仅表现在个体的发展上，由于在个体发展的同时，由个体组成的社会必然受益，因此幼儿教育也必然显现出巨大的社会效益。

（一）促进幼儿生长发育，提高身体素质

学前儿童的身体正在迅速发育，幼儿感受到自己身体的力量，并在活动中显现这种力量。但另一方面，他们的身体还极不成熟，动作发展还不协调，自我保护能力还很差，因此易受疾病、事故的伤害。学前教育根据幼儿生长发育的特点，着眼于幼儿身体素质的提高，有计划地为幼儿创设一个让其身心愉快的环境，在培育幼儿良好性格的同时，合理地安排营养保健和一日生活，科学地组织体育锻炼，培养儿童良好的生活卫生习惯，增加其对疾病的抵抗能力和对环境变化的适应能力等，帮助幼儿增强体质，健康地成长，为将来成为体魄健康的社会成员打下基础。

（二）开发大脑潜力，促进幼儿智力发展

美国心理学家杰明斯指出，5 岁以前是智力发展最快的时期，对一个 18 岁的孩子达到的正常智力水平来说，其中 50％的智力是 4 岁以前获得的，30％是 4—8 岁获得的，20％是 8—18 岁获得的。生理学家的研究也表明，幼儿是大脑发展最快的时期，一个成年人脑重约为 1400 克，4 岁儿童的脑重就可达到 1000 克，8 岁时约为 1300 克。可见，在幼儿阶段开发大脑的潜力，充分发展智力，具有特殊重要的意义。不少研究还证明，幼儿期是语言、形状知觉、音感等发展的关键期，在这时期施加适宜的教育，将收到事半功倍的效果，推迟教育的话，则效果将大打折扣。

（三）发展个性，促进幼儿人格的健康发展

幼儿时期，孩子的个性品质开始萌芽并逐渐形成。这时孩子的可塑性很强，但是自我评价尚未建立，往往以别人的评价来评价自己。若在这个时期对孩子施以正确的教育，好好引导，培养良好的个性、品质，对其一生都有重要影响。若在这个时期形成一些不好的个性品质或行为习惯，以后很难纠正。人的个性、性格、思想道德和行为习惯都是在一定的教育影响下逐渐形成和发展起来的。在幼儿期如果受到良好的教育，就能形成许多好的习惯，如爱清洁、懂礼貌、热爱学习、热爱劳动等，形成良好的性格、个性和符合社会要求的行为规范。

(四) 培育美感,促进想象力、创造性的发展

由于幼儿思维、情感的特点,他们喜欢用形象、声音、色彩、身体动作等来思考和表达。从这一特点出发,学前教育以美熏陶、感染幼儿,满足其爱美的天性,萌发其美感和审美情趣,激发他们表现美、创造美的欲望,发展他们艺术的想象力、创造力,促进健全人格的形成。郭沫若先生曾经说过:"人类社会根本改造的步骤之一,应当是人的改造。人的根本改造应当从儿童的感情教育,美的教育入手。"这些话可以说是对幼儿教育重要性的最好注释。

四、幼儿教师的职业角色

在幼儿教育机构中,对学前儿童进行教育的工作人员,称为幼儿教师,即受社会的委托在托幼机构中对学前儿童的身心施加影响,从事保育和教育工作的教育工作者。幼儿教师对幼儿的影响巨大,在幼儿的身心发展中扮演着重要的角色。幼儿教师的职业角色可以从其扮演的社会角色、承担的社会职责及其与活动对象的关系等方面表现出来。

(一) 幼儿教师是教育者

学前教育机构是公共正规的教育组织,其中心任务就是教育、教导儿童。因此,幼儿教师的主要职责还是教育孩子。幼儿教师首先是一个教育者,因此要用教育者的标准严格要求幼儿教师。作为一个教育者,幼儿教师主要工作体现在以下诸多方面:幼儿教师是物质环境的提供者和组织者;幼儿教师是幼儿的细心观察者和记录员;幼儿教师是幼儿的榜样和示范者;幼儿教师是幼儿学习的引导者;幼儿教师是问题的设计者和探索者;幼儿教师是教室文化和教育活动气氛的营造者;幼儿教师是公共关系的调节者。

(二) 幼儿教师是幼儿的游戏伙伴

游戏是幼儿的主要活动,也是学前教育的主要方法。其最大的特点就是将课程内容融合在幼儿自主的探索活动中,让幼儿在游戏活动中主动地捕捉其中的文化信息,并产生相应的情感体验。在幼儿快乐的游戏中,幼儿教师是游戏材料的准备者、游戏情节的引导者和游戏中矛盾的协调人,但教师做得更多的还是扮演游戏中的角色。幼儿教师同幼儿一起做游戏、一起扮演角色,在游戏中指导幼儿,使幼儿在不知不觉中接受教师的指导。因此,做幼儿游戏的伙伴是幼儿教师很重要的职责。

(三) 幼儿教师是幼儿的第二任父母

学前教育机构是幼儿所遇到的第一个社会性机构,可以说是幼儿迈向社会的第一站。幼儿由于生活经验缺乏,身心发展水平较低,对成人的依赖性还很强。当他们进入托幼机构以后,他们会将对家长的依赖转移到教师身上,与家长的之间亲情也逐渐转移、扩展到教师。这就要求幼儿教师要善于满足幼儿的这种要求,要做他们的亲人,成为他们尊敬和爱戴的长者。这有利于消除幼儿离家后的焦虑和不安,使他们体验到家的感觉。这样,幼儿就能安心、愉快地在幼儿园生活和学习。

(四) 幼儿教师是幼儿的知心朋友

幼儿尽管是幼稚的个体,但也有其丰富的内心世界,也有许多悄悄话和小秘密。他们的社会性得到初步的发展,形成了最基本的交往能力。这时,幼儿教师可以和幼儿交朋友,与幼儿建立起亲密的师幼关系。幼儿教师可以走进幼儿的内心世界,关心和洞察他们的内心世界。幼儿也可以走进教师的生活里,与教师同喜同忧,学会观察和理解自己的老师。

（五）幼儿教师是研究者和理论的建构者

幼儿教师是否履行以上提及的多种角色的任务,关键在于幼儿教师能否在工作的过程中反思实践,从事行动研究,并将经验上升到理论的层面。在工作的过程中,幼儿教师对幼儿的研究,对课程、教学和游戏的研究,对幼儿家长和社区环境的研究,以及对自身教学行为的反思永无止境。幼儿教师的科研活动与专业研究人员不同,幼儿教师更重视教研而不是科研,更侧重行动研究和反思实践,并用研究和反思的经验服务于实践。

讨论

蒙台梭利论儿童①

我们会注意到孩子们有一种极力向外扩展的个性,他们有主动性,他们选择自己要做的事并坚持做下去,他们根据自己内在的需要来改变它。他们不逃避作任何努力,相反是努力探索并满怀喜悦地靠自己的能力克服困难。他们热情地要和每个人分享自己的成功、自己的发现和自己那些小小的胜利。因此,我们没必要去干预他们。"静观其变"是教育者的箴言。

让我们等待吧,随时准备分享孩子的快乐和他们所经历的困难。当他们需要我们同情时,我们应该积极而热情地回应他。让我们对他们的缓慢进步保持无尽的耐心,并对他们的成功显示出我们的热心和兴奋。如果我们能够说"和孩子在一起时我们是谦恭和善的,我们像要求别人对待我们自己那样来对待孩子们",那么我们就掌握了最基本的教育原则,毫无疑问可以被树立为优秀教育的楷模。

孩子们应该是比我们自己更需要尊重的人,因为他们天真,因为他们前途无量。我们需要的,他们同样也需要。

然而事实上,作为一个惯例,我们并不尊重我们的孩子们。我们总是试图强迫孩子们遵从我们而无视他们特殊的需要。我们专横地对待他们,甚至是粗鲁地对待他们。

要懂得孩子们的需要,我们必须科学地研究他们,因为他们的需要常常是无意识的。那是来自生命内的呼喊,根据某种神秘法则,它们想要挣脱出来。我们对它们如何挣脱所知甚少。

思考:结合材料谈谈认识与了解儿童的重要性。

第二节　幼儿教师职业道德的内涵与特征

从上节可知,学前教师职业是一种关注心灵和生命成长的职业,是一种以育人为中心的职业,是建立在人格发展基础上传承社会文明的职业。幼儿教师职业道德是教师职业素质的根本和核心,决定着教师职业活动的过程、目标和效果。为了理解什么是幼儿教师职业道德,有必要先了解什么是道德和职业道德。

一、道德及职业道德的内涵

（一）什么是道德

"道德"一词,在我国文化典籍中含义广泛。从词源上说,最初"道"与"德"分开使用。"道"一词,最早见

---

① ［意］玛利亚·蒙台梭利. 蒙台梭利儿童教育手册［M］. 肖咏捷,译. 北京:中国发展出版社,2003:154—156.

于《诗经》："周道如砥,其直如矢。"这里的"道",即道路之意。"德"一词的历史起源已难考定,但据考古发现,西周大盂鼎铭文内已铸有"德"字。《周书》、《诗经》、《尚书》已经使用"德"字,多指德行、品德之意。据《释名·释言语》解释："德,得也,得事宜也。"又据《说文》解释："德,外得于人,内得于己也。"指处理好人与社会的关系,对人对己都有好处。春秋时期的老聃著有《道德经》一书,分为《道经》和《德经》。该书中之"道",意指天地的本源、规律;"德"则通"得",指基于道而有的天地万物的本性,化育有得,也指德行、品德。

最早把"道德"二字联用的是战国末期的荀况。他在《劝学》篇中说"故学至乎礼而止矣,夫是之谓道德之极",意思是一切都按礼而行,就达到了道德的最高境界。

在西方古代文化中,"道德"(Morality)一词起源于拉丁语的"mores",意为风俗和习惯,也有规范规则、行为品质和善恶评价等含义。

综上,我们认为道德是由一定的经济关系所决定的特殊意识形态,是以善恶评价为标准,依靠社会舆论、传统习惯和内心信念所维持的,调整人与人之间以及个人和社会之间关系的行为规范的总和。这一定义可作如下理解:

1. 道德的核心内容是个人与社会之间的关系。道德关注的核心是如何正确处理个人与社会之间的关系。道德以规范、规则的形式,表达社会的外在客观要求,内化为个体信仰、观念、品行,对个人的思想行为加以规范和约束,以维持社会运转和个人生存,促进社会和个人共生互利。道德具有历史继承性和相对独立性。

2. 道德的调节手段是社会舆论、传统习惯和内心信念。与法律手段相比,道德手段是一种弹性调节,带有不确定性、灵活性。其中,当社会舆论、传统习惯与内心信念相抵触时,内心信念往往会起决定作用。

3. 道德的评价标准是善恶。凡是有利于社会发展进步的,我们视之为善,凡是阻碍社会发展进步的,我们视之为恶。但是善恶标准具有相对性、历史性。在阶级社会里,具有阶级性。

4. 道德既是一种社会规范,也是一种个体观念、品质、修养、境界。作为调节个人与社会关系的社会规范的总和,道德是复杂的、具体的、多元的,但是,每个社会往往会形成那个时代的核心价值规范体系。道德表现在个体身上,则往往表现为道德观念、道德品质、道德修养和道德境界。

链接

道德标准的三个层次

"不准"是道德标准的第一个层次,它以否定式规范告诫人们哪些行为领域不能涉足。比如,不准偷窃、不准说谎、不准虐待老人等等。基本目标是防止他人和社会受害。

"应该"是道德标准的第二个层次,它以肯定式规范界定了人们可以行动的活动范围。基本目标是通过各类社会角色的互利互惠,实现造福于人类的目的。我们把符合这类要求的行为称为"善"。

"提倡"是道德标准的第三个层次,它以赞扬式的规范,引导人们树立一定的道德理想。比如:舍己为人、公而忘私等。基本目标是通过对特殊情况下个人行为的赞誉,实现人类和社会的美好理想。

(二) 什么是职业道德

职业道德是社会道德的重要组成部分,是一定社会的道德原则和规范在职业行为和职业关系中的特殊表现,是从业人员在职业活动中应该遵循的道德规范以及应当具备的道德观念、道德情操和道德品质。职业道德一般具有以下特征:

1. 在调整对象和范围上具有明显的专业性和特定性。职业道德是同人们的职业生活实践相联系的,往往只对从事某种特定行业的人起调节作用。比如专门意义上的"救死扶伤"的道德只适用于医生职业，"诲人不倦"的要求只适用于教师。

2. 在具体内容和结构上具有一定的继承性和稳定性。如教师行业中"为人师表"、"以身立教"等道德规范都有较长的历史传统，从古至今，都有基本一致的要求。

3. 在规范形式和方法上具有明显的灵活性和多样性。既有比较正规的规章制度，也有非正式的口号、标语，还有一些不成文的行规、习惯、习俗。各行业往往均可以从本行业的具体实际出发制定反映职业道德具体内容的制度和要求。

4. 在不良后果的处理上具有一定程度的强制性或处罚性。违反职业纪律通常会受到相应的处罚，如批评、警告、罚款、撤职、解聘等等，严重的会触犯刑律，受到法律制裁。

二、幼儿教师职业道德

（一）幼儿教师职业道德的含义

幼儿教师职业道德是教师职业道德的特殊表现形式，具体是指幼儿教师在从事教育劳动过程中形成的，用以调节幼儿教师与他人、幼儿教师与社会、幼儿教师与集体等相互关系时所必须遵守的基本道德规范和行为准则，以及在此基础上所表现出来的道德观念、情操和品质。

上述定义，一是揭示了幼儿教师职业道德的独特性，说明它是幼儿教师这一职业所特有的，是与幼儿教师这一职业密切联系的专门性道德。不同于其他职业，幼儿教师职业道德围绕教书育人这一中心任务，为了尽到教育教学之责，有自己行业的特殊道德要求，即"学高为师——师德之基，身正示范——师德之本，热爱学生——师德之魂"。二是揭示了幼儿教师职业道德的基本内涵，说明幼儿教师职业道德不只是幼儿教师在职业生活中所应遵守的行为规范或行为准则，还包括幼儿教师从规范或准则中内得而成的观念意识和行为品质。一方面，幼儿教师职业道德体现了社会对幼儿教师职业的外在客观要求，是处理幼儿教师职业人际关系的行为规范。另一方面，幼儿教师职业道德是教师内化了的理想、观念、情操、品质。一种内化于心灵的德行，一种内在品性，昭示着什么样的教师职业人生是有目的和意义的。

（二）幼儿教师职业道德的本质

1. 幼儿教师职业道德是幼儿教师从事教育教学活动必须遵守的职业伦理

教师是人类灵魂的工程师，是幼儿成长的引路人。幼儿教师的思想政治素质和职业道德水平直接关系到幼儿的健康成长，关系到国家的前途命运和民族的未来。《中小学职业道德规范》指出教师在教育教学活动中必须遵守职业伦理。幼儿教师应严格要求自己，具备高尚的职业道德。

2. 幼儿教师职业道德体现为特定的道德规范体系

幼儿教师职业道德主要是要求教师树立正确的教育观，具有热爱教育的事业心和全心全意培养幼儿、教育幼儿的道德责任感以及良好的道德品质。教师的职业是光荣的、高尚的。百年大计，教育为本，而要办好教育，关键在于教师，教师肩负着为社会培养千万合格人才的重任。

3. 幼儿教师职业道德是从教育活动的特殊利益关系中引申出来的

幼儿教师职业道德是教育劳动过程中人与人之间关系的反映，是通过教育劳动表现出来的。教育劳动的社会职能决定了教师必须树立起为社会培养全面发展人才的道德责任感。教育劳动的社会职能，主要是通过培养教育出具有良好思想品德、掌握一定的文化科学知识、体魄健全的人才为社会发展和人民的利益服务。

（三）幼儿教师职业道德的构成

幼儿教师职业道德主要由教师职业理想、教师职业责任、教师职业态度、教师职业纪律、教师职业技能、教师职业良心、教师职业作风和教师职业荣誉八个因素构成。这些因素从不同方面反映出教师职业道德的特定本质和规律,同时又互相配合,构成一个严谨的教师职业道德结构模式。

1. 幼儿教师职业理想

教师职业理想是指人们对于未来工作类别的选择以及在工作上达到何种成就的向往和追求。忠诚于教育事业,努力做一名优秀教师,是社会主义市场经济条件下教师的崇高职业理想,它体现了教师职业道德的本质。

2. 幼儿教师职业责任

教师职业责任是指教师必须承担的职责和任务。当前教师的职责是培养社会主义现代化事业的建设者和接班人。自觉履行教师职业责任,就是要求教师把职业责任变成自觉的道德义务,为培养和造就社会主义新人而无私奉献。

3. 幼儿教师职业态度

教师职业态度是指教师对自身职业劳动的看法和采取的行为,简而言之,就是指教育劳动态度。教师职业态度是在教育劳动中逐渐形成的,而教师职业道德一旦形成,又必然反作用于教育劳动态度。教师正确的劳动态度是教师职业道德的反映,教师职业道德又能够不断端正教师的劳动态度。

4. 幼儿教师职业纪律

教师职业纪律就是教师在从事教育劳动过程中应遵守的规章、条例、守则等。教师职业纪律是维持教育活动正常进行的保证,是教师必须遵守而不能违反的。这就要求教师要有教育意识并不断强化这种意识,认真学习教师职业纪律的有关规定,在教育活动中恪守教师职业纪律,虚心接受批评,勇于自我批评等。

5. 幼儿教师职业技能

教师职业技能集中地表现为教师教书育人的本领,教师教书育人活动的效果是教师职业技能的反映。努力提高职业技能是教师职业本身对教师的要求,也是教师职业道德对教师提出的要求,教师职业技能的高低直接关系到人才的培养。

6. 幼儿教师职业良心

教师职业良心是教师在对幼儿、幼儿家长、同事、社会以及学校履行义务的过程中所形成的特殊道德责任感和自我批评能力。教师职业良心在教师职业道德中有着特殊意义。教师劳动的特殊性决定了教师职业良心的重要地位。

7. 幼儿教师职业作风

教师职业作风就是教师在自身职业活动中表现出来的一贯的态度和行为。教师要实事求是,坚持真理;工作积极,认真负责;忠诚坦白,平等待人;发扬民主,团结互助。

8. 幼儿教师职业荣誉

教师职业荣誉就是教师在履行职业义务后,社会所给予的赞扬和肯定,以及教师个人所产生的尊严与自豪感。职业荣誉可以推动教师更好地履行职业义务,为培养现代化建设人才尽职尽责,教育和鼓励社会各阶层的人们尊师重教,为发展社会主义教育事业创造良好的社会环境。

链接

联合国教科文组织关于师德规范的论述

1. 教师不得以种族、肤色、性别、宗教、政治见解、民族、社会成分或经济状况为理由,以任何形式歧视学生;

2. 教师要为每一个学生提供可能的、最充分的受教育机会,应适当注意对教育活动有特殊要求的儿童;

3. 教师应具有必要的德、智、体的品质,并且具有必要的专业知识和技能;

4. 教师要尽一切可能与家长紧密合作,但也不能在教师专业职责等方面受到家长不公正和不应有的干涉;

5. 教师要积极参加社会和公共生活;

6. 为了学生、教育工作和全社会的利益,教师要力求与各行政主管部门充分合作;

7. 教师应参加课程、教学方法和教学设备的改进工作;

8. 教师要公正地评定学生的学业成绩;

9. 教师应避免学生发生意外事故。

国际教师团体协商委员会关于师德规范的规定

1. 教师必须尊重学生的思想自由,并鼓励他们发展独立的判断力;

2. 教师要致力于培养作为未来成人及公民的道德意识,并以民主、和平与民族友谊的精神教育儿童;

3. 教师不能因性别、种族、肤色及个人信仰和见解的不同,将个人信仰和见解强加于儿童;

4. 教师要在符合学生自尊心的范围内实施仁慈的纪律,不得采用强制和暴力。

(四) 幼儿教师职业道德的特点

鉴于幼儿教师劳动的特殊性,幼儿教师职业道德相应地呈现出如下特点:

1. 幼儿教师职业道德标准具有较高的严格性

由于教师的任务,主要是对幼儿的人格加以影响和培养,帮助他们塑造高尚的灵魂,而不是简单地从外部去"雕琢"对象,这就对教师职业道德提出了高标准、全方位的要求。幼儿教师职业道德标准的严格性具体体现在社会对教师职业道德要求的高层次性,体现在对教师职业道德要求的全面性上。

2. 幼儿教师职业道德意识具有强烈的自觉性

基于教师责任的重大以及教师劳动的特殊性,教师职业道德对教师自觉性的要求就提高了,教师个人基于教师信仰和理念,往往对自身也有较高的自觉要求。"教育是一个使教育者和受教育者都变得更完善的职业,而且,只有当教育者自觉地完善自己时,才能更有利于学生的完善与发展。"由于教师劳动的个人性质和自由性,在某种意义上,教师的劳动就表现为"良心活"的特点。

3. 幼儿教师职业道德行为具有独特的示范性

这一特征是由教师劳动手段的示范性和幼儿的向师性、模仿性决定的。教师职业道德特别强调行为的示范性。它不仅是教师自身行为的规范和准则,而且是教育培养学生的重要手段和方式,发挥着"以身立教"的突出作用。教师宛如一本"立体教科书",以自身行为的独特示范完成教师职责。

4. 幼儿教师职业道德影响具有潜在的深远性

教师职业道德的影响深入到幼儿的心灵,不仅影响到幼儿的今天,而且影响到学生的明天,甚至影响到一辈子,使幼儿终生难忘。这种影响具有潜在性,它所产生的效果,不一定立竿见影,往往具有迟效性和后显性。教师职业道德的影响还具有广泛性。它不仅作用于每一个幼儿,而且会通过幼儿影响家庭和社会。

5. 幼儿教师职业道德内容具有鲜明的时代性

教师职业道德有自己的发展历史和独特内容,体现着人类的智慧和文明。在我国,教师职业道德的内容首先继承了优良的文化传统和优秀的师德遗产,如以身作则、诲人不倦、循循善诱、因材施教、为师重德等等,涉及教师责任、教师职业良心等范畴。中国传统教师道德具有自己的特点,如强调个体道德服从整体道德,在此基础上对教师提出综合的道德要求,倡导以积极入世为道德追求,重在启发内心自觉。教师职业道德在内容上要与时俱进,不断反映时代的要求。

讨论

　　大教育家孔子从教40年,开我国古代私人讲学之先河,他的呕心沥血、以教为重的奉献精神使其成为历代教师的楷模。鲁迅先生这样描绘他的教诲生涯:"在生活的路上,将血一滴一滴地滴过去,以饲别人,虽自觉渐渐瘦弱,也以为快活。"这就是"俯首甘为孺子牛"的奉献精神的生动写照。

　　俄国著名教育家乌申斯基说过,在教育工作中,一切都应以教师的人格为依据。因为,教育力量只能从人格的活的源泉中产生出来,任何规章制度,任何人为的机关,无论设想得如何巧妙,都不能代替教育事业中教师人格的作用。

　　思考:看了上面两位著名教育家的相关材料,你有什么感想?

第三节　幼儿教师职业道德的功能与价值

幼儿教师职业道德是幼儿教师从事教育教学工作的行为规范与标准。在明确学前教师职业道德的功能与价值之前,我们首先来了解当代幼儿教师职业道德存在的主要问题。

一、当代幼儿教师职业道德的缺失

目前,教师职业道德失衡的现象屡见不鲜,表现形式复杂多样,涉及领域范围广泛,危害程度较为严重,已成为师德建设中的绊脚石。如何正确认识教师职业道德的本质,如何开展针对缺失问题的研究,如何找寻应对策略,已经引起人们的高度关注。

环境是影响思想观念的重要因素,在社会大环境中,经济因素又是冲击教师职业道德的核心力量。我们看到,市场经济是一把双刃剑,在激发人的进取精神、强化人的时间效益观念、培养人的自由平等观念的同时,也在利用利益最大化的目标,滋生和诱发出各种拜金主义的行为,使人们的拜金思想变得严重,小团体的利益与社会利益相分离,个人主义思想和浮躁行为处处可见,许多人的世界观、人生观和价值观受到了冲击,教育工作者也难于幸免。幼儿教师职业道德缺失主要表现在以下几个方面。

(一) 团队合作精神的缺乏

教师的团队合作精神是教师职业道德的一项重要内容,它包含两种含义:一是教师要有与他人沟通和交流的能力和技巧。人际沟通与交流是人类生活的基本要求,它是思想碰撞的方式和途径,失去人际互动将孤立于精神与物质世界。与幼儿的交流、与教师之间的沟通共同组成一种互动的过程,教师的沟通与交流可以有效地促进教育教学质量。二是教师要有与人合作的能力。精诚合作的教师团队是教师个体职业生涯发展的重要保证,也是教育事业发展的有力保障。然而,由于受到个人主义、利己主义等一些负面社会价值观的影响,幼儿教师职业道德也受到冲击,部分教师常为一点小小的私人利益,将自己孤立起来,缺乏团队合作精神,"他人即地狱,同伴皆敌人",甚至与领导、同事因琐事发生过节,互相斗争,相互排挤,恶意制造事端,毁坏他人形象,严重影响了合作群体和团体精神的形成。这是对教师职业道德的破坏,对教师职业形象的损害。

（二）扭曲的行业风气

教师职业是神圣而伟大的。鲁迅先生曾这样评价教师:吃的是草,挤出的是奶。然而,正是这些担负着培养一代又一代栋梁任务的教师,却在教育工作中出现了一些不正之风。例如,有个别教师抵制不住金钱和物质诱惑,利用工作之便找学生家长办私事、谋私利;假借学习之名,向学生收取各种名目的费用;向学生推销各种教辅资料收取回扣等。幼儿教师的这些行为是受到社会其他行业不正之风的影响,尤其是在市场经济环境下形成的各种社会非主流的思想观念,对教师职业道德产生了较大的负面影响。

（三）教师职责的缺位

职责是指职务上应尽的责任。每一份职业都有其所担负的责任与义务,由于教师工作性质的特殊性,其职责与其他行业不同。教书育人是一件具有长期性、稳定性的职业。教师要扮演传道者、示范者、管理者、研究者、朋友等不同角色,这些角色对教师的职责提出不同的要求。幼儿教师职责应该是全方位的,一是对幼儿的教育要从德育、智育、体育、美育等方面入手,使幼儿得到全面发展是教育的终极目标;二是教师自身素质的提升。全面履行教师职责,教师才能使自己的教学能力得到充分地挖掘和发挥,才能使自己的教学水平进一步丰富和提高,这就是责任与义务的结合。但是在实际的教育生活中,一部分教师不安于乐教,不甘于奉献,利用自己与领导、同事、学生的关系进行私下交易,把教书当作副业即第二职业,不务正业;还有一些教师对教育工作缺乏积极性,不将教育事业放在心中最重要的位置上,反而认为教育工作只是生存的手段,他们不认真备课、上课,敷衍塞责、应付了事。这些都属于市场经济环境下和社会转型期中出现的各种削弱教师职业道德的现象。

（四）行为表现的失范

"为人师表"是对教师职业的简单概括,但在实际的教学活动中,并非每位教师都能做到"为人师表"。例如,在体态仪表上,有些教师在学校衣冠不整,邋里邋遢,不注重自身形象;还有的教师服饰不得体,总爱浓妆艳抹,过于追求时尚,这都会误导幼儿。在语言上,一些教师不注重语言文明,用词不当,粗话连篇,甚至辱骂幼儿,这会导致幼儿逆反心理的产生,抵触教师的事情也时有发生。在行为上,有的教师在课堂上随意使用手机接打电话,更有甚者,经常赌博、斗殴、酗酒。他们将教师职业道德抛之脑后,完全没有考虑到以榜样的形象出现在幼儿面前,无法做到"为人师范"、"人为师表",这些问题有待于教师从思想观念上给予纠正。

（五）敬业精神的匮乏

教师的敬业与奉献精神是教师职业道德的重要内容之一,是建立在教师对职业的个人理解之上的。教师职业包含社会及相关群体的期望。而教师本人需要对这种期望产生相应的认同感与责任感。为了履行好自己的职责,教师要有崇高的敬业和勇于奉献的精神,他们"燃烧了自己,照亮了别人",在繁重的教育工作中忠于职守、甘于奉献,并将这种精神传递下去。然而,与敬业奉献精神相悖的还有一些不良的行为。例如,一些教师并没有立志将自身奉献给教育事业,在工作中敷衍了事,不安心于本职工作。一些教师消极怠工,没有开拓进取的精神,在教学中不能创新,完成教学任务就万事大吉,对幼儿生活学习毫不关心,甚至随意停课、调课;另一些教师缺乏基本的耐心,对幼儿的错误采取零容忍的态度,批评教育的方式也有失偏颇。总之,教师的敬业奉献精神是教育职业态度的集中表现,受到来自时代、环境、价值取向等多种因素的影响,提升教师敬业奉献的精神是教育工作的需要,也是提高个人思想境界的需要。

二、幼儿教师职业道德的功能

幼儿教师职业道德的功能,即教师职业道德对教师个人、教师集体、教育事业和社会所具有的影响。幼儿教师职业道德的功能是多方面的,各种功能之间相互影响、相互作用,主要有教育功能、调节功能、导向功能与促进功能。

(一) 教育功能

所谓教育功能,即通过师德原则、规范、范畴的学习和引导,运用说理感化、评价、激励、榜样示范来教育教师正确认识和对待自己所从事的职业,正确认识自己,善待他人,正确认识对他人、对社会应尽的责任和义务,以此形成教师的道德信念、风范和判断能力,约束自己的行为,塑造教师的人格,从而提高教师的精神境界和师德水平,强化教师的事业心、责任感。

教育功能是指通过教师职业道德的学习,培养教师的道德信念,形成教师的职业风范,塑造理想的教师人格,从而提高教师的精神境界和师德水平,强化教师的事业心、责任感和自豪感。幼儿教师职业道德的教育功能表现在可以帮助幼儿教师正确认识教师劳动的意义和价值。教师劳动具有重大的社会价值,突出表现在对延续和发展人类社会的巨大贡献上。教师就是专门传播知识、开发智慧、启迪心灵的人。教师的工作,联系着人类的过去、现在和未来。没有教师,社会文明的传播和发展就会大大延缓,社会进步就会大大推迟。教师的劳动也牵动着千家万户,关系到每一个人的发展和幸福。因为一个人的发展状况如何,前途怎样,除了个人的主观努力之外,在很大程度上取决于他们所受的教育,取决于教师的劳动。同时,教师劳动也具有其自身的个人价值。教师在奉献的过程中,同样也会成就着自己;他就像蜡烛燃烧那样,不仅照亮了幼儿,而且也创造了自己的辉煌;他在辛勤劳动的同时,也得到了一般劳动所无法享受的幸福和乐趣。

(二) 调节功能

所谓调节功能,是指教师职业道德通过教育、评价、沟通等方式和途径,指导和纠正教师个人与他人、个人与社会交往关系中的行为,协调教育过程中的各种关系,解决各种矛盾,激发教师的积极性和创造性,顺利完成教育教学任务。这种调节表现为外部调节和内部调节两种。外部调节主要是借助于师德规范的外在要求,借助于社会舆论和风俗习惯的调节手段来进行。内部调节则更主要是靠教师的内心信念和道德良心来进行。如康德所说,"头顶的星空"和"心中的道德律"是神圣而令人赞叹和敬畏的。

调节功能是指通过教育、评价、命令等方式,指导和纠正教师的职业行为,协调教师劳动中的各种关系。它是幼儿教师职业道德的最基本的也是最重要的功能。在教师劳动过程中存在着多方面的关系需要调节,如教师与幼儿的关系、教师与教师的关系、教师与学生家长的关系、教师与社会的关系等。同时,在教师从教过程中,也经常出现其他利益冲突,如职称冲突、工资晋级、奖金发放、教学评估、评选先进等。协调这些关系,解决这些矛盾只靠行政命令难以奏效,而是需要一种来自教师的更灵活有效的调节体系——教师职业道德。教师职业道德是规范教师职业行为的道德准则,它能够告诉教师什么是应该做的,什么是不应该做的,什么是合理的,什么是不合理的。从而使教师在教学过程中有明确的道德意识,选择正确的教育行为。同时,通过教师职业道德的调节作用,还可以把教学活动中的各种关系制约在一定的秩序之中,形成良好的治学和教学环境,使教师的工作处在和谐融洽的氛围中,从而促进教师自身的成长,保证教育工作的顺利进行。

幼儿教师职业道德的调节作用是通过社会舆论、道德信念的力量来实现的。道德信念是教师据以进行道德行为选择的内在力量。当教师形成了道德信念后,就会自觉遵循教师职业道德,并克服各种困难和干扰,正确处理和解决教育教学过程中出现的各种矛盾和冲突。

（三）导向功能

导向功能是指教师职业道德的内容为教师的职业行为和师德修养指明了努力的方向。在教育活动中，教师居于主导地位，对学生的品德形成和健康成长具有重要的指导作用。幼儿教师职业道德的导向作用集中体现在教师职业道德的原则、规范和要求之中。教师职业道德的原则、规范和要求，从本质上说，都是一种对教师职业要求的"行为准则"。这种行为准则以其规定的内容为不同标准，可分为两种类型，即：应当怎样的行为准则与不应当怎样的行为准则。比如：我国1997年修订的《中小学教师职业道德规范》中关于"热爱学生"的规定或要求，属于"应当怎样的行为准则"的有：要关心爱护全体学生，要尊重学生的人格，要平等公正地对待学生，等等；属于"不应当怎样的行为准则"的有：不讽刺学生，不挖苦学生，不歧视学生，不体罚或变相体罚学生，等等。这种"应当怎样"和"不应当怎样"的行为准则，不仅规定明确具体，而且导向性强，给教师指出了明确的行动方向。

（四）促进功能

职业道德对教师个人具有重要意义，它体现了一定社会或阶级对教师职业行为的基本要求，是教师个体职业工作的精神动力。它既是一种外部的激励，又是教师的自我激励。它是教师职业行为的精神基础和内在动力。促进功能是指教师职业道德对教育教学工作和社会精神文明建设具有一定的促进作用。教师职业道德对教育教学工作具有直接的促进作用。一方面，教师职业道德主要是针对教育教学工作而言的，严格遵循教师职业道德的规范和要求，有利于教师在职业活动中选择正确的道德行为，避免不道德的行为，从而保证教育教学工作的顺利进行。另一方面，工作的顺利，学生的进步，家长的感激，领导的肯定，又将使教师在充满成就感的过程中信心倍增，干劲十足，从而使教育教学工作更上一层楼。

幼儿教师职业道德对社会精神文明建设也具有积极的促进功能。首先，教师职业道德本身属于社会主义道德建设的一部分，加强教师职业道德的建设，提高教师的职业道德素养，营造良好的行业之风，对于其他职业乃至整个社会的道德建设都将产生积极的影响。其次，教师职业道德将通过幼儿广泛影响社会。教师的道德品质、敬业精神和行为表现，对幼儿成长有着重大的影响。当一批又一批的学生，带着教师道德品质的影响或"种子"走向社会，在各自的生活和工作中会自觉、不自觉地影响他人，从而促进整个社会的道德建设。最后，教师职业道德还将通过教师自身的言行直接影响他人和社会。教师的一言一行，对家庭成员、亲朋好友、左邻右舍乃至其他人员，都有一种直接或间接的影响，进而对社会的精神文明建设产生积极的促进作用。

职业道德对教师职业具有重要意义。它是教师职业的核心，有利于促进整个教师行业的发展和教师队伍整体素质的提高，也有利于提升教师职业的地位和作用。

三、幼儿教师职业道德的价值

加强幼儿教师职业道德素养，有利于教师履行工作职责，有利于贯彻教育方针，有利于实现素质教育，有利于教师个人的道德品质的完善，有利于弘扬社会主义风尚。

（一）幼儿教师职业道德是履行教师基本职责的根本

教师职业是崇高而神圣的，崇高在于教师承担着传承人类知识精华、培养学生创新精神的重任，神圣在于教师要帮助学生树立正确的世界观、人生观、价值观和道德观。从思想上引导学生走向符合社会与生活的要求的方向，因此集崇高与神圣于一体的教师职业对教师个人提出了很高的要求和标准。《国家中长期教育改革与发展规划纲要（2010—2020年）》中指出："严格教师资质，提升教师素质，努力造就一支师德高尚、业务精湛、结构合理、充满活力的高素质专业化教师队伍……加强师德建设。加强教师职业理想和职业道德教育，增强广大教师教书育人的责任感和使命感。教师要关爱学生，严谨笃学，淡泊名利，自尊自律，以人格魅力和学识魅力教育感染学生,做学生健康成长的指导者和引路人。"这明确了教师职业道德在教育活动中的重要地位和作用,尤其以教育改革和发展规划的方式将其提出来,更说明了教师职业道德与教育质量、教育根本目的、教师天职之间的密切关系,对实际教学行为当中教师职业道德的实践能够起到积极的促进和影响作用。

(二)幼儿教师职业道德是教师贯彻教育方针的基石

教师职业道德是贯彻教育方针政策的有力保障。党的十八大报告中明确提出:"要坚持教育优先发展,全面贯彻党的教育方针,坚持教育为社会主义现代化建设服务,为人民服务,把立德树人作为教育的根本任务,培养德智体美全面发展的社会主义建设者和接班人……加强教师队伍建设,提高师德水平和业务能力,增强教师教书育人的荣誉感和责任感。"这是新时期党的教育方针政策对教师提出的新要求。将"立德树人"规定为教育的根本任务是这次报告的新观点,也是新时期教育工作重心的转移。这里强调了教育工作中,教师对学生道德素养和道德行为能力培养的重要性,提出了树立道德理想与育人的密切联系,重申了在"德育"、"智育"、"体育"、"美育"中"德育"的首要地位。幼儿教师承担了多种角色,作为知识的传播者,他们是文明的使者;作为一名普通的教育工作者,他们是教育方针政策的践行者;作为一名好老师,他们又是道德教育和思想政治教育的实施者,他们的工作离不开对教师职业道德的很好理解和具体实践,因为他们关系到幼儿能否健康而全面地成长,关系到我国的前途命运和民族的未来发展。只有当幼儿教师具备了良好的教师职业道德素养,才能确保教育方针政策的全面贯彻落实,才能培养出德智体美全面发展的社会主义建设者和接班人,办好人民满意的教育。

(三)幼儿教师职业道德是新时期教师实施素质教育的本质内涵

素质教育是指依据人的发展和社会发展的实际需要,以全面提高全体学生的基本素质为根本目的,以尊重学生个性、注重开发人的身心潜能、注重形成人的健全个性为根本特征的教育。素质教育不同于知识技能教育的根本之处在于,它是以培养创新精神与实践能力为重点,以提高综合素质为本质要求的。这首先要求建设一支高素质的教师队伍,才能与素质教育相适应,以保证素质教育的顺利实施。因此,广大幼儿教师更应该在教师职业道德素养的标准下,开展师德建设工作,真正领悟教育活动的目的所在,真正提高自身的素质和能力,真正在素质教育的过程中做到素质与能力、能力与道德、道德与行为的高度统一,如国家前总理温家宝提出:"传道授业解惑,是老师在毕生中一定要做好的事情。现在我们讲传道,就是要给学生传爱国主义、集体主义思想,使人们热爱祖国、热爱人民,有着强烈的社会责任感;授业要就给学生传授知识本领,当前最重要的是要提高教学质量,努力培养杰出人才;解惑,应是当学生遇到问题的时候,教师要解疑释惑。解疑释惑要有方法,要摆脱那些生硬的、死板的、教条的方法,代之以生动的、活泼的、耐心的、细致的方法。而做好这三点,一定要以德为先。"[①]

(四)幼儿教师职业道德有利于教师道德品质的完善

所谓道德品质是指体现一定社会或阶级的道德原则和规范,并具有稳定性和一贯倾向性的个人道德意识和道德行为总体的根本属性。也可以说是人们在处理个人与他人、个人同社会利益关系时所表现出来的行为习惯和行为特征。首先,道德品质是道德行为的基础,离开了道德行为就无从评判道德品质,但是,并不是一两次的道德行为就能形成某种品质。道德品质是个体道德行为的稳定特征,是个体长期道德行为的积累。其次,道德品质是道德行为的内在依据。任何一个道德行为,都是道德主体在一定道德意识支配下自觉选择的结果,这种选择中反映了道德主体的人生观和道德观。因此,我们总是可以从道德主体的道德行为中

---

① 2005年9月9日,时任国家总理温家宝会见第五届高等教育国家级教学成果获奖代表和北京市优秀教师师德报告会主讲教师时发表的重要讲话。

去概括其道德品质,失去一定品质的指导,主体的道德行为就是盲目的,甚至道德行为并不一定证明主体的品质特征,只有在长期的、不断的、一系列的道德行为中所表现出来的特征,才具有品质的意义。

教师的道德品质是指以教师为职业的道德主体所特有的行为习惯和行为特征,是教师在处理个人与他人、个人与社会的利益关系时所表现出来的稳定倾向和一贯表现。教师道德品质是教师道德原则和规范在教师行为中的体现,它反映了一个教师的道德觉悟水平、道德认识能力和道德修养境界。教师道德品质不仅具有一般道德品质的特征,而且具有教师的职业特点。教师道德品质的构成主要有道德认识、道德情感、道德意志和道德行为四个方面。这几个方面不是彼此孤立的,它们之间有着内在的必然的联系。道德认识是整个道德品质发展的前提,道德情感、道德意志、道德行为都是在一定的道德认识的指导下形成的。没有正确的认识,道德情感就无从产生;没有强烈的道德情感,道德意志就不能持久;没有坚定的道德意志,就无法形成正确的道德行为。

一般来说,幼儿教师良好的道德品质包括热爱幼儿、公平正义、严于律己等,良好的道德品质是做好教师的第一要素。而在当今幼儿园的工作中,幼儿教师的行为存在着许多不尽如人意之处。以下的案例《一个实习生眼中的幼儿教师》就足以说明幼儿教师职业素养的提高的重要性,幼儿教师只有提升其自身的道德品质,完善其道德素养,才能有效地完成自己的工作。

(五)加强幼儿教师职业道德建设有利于弘扬社会主义风尚

近年来,在我们的生活中,某些教师出现了一些道德失范、诚信缺失现象,诸如此类的负面现象时有发生,而加强幼儿教师的职业道德建设,可以进一步地传承优秀的人文精神,有利于弘扬良好的社会风尚。

提高幼儿教师的职业素养,有助于教师们从内心牢固树立"幼吾幼以及人之幼"的观念,能够弘扬中华民族的传统美德,这也能从根本上杜绝幼儿教师道德失范的现象发生。

加强幼儿教师职业道德建设,有助于抵制各种诱惑。在当今市场经济利益多元化的冲击下,面对形形色色的诱惑,有相当一部分人曾一度迷惑,这其中也包括我们的幼儿教师。面对着工作量巨大且薪酬有待提高的现实,如果没有坚定的职业信念,势必会造成幼儿教师的大量流动。幼儿教师职业道德建设不仅有助于抵制各种诱惑,还有助于增强幼儿教师队伍的稳定性。只有幼儿教师能够甘于本职工作,才能在教育的过程中更好地弘扬我们社会中的真善美。

讨论

一个实习生眼中的幼儿教师[①]

我被分配在大班,班上有 30 多个孩子,都在 5—6 岁之间,而且都很聪明(我个人认为),有两位教师和一位保育员,当然也是我的指导老师。时间长了,在听课、上课和交往中我发现,幼儿教师这职业说起来容易,做起来却好难。之所以这样说,是因为——我不知道该不该把所见所闻写在实习总结上,犹豫再三,还是写出来吧,这样我心里好受一点。事情是这样的,当我们进园的第一天,指导老师就指着一个爱流鼻涕的小男孩说:"这孩子是我们班最脏、最恶心的,人看见了都会不舒服。"

她怎么能这么说呢?这男孩年龄虽小,但他也有自尊心,何况我们是初来乍到啊。随着时间的推移,我对幼儿园老师和幼儿的情况了解得更多了,其一是这位老师所面对的孩子不一定都一样让人轻松愉悦、幸福快乐;其二我觉得老师说的和做的是两回事,虽然她们指导我们该怎样教学、怎样

---

① 刘济良.幼儿教师职业道德[M].上海:复旦大学出版社,2013:151—152.

组织活动、怎样管理幼儿、怎样……但她们自己却没有做到,甚至缺乏起码的耐心和责任心,她们遇到一些事情首先是躲避和推卸责任,然后是责怪别人或幼儿。

有一天早餐后,那个爱流鼻涕的小男孩可能活动得太猛,将刚喝的牛奶吐了出来,指导老师看见了一直在责怪他:"你看你恶心不恶心,看见你就倒胃口!"我见状赶紧收拾并问那男孩有没有事,他没敢说一句话,只是流着鼻涕看着我,我告诉他:"没关系,以后要注意,刚吃完饭是不能剧烈运动的,记住了吗?"他点了一下头转身去拿拖布。多懂事的孩子呀!我继续清理地面,指导老师看着我继续说:"我真没见过这么脏的小孩,他妈不知是咋生的。"我心想,难道这孩子就这么令人讨厌吗?以后,我越发关注起这孩子并尽可能多地给予他必要的呵护。

当然,指导老师也有她喜欢的孩子。有一次,一位漂亮的小姑娘给她们(两位教师)带了两个苹果,她们高兴得又是笑又是抚摸,不知有多喜欢,还不停地说:"真懂事!"我看在眼里记在心里。平时她们对小姑娘就关爱有加,而且她在各种活动中参与和表现的机会也最多,即使是做错了事也会原谅她。这是不是一种误导或误人的表现呢?难道说这孩子这样做就是懂事吗?我不明白,也弄不懂。

有天午睡我值班,看着这些可爱的孩子,我真不想离开他们,可过几天实习就要结束了——我巡视到他(那个流着鼻涕的小男孩)的床前,他还没有睡着,我问他:"喜不喜欢老师?""喜欢。""老师走了以后想不想?""我会给你打电话的……你能给我电话号码吗?""能啊。"他笑了,笑得那么天真、可爱。我问他能不能亲他一下?他表现出不安和害怕,用疑惑的眼神盯着我,我在他脸颊上吻了一下,他还是那么紧张,我告诉他:"每天记着带块手帕或纸巾,把鼻子擦干净,这样老师就会喜欢你的。""嗯。"他乖巧地点了点头,"好!你能不能亲一下老师呢?"他的小嘴噘着并赶紧捂住嘴。我知道,他不敢亲我,他害怕把鼻涕弄到我的脸上。我掏出纸巾并对他说:"把鼻子擦干净。"他擦得干干净净。"那亲老师一下。"他又擦了擦嘴和鼻子,这才在我脸上小心翼翼地、轻轻地亲了一下,我站起身对他说:"睡吧!"不一会儿他就进入了梦乡。愿他做个好梦。这一天他显得非常快乐,因为他找到了被重视的感觉,也有人喜欢他,他不再自卑,不再……

思考:作为未来的幼儿园教师,你从这个案例中受到什么样的启发?

课后练习

一、选择题

1. 狭义的学前教育是指专门机构的幼儿教育,特别是(   )年龄段的幼儿园教育。
   A. 2—5岁　　　　　B. 3—6岁　　　　　C. 3—7岁　　　　　D. 2—6岁

2. 幼儿园教育是(   )的重要组成部分,是我国学校教育和终身教育的奠基阶段。
   A. 教育　　　　　B. 中等教育　　　　　C. 特殊教授　　　　　D. 基础教育

3. 道德是由一定的经济关系所决定的特殊意识形态,是以善恶评价为标准,依靠(   )、传统习惯和内心信念所维持的,调整人与人之间以及个人和社会之间关系的行为规范的总和。
   A. 法律法规　　　　　B. 社会风俗　　　　　C. 社会成员　　　　　D. 社会舆论

4. 在我国,最早把道德联用的是古代思想家(   )。
   A. 孔子　　　　　B. 孟子　　　　　C. 荀子　　　　　D. 老子

5. 职业道德在具体内容和结构上具有一定的(   )。
   A. 继承性和稳定性　　　　　　　　　　B. 专业性与特定性

　　C. 灵活性与多样性　　　　　　　　　　　　　D. 强制性与处罚性

二、判断题(对的打"√",错的打"×")

1. 广义的学前教育包括专业机构的幼儿教育、社会幼儿教育和家庭幼儿教育。　　　　　(　　)

2. 加强幼儿教师职业道德建设不利于弘扬社会主义风尚。　　　　　　　　　　　　　　(　　)

3. 幼儿教师职业道德的构成中,不包含学前教师的职业技能。　　　　　　　　　　　　(　　)

4. 生活化是学前教育的主要特点之一。　　　　　　　　　　　　　　　　　　　　　　(　　)

5. 幼儿教师职业道德是学前教师从事教育教学活动必须遵守的职业伦理。　　　　　　　(　　)

三、简答题

1. 如何全面理解学前教育的特征与幼儿教师的多重角色?

2. 何谓教师职业道德? 幼儿教师职业道德有何特征?

3. 幼儿教师职业道德有何功能?

4. 试述当前社会背景下,幼儿教师职业道德有何现实价值与意义?

四、案例分析

　　某日,某幼儿园办公室的几位教师在聊天,当谈及当今教师的负担很重且收入并不尽如人意时,刘老师说:"我做工作的原则就是对得起良心,对工作消极应付的事我当然不会去做,但是叫我全身心地扑在工作上,要我忠诚于人民的教育事业我也做不到。"听了她的话,王老师也频频点头,说:"现在都市场经济了,讲的是等价交换,给我发多少钱我就干多少事。"①

　　对此,你的认识如何?

---

① 杨芷英.教师职业道德[M].北京:高等教育出版社,2007:53.(引用时编者有所改动)

第二章

幼儿教师职业道德的重要范畴

■ **学习目标**

1. 了解幼儿教师职业道德的主要范畴。
2. 理解幼儿教师职业道德具体范畴的含义与作用。
3. 掌握实现幼儿教师职业道德范畴的有效方法。

案例

爱的回报

在工作成长中我曾遇到过善意的劝告、不解的叹息,甚至恶意的讥讽,但孩子们那诚挚的爱,纯洁的心,圣洁的情,深厚的意,却给了我力量和信心,使我在这条路上坚定地走了下来。每当我外出回到幼儿园时,孩子们会一下拥上来,争先恐后地叫着,我应答着,眼睛却渐渐潮湿……望着那一张张可爱的小脸,一种幸福甜美之情在心中升腾澎湃。这是怎样的一种情感啊!朋友,你体验过吗?你体验过被这么多人牵挂,被这么多人喜爱,被这么多人问候的感觉吗?我体验过了,这是爱的回报,是孩子们对我最好的回报。

我不后悔,因为我热爱我的职业,因为我在这一片绿洲上播下了希望的种子。面对天真无邪的孩子们,我实实在在地感受到了人生的充实和快乐。

思考: 在幼儿教育这片希望的田野上,我们辛勤地工作,感受着爱与被爱的幸福,享受着与幼儿共同成长的喜悦与欢乐,也品尝着幼儿教师职业的艰辛滋味,承受着沉重的职业压力。我们应该怎样当好幼儿教师?

职业道德范畴是幼儿教师职业道德体系的重要组成部分,是职业道德原则和职业道德规范转化为幼儿教师内心的道德要求、产生职业道德情感的重要因素。明确职业道德范畴对幼儿教师正确认识幼儿教育教学过程中的各种道德关系,调整自身的道德行为,自觉实践教师职业道德原则和规范的要求,具有重要的意义。那么,幼儿教师职业道德范畴包含哪些内容呢?本章将就此作出阐述。

第一节　幼儿教师职业理想

职业理想是职业道德的灵魂。在职业生活中,只有树立崇高的、合理的职业理想,才能正确对待自己从事的职业,敬业、乐业、勤业,在职业工作中表现出良好的道德品质,对社会作出应有的贡献。

一、幼儿教师职业理想的含义

所谓职业理想,是人们依据社会要求和个人条件而确立的职业奋斗目标,即个人渴望达到的职业境界。

它是人们实现个人生活理想、道德理想和社会理想的手段,与个体的价值观、职业期待、职业目标等密切相关,并具有明显的差异性、发展性和时代性。

幼儿教师的职业理想,是指教师个体对幼儿教师职业的向往和追求,它既包括对所从事的幼儿教师职业的追求,也包括对做一名理想的幼儿教师的追求。[①]

从古至今,人们赋予教师许多的美誉,如"教师是人类文明的传承者"、"教师是人类灵魂的工程师"、"教师是太阳底下最光辉的职业"、"教师是真的种子,善的信使,美的旗帜"、"教师是蜡烛,照亮了别人,燃烧了自己"等等。作为教师队伍中的一个重要组成部分,幼儿教师因为"教育对象的幼稚性、教育过程的全面性和教育活动的创造性",使得这样的一个职业需要教师付出更多的汗水和劳动。而坚定的职业理想就成为幼儿教师坚守职业道德、成就幼儿教师事业的前提和动机因素。幼儿教师崇高的职业理想来源于坚定的职业信念,它是在对从事幼儿教育的历史使命和伟大意义深刻理解的基础上,产生的一种从事幼儿教育事业的志向、报负和追求。

二、幼儿教师职业理想的作用

(一) 导向作用

幼儿教师的职业理想是职业素质的重要组成部分,是其产生良好职业行为的向导。尽管幼儿园的工作细致繁琐,工作时间长,劳动强度大,但一名幼儿教师一旦确立了自己的职业理想,他就会摒弃许多的抱怨和不适,排除种种的困难和挫折,朝着实现这一理想的方向去努力。

链接

高美霞,一名普通的幼儿教师,她同许多工作在幼儿园一线的教师一样,也有过自己的苦恼、无奈和彷徨。但她没有因此而放弃自己的职业追求。她不仅努力地践行着自己的职业理想,而且还借助一支笔,借助她的专著《爬上豆蔓看自己》把它尽情地表达出来。

《爬上豆蔓看自己》这本专著让我们看到了一名幼儿教师真实的专业生活、锲而不舍的工作状态和因追求职业理想而获得的职业幸福,也让我们感受到了职业理想给予一名幼儿教师的内在导向力:职业理想不是口头上的,也不是文字上的,而是融入到幼儿教师日常教育教学工作的具体行为之中,它支撑着教师的工作和生活,引领着教师为实现自己的职业理想而不断努力并坚持付出。

(二) 调节作用

职业理想在学前教师的日常工作与生活中具有参照系的作用,它指导并调整着教师个体的职业活动。当一名幼儿教师按照自己的职业理想行动时,他就会以饱满的热情、乐观的态度和高度的社会责任感去兢兢业业地从事幼儿教育的相关工作,并在勤奋工作、努力探索、用心专研中"静下心来教学,潜下心来育人"。而当一名幼儿教师在工作中偏离了自己的理想目标时,职业理想就会发挥纠偏作用,尤其是当幼儿教师在实践场域中遇到困难和阻力,心灰意冷、丧失斗志时,教师就会在职业理想的支撑下,克服困难,奋发进取。

(三) 激励作用

理想源于现实又高于现实,因此,理想和现实之间常常有一定的距离。实践证明,拥有崇高职业理想的

---

① 刘济良.幼儿教师职业道德[M].上海:复旦大学出版社,2013:20.

幼儿教师,他们常常因对工作的热爱而产生献身幼教事业的内在动力。他们积极工作,努力探索,在遇到困难和挫折时,不怨天尤人,不心灰意冷;他们会认真分析自己的职业理想是否符合职业的要求和自己的实际能力,从而选择适宜的职业理想;他们还会以坚韧不拔的毅力、顽强的拼搏精神和开拓创新的行动来继续前进,直至达成自己的职业理想。

三、做一个有职业理想的幼儿教师

(一) 树立正确的职业观

职业观是人们在选择职业与从事职业时所持的基本观点和态度,是人生理想在职业问题上的体现。正确的职业观不仅可以使人们保持良好的心态,更能促进其在工作中积极健康的成长。幼儿教师是一个神圣而伟大的职业,相对于其他教师而言,他们更多的是幼儿学习活动的支持者和引导者、幼儿幸福童年的创造者和维护者。他们除了肩负"传道授业解惑"的职责之外,还肩负着为祖国花朵奠定初步的素质基础的重要使命。有人曾说,幼儿教育的质量在一定程度上决定着其他阶段的教育质量。因此,幼儿教师作为确保幼儿教育质量的关键人之一,除了应该拥有教育意识、自我价值实现的意识之外,还应该拥有强烈的社会责任意识,树立正确的职业观,进而逐步形成崇高的职业理想,用自己的智慧和行动在促进幼儿健康成长的同时,为推进人类的文明进步、社会经济的发展和民族的振兴富强作出贡献。

(二) 坚守自己的职业追求

职业理想实际上经历着一个从无到有、从低到高的矛盾运动过程。这一特点决定了它是不可能在短时间内轻而易举地完成的。而幼儿教育的特殊性也加剧了教师职业理想实现的难度。这就要求幼儿教师在实现职业理想的历程中,不能因繁琐的工作而放弃自己的职业责任,也不能因暂时的委屈而违背职业要求,更不能因各种借口和压力而改变自己的职业理想和目标。特别是在物欲横流的今天,幼儿教师更需要坚定自己的职业追求,克服种种困难,勇敢地接受摆在自己面前的挑战和考验,逐步实现专业突破,获得自身的专业发展。

讨论

我的选择错了吗?

带着对幼儿教育这片净土的向往和渴望,我迫不及待地投身于幼儿园这个多彩的世界,去实现儿时的梦想——做一个像妈妈那样受人尊敬的好老师。然而,就在那本该收获的季节里,我却一无所获。面对那一双双精灵般的溜溜转的小眼睛,我本能地躲闪了;面对孩子之间发生的矛盾,我无计可施;面对那短短二十分钟的教学活动,我不知所措。为了吸引孩子们的注意,我尽量表演得活灵活现,他们却总是东张西望、左顾右盼。更让人头痛的是,在户外活动时,他们会满世界乱跑,我只得与他们拼耐力和嗓门。我从一名大学生到一名幼儿园教师,从一名成功的学习者变成了失败的教育者。刹那间,角色和地位的转换、理想与现实的差距,让我对自己的选择开始怀疑,对未来感到恐惧,难道我选择错了吗?

(三) 保持积极的职业状态

个人在追求职业理想的同时,保持积极的职业状态,可以产生强烈而持久的内在动力,并在工作过程中不断努力、积极进取。与其他阶段的教育相比,幼儿教育是一个充满激情的事业,它需要幼儿教师从内心深处热爱这份职业,把幼教工作作为神圣的事业去追求,安心从教,不图名利,从而通过自己辛勤的劳动坚定自己成为优秀教师的信心,并在实践工作中不断摸索探寻取得让家长和自己满意的成绩,收获事业成功的喜悦,体会职业理想达成的幸福。

(四) 努力践行正确的职业行为

"现实是此岸,理想是彼岸,中间隔着湍急的河流,行动则是架在河上的桥梁。"实现幼儿教师的职业理想,需要为理想而奋斗的实际行为,否则理想将永远是一句徒劳的空话。当前我国的幼儿教育处于一个蓬勃发展的时期,它让广大的幼儿教师感受到了幼儿教育发展的春风,也激起了广大幼儿教师大展宏图的热情。这种热情不能只是一时的冲动,而是要在幼儿园的实践活动中踏踏实实地转化为孩子的进步和教师自己的成长。特别是随着幼儿教育实践活动的逐步深入,越来越多的新问题呈现在幼儿教师的面前,这些问题需要每一位幼儿教师勇于探索、不断磨练,在实践中实现自己的职业理想和抱负。

讨论

我喜欢做孩子王[①]

人民教育家陶行知曾经说过:"教人要从小教起,幼儿好比幼苗,必须培养得宜,方能发芽滋长,否则幼苗受了损伤,即使不夭折也难以成材。"幼儿教师肩负着培养祖国下一代的光荣任务,我也一直觉得幼师是一份具有挑战性、神圣且充满魅力的职业。于是,我义无反顾地选择了幼师作为我毕生从事的事业。

我在职校学习快两年了,虽然我执著地追求自己的理想,但是,那难啃的专业课,让我整日无精打采,内心充满了苦涩。时间总在前移,可我不知道自己前方的路是否能拨云见日。然而,在那个童话世界里,我最终找到了……

学习幼师专业后,每次放长假,我就到元江的一所私立幼儿园见习。在那里,当我看见一张张无邪的小脸,一双双纯真的眼睛望着我时,我就变得特别开心……"小朋友们好!"我脱口而出。"老师好!"甜美的童音伴着雨点般的掌声撞击着我的心扉。我和孩子们很快就打成了一片……

清晨,太阳升起来了,花儿绽放笑容,小鸟们叽叽喳喳地飞来了,园外的喇叭声越来越近……小朋友们和着大自然的轻音乐唱着、跳着走进来了。

"Good morning, teacher!"

"Good morning!"

孩子们热情地跟我打招呼。就这样,原本还是寂静的园子,一下子就像春天来到,万物复苏,变得热闹起来。

看着他们坐在桌子旁玩积木、雪花片,我也忍不住跑到他们身边蹲下来一起玩,看他们堆的各式各样的积木,以及拼出的千姿百态的雪花片……

"小朋友们,你们长大了想做什么啊?"

"老师,我要当奥特曼!"

"哦?"

"老师,你看我的衣服,还有奥特曼,它还会飞……"

---

① 杨美兰.我喜欢做孩子王[J].中等职业教育,2008(21).(有删减)

"老师，老师，我要开飞机，打死他的奥特曼……"

说着两人就打起来了。

"老师，我来做法官。"

"为什么啊？"

"我要把他们两个关起来。"

"为什么要关他们呢？"

"因为他们打架，不听老师的话。"

……

我惊诧于三四岁孩子如此丰富的想象力。在他们幼小的心灵里，好像生来就存在着无数美好的理想和愿望，他们对世界的好奇心需要我倍加呵护，我感觉我身上的任务很重也很光荣。

下午两三点钟左右，是我带小朋友出去玩的时间。坐在柔软的草地上，我给他们讲故事、唱歌……看着他们托着小腮帮，眼里流露出好奇、探索的眼神时，我不得不承认孩子的脑子太活跃了，想法太新奇。

太阳开始不情愿地落山了，花儿也开始睡去了，小鸟要归巢了，小朋友也该回家了。下午5：00，家长们来接小朋友。那时，有些小朋友就会紧紧地搂住我：

"老师，你给我讲故事嘛！"

"老师，我要你陪我玩！"

"老师，我回家吃完饭就到幼儿园和你玩，我们一起去游泳。"

……

孩子们对我的依恋令我感动。那时，我才知道，原来我是一个受小朋友欢迎的好老师。那一刻，我是多么骄傲和自豪啊。

小朋友都被家长接走了，园里又恢复了寂静，只有我一个人静静地坐在电子琴旁，弹起一首首熟悉的儿歌……

朝阳送走了晚霞，白昼驱散了黑夜，时间无声地流逝着。我付出的有体力上的汗水还有脑力上的劳累，但我感到一切都值得——苦并快乐着！我要用我的爱我的心，去浇灌那些正在成长的小苗，我要给他们温暖的阳光、肥沃的土壤、充足的养料，对他们倍加呵护，让他们茁壮成长。

这时，我前方的雾已经开始慢慢散开了，展现在我面前的是一条宽敞明亮、充满希望的大道，指引着我向前走！我将更加努力学习，为将来从事幼师职业打下坚实的基础。我要做孩子王，因为我爱这份神圣而崇高的职业。

思考：你认为职业理想对幼儿教师来说重要吗？你的职业理想是什么？

第二节　幼儿教师职业义务

有位老师说："教育既是一门科学，又是一门艺术，教师的劳动是自由的，具有独特的创造性，不应该受任何约束。"①诚然,教师的劳动自由是教师职业的特性和意义所在,也是教师劳动创造性的保证。但这种自由与创造必须以承担教师的责任,履行教师的义务为前提。因而,要当好一名幼儿教师,我们首先要明确幼儿教师的职业义务。

一、幼儿教师职业义务的含义

无论人们承认与否,在社会关系中生活的每一个人都必然要承担一定的责任或义务。正如马克思所说:"作为确定的人,现实的人,你就有规定,就有使命,就有任务,至于你是否意识到这一点,那是无所谓的。"②

链接

中国人最早对义务的探讨主要集中在对"义"字的探讨上。孔子说:"君子喻于义,小人喻于利。"孟子说:"亲亲,仁也;敬长,义也。"这里的"义",就包含"义务"的意义。韩愈说:"行而宜之之谓义。"朱熹说"义为之义,只是一个宜字。"韩愈、朱熹说的"宜",主要指"应该"、"应当"之意。③

从一般意义上讲,义务就是对他人、对社会做应当做的事情,就是对他人和社会做与自己的职责、使命、任务相宜的事情。

幼儿教师的职业义务,是指幼儿教师对幼儿、幼儿园(或社会要求幼儿教师)应当做的事情和应该承担的责任。它通常包含两方面的内容:一方面是指社会向幼儿教师提出的必须遵循的道德要求;另一方面是指幼儿教师在幼儿教育职业劳动的过程中,自觉意识到的各种道德要求的合理性,并把自觉遵循这些合理的道德要求作为自己内心的一种道德习惯,主动履行职业道德行为的规范要求。

链接

幼儿教师的职业义务④

(一)遵守宪法、法律和职业道德,为人师表;

(二)贯彻国家的教育方针,遵守规章制度,执行幼儿园的保教工作计划,履行教师聘约,完成保教工作任务;

(三)对幼儿进行思想文化教育和组织幼儿开展有益的社会活动;

(四)关心爱护全体幼儿,尊重幼儿人格,促进幼儿的全面发展;

(五)制止有害于幼儿健康成长的行为和现象;

(六)提高思想觉悟和教育教学业务水平。

---

① 梁广,周积昀. 新时期教师职业道德[M]. 北京:中国人事出版社,2005:62.
② 马克思恩格斯全集(第三卷)[M]. 北京:人民出版社,1996:329.
③ 黄正平,刘守旗. 教师职业道德新编[M]. 南京:南京大学出版社,2010:74—75.
④ http://www.cpsyy.com/web/show Article.asp? ArticleID=775.

二、确立幼儿教师职业义务的意义

在幼儿教师的职业劳动中,幼儿教师自觉履行职业义务有着重要的意义,能起到独特的作用:

(一) 有利于减少教育活动中的矛盾和冲突,使各项教育教学工作顺利推进

幼儿教师的职业义务是社会主义教育事业根本利益和教育劳动内在规律对教师行为的道德总要求,本身就能够指导幼儿教师在教育教学工作中正确处理教师与幼儿、教师集体、社会之间的各种利益关系,能保证和促进教育教学工作顺利开展。幼儿教师在职业劳动中是否遵循职业义务和责任的要求,就与幼儿是否遵守纪律一样,会有两种截然不同的结果。幼儿教师如果无视自己的职业义务,只根据自己的意愿行事,那必然造成教育教学工作过程中的矛盾和冲突,从而严重影响教育和教学工作的顺利有效开展。但是,幼儿教师如果能够在平凡的工作岗位上充分认识自己的职业义务,明确自己的职业职责,深刻理解所担负的使命,形成高度的责任感,他就会以极端负责的态度自觉地调整自己的行为,认真履行幼儿教师职业义务,出色完成教育教学的任务。因而,幼儿教师只有自觉履行职业义务,才能减少和协调教育工作中的矛盾,促进教育教学工作的顺利开展。

(二) 有利于在幼儿教育中自觉遵循教师道德要求,选择最佳的教育教学行为

幼儿教师的职业义务是社会对教师的道德总要求,具有综合性和全面性的特点。而幼儿教师在实际的教育教学工作中,常常因其具体情境的多样性、复杂性而面临艰难的选择,难以做到十全十美。此时,这就需要幼儿教师按照教师道德的总要求,从各方面进行全面分析,综合判断、权衡利弊后作出最佳的行为选择。

> **链接**
>
> 2010年12月14日,在江苏兴化板桥幼儿园内,该校女教师易某因儿童上课说话,就将熨斗从插座上拔下,借此吓唬孩子,最终导致7名儿童烫伤。
>
> ——大丰之声 2010 年 12 月 14 日

幼儿期的儿童活泼好动,注意力集中时间较短,对单调的上课更是缺乏耐心和兴趣。孩子们在课堂上讲话虽然在一定程度上影响了正常的教学活动,但如果易某能够履行幼儿教师的职业义务,她就会从儿童的利益出发,综合考虑各方面因素,从而选用合适的教育方式有效地制止课堂上讲话的行为。

(三) 有利于幼儿教师在教育教学工作中培养高尚的道德情操,提升道德品质

苏霍姆林斯基说过:"恪守义务可以使人变得高尚。"[①]高尚的道德品质作为幼儿教师内在的信念意识和外在的品质表现,不是与生俱来的,而是在长期的幼儿园教育教学实践中逐步形成的。幼儿教师的义务与教育工作本身是紧密相联的,因为,幼儿教师的职业义务是社会对教育工作者的职业道德要求,这是一种客观存在。任何一位选择了幼儿教师职业的人,不管他有什么样的才能,有多么优秀,都必须履行自己的教育义务,必须按照幼儿教师职业道德的要求选择自己的教育行为。与此同时,幼儿教师在不自觉中、在遵"章"行事的教育和教学劳动中不断体验和认识到履行这些义务、责任的必要性和重大社会意义,经过反复实践,反复体验,越来越自觉自愿地去履行义务,这样就把社会对幼儿教师的客观要求转化为教师自身的内在需求,

---

① [苏]苏霍姆林斯基. 和青年校长的谈话[M]. 赵玮,等,译. 上海:上海教育出版社,1983:155.

形成一种高度自觉的责任感和使命感,达到"作为教师必须那样去做"的高度自觉,从而使自己的道德觉悟逐步得到升华,自己的道德品质也日益纯洁高尚。

三、做一个自觉履行职业义务的幼儿教师

(一)全面把握幼儿教师职业义务的意义和内容

《中华人民共和国教师法》(以下简称《教师法》)第四章第三十二条明确规定:教师享有法律规定的权利,履行法律规定的义务,忠诚于人民的教育事业。幼儿教师作为教师队伍中的一个重要群体,同样需要依照《中华人民共和国教育法》、《教师法》、《幼儿园教师专业标准(试行)》及其他有关法律、法规的要求,深刻理解职业义务对幼儿园教育教学工作和自身专业发展的意义。同时,还应全面掌握幼儿教师义务的基本内容,并按照教师义务的内容开展科学的幼儿教育工作。目前,幼儿教师主要担负着岗位责任、社会责任和国家责任三大责任,而履行这些责任的前提就是全面把握幼儿教师职业义务的意义和内容,按照职业义务的要求来明确应当或不应当做的行为。

(二)正确理解幼儿教师权利和义务的关系

权利和义务是统一的、不可分割的,也就是说"没有无权利的义务,也没有无义务的权利"。由此可以看出,幼儿教师职业义务的履行与自身权利的行使也是一个辩证统一的问题。教师履行职业义务的同时,并不意味着一味地付出和奉献,而是在享有职业权利的过程中进行的。只有明确幼儿教师义务和权利之间的正确关系,并用之以指导实践,才能在幼儿园的实际工作中更好地发挥一名幼教工作者应有的作用。

(三)积极履行幼儿教师的职业义务

履行职业义务是每位幼儿教师的职业职责,也是保障其教育教学工作顺利开展的必要条件。但在现实生活中,严格按照职业义务开展教师工作,对每一位幼儿教师来讲都是具有一定困难的事情,因为它需要教师拥有较强的意志力和顽强的职业坚守。特别是在幼儿教育事业快速发展的今天,我们广大的幼儿教师,必须尊重儿童的天性和成长规律,珍惜童年生活的独特价值;必须坚守应当坚守的,拒绝应当拒绝的;也必须耐心倾听来自不同层面的声音,勇敢地接受摆在我们面前的一个个不可回避的挑战。为此,我们幼儿教师应做好三个方面的工作:(1)自觉地做到对幼儿负责,做一名幼儿喜欢的教师;(2)自觉地做到对幼儿家长负责,做一名家长满意的教师;(3)自觉地做到对社会负责,做一名对社会有贡献的教师。

讨论

我是教师①

我是教师。

我出生于世界上第一个有疑问的孩子提问的那一刻。

我是许许多多地方的许许多多的人。

我是苏格拉底,鼓励雅典的年轻人通过提问寻求真理。

我是安妮·沙利文,让一个名叫海伦·凯勒的盲聋哑女孩子感触到宇宙的神奇,成为一名杰出的作家。

---

① [美]约翰·施拉特.我是教师[J].教师月刊,2010(5).

我是伊索,是安徒生,用一个个奇妙的故事启迪心灵。

我是马弗·科林斯,为每一个孩子享有受教育的权利而作不懈的努力。

我是黑人玛丽·麦克略特·贝休思,为受到种族歧视的黑人们创立出一所著名的高校。

我是贝尔·考夫曼,拖着病残的身子让孩子们在知识的天地里健康成长。

我还有很多的名字——布克·华盛顿、释迦牟尼、孔子、拉尔夫·活尔多·爱默生、利奥·巴斯卡格利亚、摩西、耶稣……这些名字以博爱之心和人文精神誉满天下。

也有些名字,或许已经被人们忘却,但它们会融入学生们在各行各业取得的成就之中,并以这种方式得以永存。

我愉快地参加昔日学生的婚礼,开心地看到他们的孩子出生,也在一些英年早逝的学生的葬礼上肝肠寸断。

一天当中,学生们需要我成为演员、朋友、护士、医生、教练、借款人、司机、心理学家、政治家、临时父母……

我给学生们讲语文、数学、美术、音乐,但是我知道,这些远远不够,我需要激发学生主动学习的求知欲,让他们积极地向全社会学习。

物质财富不是我生活的目标,但是追求财富却是我的职业。我要创造尽可能多的机会发挥学生的才智,使可能会埋没在灰心丧气中的才智闪现出光辉,学生的这些才智便是我的财富,更是社会的财富。

我是劳动者当中最幸运的人。医生是将生命带进世界的引导员,而我每天都可以看到生命的变化,看到一个个日臻成熟和美好的生命;建筑师可以匠心独具,将一幢大厦耸立几个世纪而仍然巍峨壮观,而我用爱和真理所创造的却可以一代又一代地传播下去。

我还是一个战士,每天都要与恐惧、偏见、无知、冷漠作斗争。所幸的是,爱、智慧、个性、信任、欢乐、好奇心、创造力,这些都是我的盟友,它们是我坚强的后盾。

我的过去充满了丰富而美好的回忆;我的现在既有挑战又有欢乐;我的未来寄托在学生身上,将无比辉煌。

我是教师……

思考:"我是教师"包含着怎样深刻的内涵?你身边有经常说"我是教师"的幼儿教师吗?你对他(她)评价如何?

第三节 幼儿教师职业良心

教师的职业良心可以说是一种被教师自觉意识到并隐藏于内心的使命、职责和任务,在教师的职业道德生活中发挥着举足轻重的作用。因此,研究教师的职业道德问题,必须研究教师的职业良心。

一、幼儿教师职业良心的含义

道德意义上的良心,是伦理学的基本范畴之一,是指人在履行对他人和社会的道德义务时,对所负道德责任的内心感知和对道德行为的自我评价能力,即人对其道德责任的自觉意识。[①] 伦理学研究认为,良心是由人们的社会关系和物质生活条件所决定的,不同的社会关系和不同的物质生活条件,会使人形成不同的良心。如一名医生或教师,会把他对一般人具有的爱心和正义感,迁移到职业生活中,形成职业的正义感,以及对病人、对学生的爱心等职业良心品质。

链接

"良心"是一个古老的伦理概念。在我国,最早提出"良心"范畴的,当属孟子。孟子说:"恻隐之心,人皆有之;羞恶之心,人皆有之;恭敬之心,人皆有之;是非之心,人皆有之。恻隐之心,仁也;羞恶之心,义也;恭敬之心,礼也;是非之心,智也。仁义礼智,非由外铄我也,我固有之也,弗思耳也。故曰求则得之,舍则失之。"(《孟子·告子上》)孟子将恻隐、羞恶、恭敬、是非之心称之为良心,是一般人应有的、最起码的同情心、羞耻感以及对他人应有的尊重和对事物的理性判断等。[②]

幼儿教师职业良心是幼儿教师个人在自己的幼儿教育实践中,对社会向幼儿教师提出的一系列道德要求的自觉意识,是教师个人对幼儿、幼儿园和社会自觉履行其教师职责的道德责任感以及对自己教育教学行为进行道德控制和道德评价的能力。幼儿教师的职业良心是在其教育教学实践过程中表现出来的一种内心信念,主要有以下特点:

(一) 公正性

幼儿教师良心的公正性主要体现在:对待幼儿园日常工作,应坚持科学的教育教学原则,坚守专业教师的职业品性,秉公办事;对待成长中的幼儿,能够面向全体幼儿,对不同发展水平的幼儿一视同仁,赏罚分明;对待幼儿家长,应本着尊重、平等、合作的态度,与家长保持密切的联系,不因家长的职业、经济水平和社会地位的不同而区别对待;对待领导和同事,应开诚布公,相互支持,团结协作。

(二) 综合性

幼儿教师的良心,是教师在职业活动中各种因素相互作用的结果,是由教师已有的知识结构、以往的生活经历和生活方式决定的,具有综合性的特征。而从幼儿教师良心的构成机制和要素来看,也同样具有综合性的特征。一方面,幼儿教师职业良心包含着理性因素。另一方面,幼儿教师职业良心有包含着非理性的东西,例如教师在教育劳动过程中的直觉、本能等。

(三) 稳定性

在理性的指导下,幼儿教师的职业良心不是转瞬即逝或变化不定的东西,而是以一定的道德信念为基础的,一旦形成就会成为稳定的信念和意志,比较持久稳定地发挥作用。

(四) 内隐性

幼儿教师的职业良心是隐藏在教师内心深处的一种对教师社会道德责任感、义务感的认识和感情以及

① 龚乐进,张贵仁,王忠桥. 教师职业道德[M]. 北京:北京师范学院出版社,1992:170.
② 黄正平,刘守旗. 教师职业道德新编[M]. 南京:南京大学出版社,2010:80.

自我评价能力,是教师在教育劳动过程中发自肺腑的一种内在的精神力量,也是一定社会的道德原则和规范体现在教师内心深处的认识、情感、意志、信念、理想和行为的有机统一。

(五) 广泛性

幼儿教师的职业良心一旦形成,其作用范围是非常广泛的。它渗透在教师整个幼儿园工作和个人生活的一切领域中并发挥着作用,左右着教师职业道德意识的各个方面,支配着教师行为过程的各个阶段。

二、幼儿教师职业良心的作用

幼儿教师职业良心作为教师一种内在的道德信念,贯穿于教师职业行为的始终,有利于教师自觉履行职责,选择和实施最佳的职业行为。应该说,幼儿教师的工作十分辛苦,他们的劳动是地地道道的"良心活"。作为一名幼儿教师,能够心甘情愿地去教育幼儿,靠的正是幼儿教师的职业良心。

(一) 在实施教育行为前,幼儿教师的职业良心起着促使教师选择正确教育行为的作用

每一位幼儿教师在选择自己的教育行为时,总是要遵循着某种动机,判断选择某一教育行为的目的和后果。幼儿教师的职业良心可指导教师根据教师道德义务的要求,从幼儿或社会教育利益出发,对教育行为进行思考和权衡,抑制、否定不符合教师义务的动机,肯定符合教师义务的动机,从而选择合乎教师道德要求的正确行为以求对得起自己的职业良心,对得起家长的期待,对得起社会的责任。

> **链接**
>
> 在山西太原蓝天蒙台梭利幼儿园,因为孩子的一点点小小的错误,带班的李老师就对其施暴,扇耳光、揪脸……监控录像记录了这一个个令人触目惊心的过程。家长含泪数了一下,就在 2012 年 10 月 15 日的下午 4 点左右,短短的十几分钟内,这名教师就在一名 5 岁女童的脸上狂扇了 70 多个耳光。
>
> ——中国幼儿网 2012 年 10 月 30 日

如果该教师拥有自己的职业良心,她就会坚守幼儿教师的职业道德,也就会在做出各种虐童行为之前对自己提出"我这样做可能会有什么样的结果?""如果我是受虐的儿童我会怎么样?"等类似的问题,从而使自己在慎重的思考和权衡之后,作出更正确的行为选择。

(二) 在实施教育行为过程中,幼儿教师的职业良心起着监督和调节作用

在教育教学的过程中,职业良心会以"监督者"的身份对幼儿教师行为进行全程监督:对符合教师职业道德要求的情感、意志和信念给予支持和鼓励;对不符合教师职业道德要求的情感、动机和欲望给予否定和克服。同时,在教育教学过程中,教师的职业良心也是调控教师行为的调节器,当教师意识到自己的某些不当行为可能伤害幼儿的自尊心、可能影响幼儿的个性发展、可能损害幼儿园和幼儿教师群体的荣誉时,教师的职业良心会及时发出"我不该这样做"、"我不能这样做"的指令,由此避免不良教育后果的出现。

近些年曝光的幼儿教师虐童事件,使我们清楚地认识到目前幼儿园的实践场域中存在少数缺少职业良心的教师。幼儿教师职业对于他们来说就是一种谋生的手段,他们所做的一切只是为了获得薪水,所以对幼儿冷淡、缺乏感情、不愿更多地付出,更不会主动地奉献。幼儿教师的职业良心实质上是一种"道德自律",是

存在于教师内心的一种自我约束的道德信念和力量。作为一名幼儿教师,应时时刻刻用职业良心来监督和调控自己的教育行为。

(三) 在教育行为实施后,幼儿教师的职业良心对教师行为起着评价和激励作用

人们常常将良心形象地比喻为"内心道德法庭",而幼儿教师的职业良心就是教师对自己教育行为的的自我评判,是建立在教师内心深处的自我道德法庭。教师在完成一项教育任务或工作后,往往会在心里作出一番自我评价。当教师看到自己的劳动付出带来了良好的教育效果,对幼儿的成长和发展有着积极影响,内心就会产生自豪感和成就感,从而激励自己继续这样的行为。而当教师意识到自己的行为损害幼儿的利益,带来了学前教育的不良后果,其内心就会感到内疚和惭愧,甚至陷入自我痛苦之中。通过自我谴责,形成一种内在的精神力量,促使其深刻反省、吸取教训,尽力弥补和挽回损失,并减少此类现象的再次发生。职业良心是教师道德思想和道德情操的精神支柱,正是通过这种心灵的自省与自律,不断完善着幼儿教师的道德人格。

三、做一个有良心的幼儿教师

曾钊新教授曾说过:"没有良心的教育,犹如在贫瘠的土地上耕耘,既不会认真地播种,也不可能指望收获。"要想造就一个有良心的幼儿教师,我们应当从以下几个方面加以重视和培养:

(一) 正确认识幼儿教师职业良心的特点与作用

幼儿教师职业良心是教师对社会和幼儿的义务关系在教师内心的反映,是外部义务转化为教师内心道德要求和个人道德品质的结果。幼儿教师要形成自己的职业良心,首先就要对本职业良心的特点和本质有正确的理解,并深刻认识职业良心的意义与作用,进而增强自己对幼儿教育事业的使命感和责任心,促进自身生命价值的自我实现和道德境界的不断提升。

(二) 深刻理解一定社会的道德关系和幼儿教育职业活动中的道德关系

幼儿教师职业良心的表现形式是主观的,但其内部却是客观的,是教师对一定社会道德关系和幼儿教育活动中各种道德关系的自觉反映和深刻理解。教师职业良心作为道德责任感,是教师在深刻体验和认识到自己对幼儿、对幼儿家庭、对社会客观上所承担的义务时产生和形成的。而作为自我评价能力,反映的也是客观存在的一定社会或阶级的道德要求和教育职业活动中的道德要求。没有这些道德要求,或这些道德要求没有被教师所认识和理解,就不能转化为教师的内在信念,也就不可能形成教师的职业良心。因此,幼儿教师应自觉认识并深刻理解一定社会的道德关系和幼儿教育职业活动中的道德关系,并在一定的社会关系和教育实践过程中逐步形成。

(三) 自觉进行职业道德的自我体验和自我教育

教师职业良心是存在于教师内心的自我道德信念和要求,是一种"道德自律"。幼儿教师职业良心的形成,在很大程度上取决于教师自己在幼儿教育实践中的自我修养、自我体验和自我教育,取决于教师将职业道德的要求由"他律"转变为"自律"。在此过程中,它需要教师在自我修养的过程中克服个体本体道德与社会职业道德的矛盾、知与行的分离及得与失的冲突,实现道德"实然"向道德"应然"的跨越。换言之,真实的职业良心是教师"自家的准则",只有通过养性、养德、养学、养行等良心修养举措来提升自身的道德境界和精神境界,职业良心才能在幼儿教师内心深处不断生长、发展和完善。

第四节　幼儿教师职业公正

一、幼儿教师职业公正的含义

有人曾经问亚里士多德："什么是公正?"亚里士多德回答道:公正就是具有均等、相等、平等、比例性质的那种回报或交换行为。更准确地说,公正应该是平等的利害相交换的善的行为,是等利交换和等害交换的善行。

公正,即公道、正义,它表示人的品德,指为人处事没有私心,不违反公认的道德准则和公平合理的原则。

幼儿教师的职业公正即指幼儿教师的教育公正,是指教师在幼儿教育和教学的过程中,公平合理地对待和评价每一个幼儿。具体来讲,幼儿教师职业公正就是要求教师在日常的教育教学过程中,在对待不同发展水平、不同性别、不同相貌、不同民族、不同家庭、不同个性、不同亲疏关系的幼儿时,都应一视同仁,公平对待,正直无私,不偏袒、不偏心,发自内心地热爱和关心每一个幼儿,并能从每个幼儿的不同年龄特征和发展水平出发,因材施教地促进每个幼儿的和谐发展。

二、幼儿教师职业公正的意义和作用

幼儿教师的职业公正作为调节教育内外部关系的重要道德范畴,在社会生活和教育活动中具有重要的意义和作用。

(一) 有利于促进每一个幼儿的健康发展

幼儿教师作为幼儿成长过程中的重要他人,其对待幼儿的态度和为幼儿创设的公正环境,直接影响着幼儿身心各方面的健康发展。尽管幼儿不如中小学生那么敏感,但他们同样能够感受到来自教师的不喜欢、不公正、偏心等不良的环境信息。一旦幼儿在幼儿园的学习过程中受到了不公正、不友好的对待和教育,他就会在不断模仿教师行为的过程中,逐步形成对他人、对社会不公正、不友好的态度,最终养成不健康的人格。因此,幼儿教师应该拥有职业公正的意识,尊重幼儿的人格,承认幼儿的个体差异,公平地接纳每一个幼儿,不因相貌较差、反应迟钝、性格木讷或过于顽皮而对幼儿"另眼相待",甚至流露出厌恶情绪。公正就像一面镜子,能够反映出幼儿教师的心灵,它又像一把尺子,衡量着幼儿教师的行为。对职业公正的追求,应当成为幼儿教师促进幼儿健康发展的精神动力。

(二) 有利于确立幼儿教师的威信

公正是人格的脊梁。孔子曾说过:"其身正,不令而行;其身不正,虽令不从。"这句话虽然是对从政者说的,但对幼儿教师来说同样适用。实践证明,幼儿教师如果能够平等对待幼儿,公正无私、不偏心,他们自然会得到幼儿的喜爱和尊重,进而确立自己在幼儿发展中的地位和威信。而幼儿也会"爱屋及乌",把对教师的喜爱和信赖,转移到教师所开展的各类幼儿园活动中,积极与教师开展良好的互动,并与教师之间形成心理的默契,在放松、信服的环境氛围下,提高幼儿教育教学的质量。

(三) 有利于创建公正、和谐的幼儿园文化

幼儿园文化是幼儿园在长期发展的过程中,为适应外部环境和内部整合能力而逐步形成的、为幼儿园内部成员共同认同和遵守的价值体系和习惯体系,包括价值观、信条、道德、伦理等。它们同正式的组织结构相

互作用而形成行为规范,决定着教师员工的行为理念和方式。在日常的教育教学环境中,幼儿教师公正、合理地处理同园长、同事、幼儿和幼儿家长的关系,公正合理地评价关系中不同个体,就会形成相互尊重、相互支持、彼此激励、公平竞争的团体关系,形成合作共享型的幼儿园文化。在这种文化氛围下,教师之间彼此支持,团结合作,在心情舒畅、相互激励、观念碰撞、成果共享的过程中实现教育质量的提高和个人专业能力的发展。

三、做一个公正的幼儿教师

幼儿教师职业公正,在一定意义上讲只是一个十分抽象的道德原则。怎样才能做到教师的职业公正或教育公正? 这是一个事关多方面的复杂课题。要想真正实现幼儿教师的职业公正,应注意做到以下几点:

(一) 深刻认识幼儿教师职业公正的深远意义

幼儿教师的职业公正涉及方面较多,既关系到幼儿教师、幼儿教育的体制,也关系到幼儿教师的道德修养、教育素养和教学技能等多方面问题,并且职业公正的意义与作用是显而易见、持久深远的。它可能不会即时地表现出来,但会带来潜在的、内隐的、弥散性的、持久性的影响。因而,教师需要充分认识职业公正的内在价值,用发展的眼光看待职业公正的问题,并将之作为自己一贯追求的原则和精神动力。

(二) 全面把握幼儿教师职业公正的内容

2012 年,教育部正式颁布的《幼儿园教师专业标准(试行)》中明确指出,幼儿教师应"关爱幼儿,重视幼儿身心健康,将保护幼儿生命安全放在首位;尊重幼儿人格,维护幼儿合法权益,平等对待每一个幼儿。不讽刺、挖苦、歧视幼儿,不体罚或变相体罚幼儿;信任幼儿,尊重个体差异,主动了解和满足有益于幼儿身心发展的不同需求"。幼儿教师的职业公正除了表现在对教育对象——全体幼儿的公正,还表现在教师对自己的公正、对领导同事的公正以及对待幼儿家长的公正。具体来讲主要包括四个方面的内容:对待幼儿,应热爱接纳;对待家长,应尊重合作;对待同事,应团结协作;对待自己,应以身作则。

(三) 不断提高个人的职业修养和教育素养

要实现幼儿教师的职业公正,教师自身的道德修养是十分重要的。一个自私或有偏见的教师很难做到职业公正,一个明哲保身、遇事退缩、不愿担当的教师也不可能做到职业公正。这就要求幼儿教师个体要有宽阔的胸怀和高度的使命感,要有无私奉献的精神和较高的人文素养,同时还应有一定的自制力和抵制压力、坚持公正的勇气。

职业公正不仅仅是一个道德概念,更是一个教育实践的法则,幼儿教师只有具有较高的教育技能和素养,才能真正实现职业公正。比如,如何根据幼儿的年龄特点实施科学的个别化教育,如何根据幼儿的身心发展水平采用惩罚与奖励等等,都与教师教育技能和教育素养的高低密不可分。所以,每位幼儿教师都应努力加强自身的专业素养,提高自身的专业技能,努力为自己实现职业公正创设良好的职业素养基础。

(四) 努力处理好幼儿教育教学活动中的公正问题

幼儿教育教学活动是教师和幼儿在特定的教育教学情境中,围绕一定的主题和内容进行的特殊交往活动。教育教学活动中的公正问题是幼儿教师职业公正的主要问题,也是最为复杂的问题。幼儿教师只有努力处理好幼儿教育教学活动中的公正问题,才能真正促进幼儿的健康成长。为此,幼儿教师应努力做到以下几点:(1)为幼儿树立坚持真理、尊重科学、主持公道的榜样,以自己的道德行为影响幼儿初步形成健康的社会情感和态度;(2)对幼儿一视同仁,爱无差等;(3)处理事务公道,赏罚分明,奖惩适宜;(4)重视个别差异,因材施教,长善救失。

讨论

片段一：

午餐时间到了，老师有序地组织孩子们如厕、洗手、喝水后，请他们坐在位置上休息，可总有个别孩子在窃窃私语，于是，按照惯例老师又请班里的"舞蹈公主"希希当"小班长"，主要是管制说话的小朋友，请他们安静。饭后，调皮的小果果端着吃完饭的碗走到老师身边，轻轻地说："老师，每次都是希希当小班长，今天我吃饭可快了，下次可以请我当吗？"老师先是一愣，然后笑笑说："那你先管管好自己吧"。果果端着碗失望地走了。

片段二：

美术活动绘画"小小太阳"中，活动开始是让孩子认识圆形，并了解画法。

"你们还见过什么是圆形的吗？"老师问道。

"我知道。"晨晨和往常一样，又是第一个举手。随后陆续有几个幼儿举起了手。

老师看着晨晨，说："晨晨，你第一个举手那就你来回答吧。"

"饼干是圆形的，还有车轮。"晨晨自信地回答道。老师满意地笑了。

"那谁能把自己认识的圆形物体画出来呢？"老师又问道。

"忽！"只见晨晨的手又举起来了。

老师又高兴地请上了他。坐在最后的军军此时却偷偷地嘟起了小嘴巴。因为他的手一直高高举着，可老师的目光却忽略了他。

思考：试从幼儿教师职业公正角度出发，谈谈你是否认同案例中教师的行为。将来你从教后会如何对待每一个幼儿？

第五节 学前教师职业幸福

一、幼儿教师职业幸福的含义

什么是幸福？现代汉语词典的解释是：使人心情舒畅的境遇和生活。幸福是需要通过发掘、锻炼和学习才能愈益强健的心理品质，是一种积极、开朗、向上的正面心态，是满意和自足，是感激和感恩！

幼儿教师的职业幸福，是其人生的主题和人生的根本问题，是教师职业道德的出发点和归宿，是教师通过职业活动后获得的一种满足和愉悦。在幼儿教师的职业生涯中，有了快乐的心态，我们就会有一个与幼儿共同成长的快乐过程，才能在繁忙与劳累的工作中寻找到当教师的意义。

幼儿教师的职业幸福就是教师在从事一系列职业活动后获得的满足。当然，这种满足会表现出一系列的显著特点：

（一）幼儿教师的职业幸福是物质性和精神性的统一

人只有在基本物质需求得到满足的情况下才能得以生存。在人类的社会活动中，劳动的主要目的是生存的手段或者说是谋生的方式。从这方面来看，幼儿教师的职业与其他职业是没有区别的，但仅仅满足了物质需求是不可能幸福的,也绝不是幸福,否则,人与其他动物就没有了区别。教师有被尊重的需要、自主发展的需要,其职业性质和成果以及职业理想所带给主体的幸福体验是其他任何职业都无法比拟的,因其幸福感是周而复始、循环进行,每一个循环所带来的幸福感的体验都是不同的,这也是教师职业所具有的一个最鲜明的特征。

(二) 幼儿教师的职业幸福是社会性和个体性的统一

一方面,人类的社会活动需要学前教师,同时,在社会的尊重、理解和信任中实现对幼儿教师职业的认可;另一方面,幼儿教师的幸福与幼儿的健康成长、自主生存能力的提高以及教师个人的价值认同、个人能力的提高、才能的发挥、意愿的实现、个人的兴趣和爱好等等紧密相联的,并影响着幼儿教师能否获得积极的心理体验。

(三) 幼儿教师的职业幸福是过程性和结果性的统一

教育工作无高低之分,无论是幼儿教育还是高等学府的专业教育,教师与学生之间的交往性和互动性决定了教师的职业幸福必然具有过程性,师生之间的互动对话和情感交流过程就是教师职业意义的实现过程,离开教学过程中与学生互动交流的教师,职业幸福是不可能获得的。而任何一种职业所获得职业幸福的强度都是与其职业成就感紧密联系的。幼儿教师的职业幸福,则离不开教育教学水平的提高、个人所获得的多学科多专业领域知识的丰富、所设计的区域主题活动和教学课件得到幼儿全身心的投入以及幼儿在教师的看护指导下身心得以全面健康地成长,其职业成就感的高低将直接影响到所获得幸福的程度。

(四) 幼儿教师的职业幸福是主体性与客观性的统一

幸福体验作为主体的积极心理感受,必然受到主体心理环境的影响,不同的个体对待同一认知对象会产生不同的心理体验。幼儿教师的职业幸福也会受到主体(幼儿教师)对其所从事的职业(幼儿教育)的认同和价值观的影响,但任何主观体验都是客观对象的反映,都与一定的社会环境有着必然的联系。幼儿教师的职业幸福也与社会条件和职业环境有着密切的联系。

二、幼儿教师职业幸福的意义

(一) 幼儿教师的职业幸福是教师自我实现的最好阐释

幸福的幼儿教师能够在教育教学中意识并践行自己作为教师的使命,将幸福追求贯穿于幼儿园教育的全过程,通过各种教育活动与幼儿进行心与心的交流,体验作为教师的内在意义和欢乐,实现自己的价值。幼儿教师拥有了幸福也就会拥有自我实现的动力,才会以最大的热情和信心投入到教书育人的活动中去,才会不断完善自己,产生马斯洛所说的"高峰体验"。

(二) 幼儿教师的职业幸福是幼儿健康发展不竭的源泉

幸福可以独享,也可以以积极的情感为媒介与他人分享。幼儿教师的幸福会转化成一种教育力量,调动幼儿的热情,激发幼儿对幸福的追求。幼儿教师的幸福也会促使自己给予幼儿无条件的关爱,让幼儿感受到教师的关心,体验到作为学生的幸福。

(三) 幼儿教师的职业幸福是实现教育终极目的的有力保证

教育是促进人全面发展的活动,需要以人的幸福为其起点与最终归宿。苏霍姆林斯基也曾说:"我们的教育信念应该是培养真正的人!让每一个从自己手中培养出来的人都能幸福地度过自己的一生。"缺乏幸福感受的教师当然无法培养出幸福的学生,教育这一应然的追求也只能是空中楼阁。

三、做一个幸福的幼儿教师

（一）不断学习和更新知识，丰富自身知识体系

求知并由此而智慧是人幸福的源头，故孔子在《论语》开篇即提出："学而时习之，不亦说乎？"求知的快乐、爱与被爱的快乐和游戏的快乐，构成人产生幸福感的最基本要素，而学前教师的职业恰恰是围绕着这三点来进行的，所以，幼儿教师是最容易获得职业幸福感的。

韩愈在《师说》中写道："师者，所以传道授业解惑也。"教师的职业特性就是传授知识，幼儿教师则不光是传授知识，更多的是在传授幼儿生存技能，培养幼儿自理能力。所以构思设计一个好的主题、游戏活动和教学课件便成为享受幸福的前提；与幼儿共同实施完成则是在享受幸福的过程；而活动结束后望着一张张天真快乐的笑脸，其成就感所带来的幸福体验则是其他职业所无法比拟的。所以，幼儿教师应不断学习，涉猎各学科各门类的知识，既可以提高自身的职业道德素质和业务水平，又可以体会到学习的快乐，不断寻求工作的乐趣和精神寄托，创造出更多的快乐元素，在做好心态的自我调整的同时，营造一个充满生命力的课堂氛围和幼儿一起快乐成长，由此获得更高的幸福体验。

（二）学会自我调节与控制，摆正自己的心态

幼儿教师职业的另一个特点就是从业人员大多都是年轻人。但这一年龄段的年轻人恰恰又面临着恋爱、结婚、生育等等个人生活方面的事情，往往会因为个人事情而影响到个人情绪，一旦将个人情绪带到幼儿教育工作中，就会影响到幸福感的获得。所以，积极适度的休闲活动，充分利用双休日、节假日以及每天紧张工作之余的闲暇时间，进行自我调节、自我保健、游戏、娱乐等活动，可以很好地调节身心，保持精神的健康状态。

历史文化积淀所形成的"师道尊严"的架子，容易造成幼儿教师难以以平等平和的方式与人相处、与人交流。特别是与幼儿及其家长、长辈的人际冲突，其中不乏是由教师自视高人一等或以专家的态度自居而造成的。所以，幼儿教师首先应放下架子，摆正心态，虽为人师，实为常人，以朋友之心去对待幼儿及其家长，适时调整心态，使心理在迅速变化的社会中保持平衡。只要注意并做到心理平衡，也就掌握了获得健康与幸福的方法。

（三）学会关爱幼儿，懂得欣赏幼儿

幼儿教师的职业特性与其他教师职业的共同点就是，教师的生命是与一届又一届的学生的成长紧密联系在一起的。在幼儿的成长中，教师也由青涩走向成熟，从成熟走向衰老。幼儿教师要想获得人生的幸福、职业的幸福，首先必须成为一个成功的幼儿教师，关爱幼儿则是幼儿教师成功的前提。对幼儿付出真诚无私的爱是获得成功的动力，使幼儿感受到学习的快乐、游戏的快乐、成长的快乐的幼儿教师无疑是幸福的。那么，怎样关爱幼儿，如何用爱心打开学生的心灵之窗，从而开启幼儿教师成功之门呢？中国工程院院士徐匡迪在《今天我们怎样做教师》一文中已有精彩的论述：

首先，爱学生就要了解他们。了解他们的爱好和才能，了解他们的个性特点，了解他们的精神世界。对一个好教师而言，只有了解了每个学生的特点，才能引导他们成为有个性、有志向、有智慧的完整的人。教育是人学，是对人类灵魂的引导与塑造。苏霍姆林斯基说得好：不了解孩子，不了解他的智力发展，他的思想、兴趣、爱好、才能、禀赋、倾向，就谈不上教育。

其次，爱学生就要公平对待所有学生，把每一个学生视为自己的子弟。据有关教师人格特征的调查，在学生眼里，"公正客观"被视为理想教师最重要的品质之一。他们最希望教师对所有学生一视同仁，不厚此薄彼；他们最不满意教师凭个人好恶偏爱、偏袒某些学生或冷落、歧视某些学生。公正，这是孩子信赖教师的基础。

第三，爱学生就要尊重他们的人格和创造精神，与他们平等相处，用信任与关切激发他们的求知欲和创造欲，在教育的过程中教师是主导，学生是主体，教与学互为关联，互为依存，即谓"教学相长"，"弟子不必不如师，师不必贤于弟子"。一名好教师会将学生放在平等地位，信任他们，尊重他们，视他们为自己的朋友和共同探求真理的伙伴。[①]

(四) 学会与同事和睦相处，做一个与人为善的人

中国人在处理人际关系时是很讲究缘分的，所谓"百年修得同船渡"就是对同事间缘分的真实写照。善待同事可以多些情谊，少些纷争。有一句话是这样说的："赞美敌人，敌人于是成为了朋友；赞美朋友，朋友于是成为了兄弟。"

幼儿园这一集体相对而言是一个年轻富有朝气的团队，是一个知识层次相对较高、观点相对超前的群体，每个人的个性不同，思想觉悟不同，为人处事的观念不同，对待同一个问题的观点不同，所以要处理好与同事的关系，保持良好的心态对待每一个人，就必须时时保持赞美心。教育所追求的是综合的育人成果，而幼儿园所追求的是幼儿身心全面健康成长，这就要求幼儿教师们具备更好的合作精神与团队意识，只有在与同事有效的合作中，才能体现出幼儿教师的职业价值，也只有在这个团队中，才能感受到幼儿教育工作的幸福。

讨论

快乐并幸福着

幸福，到底是什么呢？长期以来，众说纷纭！有人说，幸福，就是面朝大海，春暖花开，做一个闲看云卷云舒的世外人；也有人说，幸福，就是做一个翩翩而起的舞者，为世人演绎出飞天的舞蹈……然而，我以为，幸福，就是，做一位能够时常守护在祖国的花园里，为国家乃至世界培育出一朵朵美丽之花的园丁。

曾经，身边很多朋友都问过我：你每天都要面对那么多既调皮又难缠的小孩子，你不觉得烦躁压抑吗？这样的生活你会过得幸福吗？面对这一个个事关幸福与否的问题，我都会抿嘴一笑道：其实，我，幸福并快乐着！

我幸福，是因为我置身于这世上最纯洁的地方！

清晨，阳光，很美，但更美的是幼儿园里孩子们那一张张纯洁无瑕的笑脸。试想想，当你一天生活的起点是小朋友们那天真无邪的笑容，终点是小朋友们的欢歌笑语，途中你还得与他们一起嬉戏、打闹、一起哭、一起笑，真诚地展现自我，与孩子一起体验成长的足迹。每天都在接受孩子们天真无邪的洗礼，让浮躁的内心得以平静，难道这还不能让你感觉到幸福吗？

我幸福，是因为我置身于一片求知的海洋！

对于一个个刚刚踏上求知征程的小孩子来说，除了哭声与笑声，最多的恐怕就是好奇心了。对知识的渴望就仿佛竹林春笋对甘霖的渴望一般浓烈。我为能够给他们浇灌以知识的甘露而快乐！记得，教会孩子们写出的第一个字是"人"，绘出的第一幅画是"太阳"，唱出的第一首歌是《感恩的心》……每每想到孩子们与知识对接的窗口，开拓人生的道路，是通过我而建立起来的，欣慰之心油然而生！在与小朋友们朝夕相处的日子里，每教会小朋友书写一个汉字，做会一个游戏或教会一项

① http://www.jxteacher.com/wanzhuanyuwen/column57450/93b92504-72ba-46e3-8477-52187b1507a1.html.

生活技能时,我都会觉得生活是那样地幸福!因为曾经有人说过:人生最大的幸福莫过于和别人一起分享成长的快乐。当你看到孩子们在黑板上写下"老师,我们爱你"扭扭歪歪几个大字时,你还觉得幸福离你很远吗?

我幸福,是因为我置身于能够让我人格得以升华的天堂!

还未踏入幼儿教师这个行业时,理想是彷徨的,心情是浮躁的,行动是懒散的!那时一个人,感觉无论怎样生活似乎都无伤大雅,任何事都可顺其自然,随性而为。可当我跨进幼儿园的校门时,却明显感觉行为与职责已经格格不入!因为在今后的生活中与我灵魂交相辉映的将是一颗颗纯洁无瑕的心。古人云:近朱者赤,近墨者黑。出于信任,学校、家长给了我与小朋友们朝夕相处、教导他们习文通理的机会,我,岂能辜负!从那时起,渐渐地我学会了去阅读更多的书籍,以丰富自己的学识;渐渐地我学会了宽容更多的人和事,以平静自己浮躁的内心;渐渐地我学会了去做一个更加坚强人,为小朋友们树立起一个生活的榜样!偶尔驻足回首,在这个小小的世界里,每一分每一秒都是那样值得。没有小朋友们天真无邪的心灵感召,就没有现在我内心这一汪纯净的海洋;没有小朋友们打破砂锅问到底的好奇心,就没有现在我扎根书海的情操;没有日常处理小朋友们突发事情所积淀起来的沉稳,就没有现在泰山崩于前而面不改色的从容与镇定!

作为一名幼儿老师,身兼培育祖国未来的神圣职责。我个人以为,生活在小朋友的世界里,获得幸福,比生活在世间其他任何一个地方更为简单。生活看似单调乏味,只要我们能够全身心地融入到他们的生活中去,只要我们能够时刻怀着一颗宽容的心,只要我们能够学会去发现生活中的美,只要我们能够以小朋友的乐为乐,以小朋友们的忧为忧,谁能说我们不幸福呢?

思考:你如何看待幼儿教师的职业幸福?试谈谈从教后你将如何获得职业幸福。

课后练习

一、选择题

1. 某市教委在幼儿教师中随机调查,问"您热爱幼儿吗?"90%以上的教师都回答"是"。而当转而对他们所教的幼儿问"你体会到老师对你的爱了吗?"时,回答"体会到"的幼儿仅占10%!这说明( )。

   A. 教师还没有掌握高超的沟通与表达技巧

   B. 教师尚不具有崇高的道德境界

   C. 教师缺乏信心

   D. 教师缺乏爱心

2. 在《论语》中记载着许多孔子关于"仁"的解释,孔子"仁"的中心是( )。

   A. 爱人　　　　　　B. 人心　　　　　　C. 诚信　　　　　　D. 谦让

3. 孔夫子所说的"其身正,不令而行;其身不正,虽令不从",从幼儿教师的角度来说可以理解为( )。

   A. 走路身体一定要端正

   B. 自己做好了,不要教育幼儿,幼儿自然会学好

   C. 对幼儿下命令一定要正确

   D. 教师自己以身作则,一言一行都会对幼儿产生巨大的影响

4. 从幼儿教师个体职业良心形成的角度看,幼儿教师的职业良心首先会受到( )。

   A. 社会生活和群体的影响　　　　　　B. 教育对象的影响

   C. 教育法规的影响　　　　　　　　　D. 教育原则的影响

5. 幼儿教师职业道德主要范畴为（　　）。

    A．教师义务　教师良心　　　　　　　B．教师公正　教师幸福

    C．教师理想　　　　　　　　　　　　D．A、B、C 都有

二、判断题（对的打"√"，错的打"×"）

1. 教师公正实际上就是要在以师生关系为基础的人际关系处理上实现某种中度。　　　（　　）

2. 广义的师德范畴就是指可以纳入教师道德规范体系并需要专门研究的基本概念。　（　　）

3. 幸福和幸福感是同一概念。　　　　　　　　　　　　　　　　　　　　　　　（　　）

4. 在教育工作中幼儿教师履行自己的道德义务就失去了职业自由。　　　　　　　（　　）

5. 制止有害于幼儿的行为或者其他侵犯幼儿合法权益的行为，批评和抵制有害于幼儿健康成长的现象。这
是幼儿教师应当履行的义务。　　　　　　　　　　　　　　　　　　　　　　（　　）

三、简答题

1. 幼儿教师职业义务的内容包括哪几个方面？

2. 幼儿教师如何做到职业公正？请举例说明。

3. 完成下列表格：

符合幼儿教师职业良心的行为	不符合幼儿教师职业良心的行为

四、实训

    结合本章所学内容，利用课余时间走访当地幼教名师（或通过网络了解幼教名师），领略名师职业道德风采，然后根据走访材料撰写一篇不少于 1500 字的心得体会。

第三章

幼儿教师职业道德原则

■ **学习目标**

1. 理解和掌握幼儿教师职业道德的基本原则。
2. 明确幼儿教师职业道德原则的内涵、要求、地位和作用。
3. 促进幼儿教师在教育教学实践中自觉遵守职业道德基本原则的意愿。

案例

　　周汝兰,四川省彭州市红岩镇中心小学教师。由于工作需要,她经常去附近幼儿园给大班的孩子们上课。2008 年 5 月 12 日下午 2 时 28 分,周汝兰正在给幼儿园大班的孩子们上课,突然感到教室在剧烈地摇晃,她立即意识到地震了！此刻,周汝兰对全班的孩子们大声喊道:"孩子们,快往门外跑,快跑。"在周汝兰的引领下,大多数孩子跟着她跑出了教室。可是,回头一看,教室里还有 10 多个孩子呆呆地坐着,几个孩子还趴在课桌上睡着了。周汝兰立即跑回教室,一手拉一个,跌跌跄跄地往外跑,几个孩子随后跟着跑了出来。放下手中的孩子后,周汝兰看到教室屋顶的瓦片已被震碎,一块块地往下掉。她往教室里一看,讲台左边第一排还有三个孩子趴在课桌上睡觉,孩子们的头上和身上已经覆盖了一层灰尘。周汝兰几个箭步冲到孩子身边,左手拉一个,右手抱一个,又救出两个孩子,这时她已经疲惫不堪了。教室抖动得越来越厉害,眼看就要倒塌了,还有最后一个孩子留在教室里。她第四次冲进了教室,把最后一个孩子揽入怀中,冲出教室,扑倒在地上。52 个孩子终于安然无恙！周汝兰事后对记者说:"我也不知道自己哪来的勇气,当时心里只有一个念头:不能让一个孩子出事。"

　　思考:1. 从勇救幼儿的周汝兰身上,我们看到了什么？又想到了什么？

　　　　　2. 作为一名教师,如果是你,你将如何抉择？

　　幼儿教师在教育实践活动中,必须遵循一定的道德原则,以调整教育实践过程中的各种关系,保证教育实践活动的正常进行。幼儿教师道德原则作为对教师行为的基本要求和评价标准,在幼儿教师职业道德体系中居于主导地位。为此,认真研究、学习、践行教师职业道德的原则,是做一名合格幼儿教师的起码要求。

第一节　幼儿教师职业道德原则的内涵与要求

一、幼儿教师职业道德原则的内涵

　　在人类社会中,各种职业都以自己独特的方式,从不同角度为一定的阶级和社会服务。各种职业道德往往是一定社会与阶级道德原则规范的"具体化"、"职业化"。每种道德类型的规范体系中都贯穿着一个基本的道德原则。

　　道德原则是一定社会或阶级对人们行为提出的最基本的要求，是道德体系的核心，它是人们立身处世的基本准则，也是判断是非、善恶的基本标准。道德规范则是比较具体的道德原则，它是在一定条件下、一定范围内人们立身处世和评价是非、善恶的标准。从道德规范体系来看，原则与规范的区别，不是绝对的，主要在于两者的应用范围不同。道德原则是总的道德规范，道德规范则是具体的道德原则。道德规范受道德原则的指导，而道德原则又必须通过道德规范，才能显现它的作用。道德原则具有普遍性、相对稳定性和一贯性。只要社会经济关系、阶级关系不发生根本性变革，道德原则就是不变的。道德规范则会受到经济关系的制约和其他各种社会因素的影响。因此，相对于道德基本原则来说，它具有较大的变动性和局限性。①

　　一般来说，幼儿教师的职业道德原则是教师在幼儿教育劳动过程中，处理个人与国家幼儿教育事业、个人与幼儿园、个人与同事、个人与幼儿家长等各种关系中应遵循的最根本的指导准则。它是幼儿教师道德社会本质的集中体现，是社会对幼儿教师职业行为总的道德要求。它不是对幼儿教师每一职业行为作出的具体规定，而是对从事幼儿教育活动的教师具有广泛指导性和普遍约束力的指导性原则，是具体的师德规范和范畴的依据。② 对幼儿教师职业道德原则的含义可以从以下三个方面来理解和把握：

（一）幼儿教师职业道德原则是区别于其他类型职业道德的标志

　　由于各行各业的服务内容不同，服务方式不一，服务对象各异，因此有着不同的职业义务和职业责任，以及职业行为上的道德准则。因为职业道德着重反映本职业特殊的利益和要求，是在特定的基础上形成的。有些行业中的道德规范要求也有相似之处，但职业道德原则鲜明地表达了本职业的服务宗旨。例如，"军人作风"、"农民意识"、"商人气息"等说明这些不同行业的职业道德原则形成了不同的职业道德心理和职业道德行为。

（二）幼儿教师职业道德原则指明了教师道德行为的总方向

　　道德行为是现实社会生活中最基本的道德活动现象。各种类型的社会或阶级道德，都在于使人们的行为达到它的原则和规范所提出的要求，并且总是具体地体现在人们的道德行为及由道德行为组成的道德关系中。因为道德行为主要表现为它是个人基于对他人和社会利益的某种自觉态度和自主选择的结果。当幼儿教师明确和自觉接受了教师职业道德的原则后，就会按照这个原则来指导自己的道德行为和道德活动。

（三）幼儿教师职业道德原则在教师道德的理论和实践中具有概括性、稳定性

　　幼儿教师职业道德原则是教师在任何情况下都必须遵循的道德行为标准，也是用以评价和判断教师行为是非善恶的标准，它表现出幼儿教师职业道德的实质。幼儿教师职业道德原则是一定社会、一定阶级的所有教师在教育教学实践中不断总结、提炼出来的，既有全面性，又具有稳定性，它不能由哪一位教师、哪一所学校来随意改变。

二、幼儿教师职业道德原则的要求

（一）幼儿教师职业道德原则要求教师树立正确的世界观、人生观和价值观，全心全意投身于幼儿园的教育事业

　　幼儿教师依据教师职业道德原则的要求树立正确、科学、高尚的"三观"，既是提高自身思想道德素质的需要，又是社会主义现代化建设事业的客观要求，还是抵制和批判各种腐朽思想的需要。幼儿教师用辩证唯物主义和历史唯物主义的观点去观察、分析和认识保教育人过程的一切现象，就会用正确的立场、观点和方法来指导自己的言行。用这样的世界观去认识幼儿教师的人生问题就必然形成科学的人生观。一个人的人

① 王兰英,黄蓉生.教师职业道德[M].北京:高等教育出版社,2000:58—59.
② 刘济良.幼儿教师职业道德[M].上海:复旦大学出版社,2013:115—116.

生目的,往往是同他的职业相联系的。幼儿教师职业是社会主义事业的重要组成部分,教师以忠诚于幼儿园的教育事业为人生目的,就会对自己的职业有充分的认识,真正做到为人民的教育事业鞠躬尽瘁、奋斗终生。

(二)幼儿教师职业道德原则要求教师树立崇高的理想、信念和价值目标

幼儿教师树立崇高的理想、信念和价值目标,就会在职业实践中把追求远大的目标与平凡的幼教工作紧密联系起来,就会确立志向,建立信心,产生事业心,从而产生巨大的精神力量,兢兢业业、任劳任怨地干好教养幼儿的事业。理想是决定事业方向、推动事业发展的一种精神力量,事业是实现理想必不可少的桥梁,是幼儿教师的理想付诸行动的具体实践。有了崇高的理想、信念和价值目标,幼儿教师就会在繁重、艰难的幼儿园工作中用开拓进取的精神振兴教育,用较大的胆略和气魄去改革创新,用攀登的精神去为自身的教育事业奋斗,敢于走前人没有走过的路,敢于向未知领域进军。有了崇高的理想、信念和价值目标,幼儿教师就能清醒地认识时代赋予自己的历史责任和使命。

(三)幼儿教师职业道德原则要求教师掌握丰富的科学文化知识和高超的教育技能,具备良好的专业能力素质

幼儿教师的专业知识来自人类文明的宝库,其精华集中体现在幼儿园的教学活动中。幼儿教师就是将这些已经"加工"、"浓缩"的智慧财富传授给幼儿。专业知识是衡量一个幼儿教师是否合格的标准,是幼儿教师能够教养幼儿所必须具备的业务素质。为此,幼儿教师必须不断学习,涉猎更为广阔的知识领域,刻苦钻研、学而不厌,优化自己的专业知识结构,增强对有关幼儿教育方面知识的了解,不断地将新知识融入自己的教育教学工作中。

(四)幼儿教师职业道德原则要求教师具有顽强的意志和毅力及崇高的精神境界

意志是幼儿教师在幼儿园工作过程中,自觉排除各种障碍,克服各种困难的毅力和能力。教师如果没有顽强的意志,就会在困难面前畏缩不前,寸步难行,甚至畏惧退缩、半途而废。幼儿园的工作十分艰巨复杂,加之社会上利己主义、享乐主义、拜金主义等腐朽思想的影响,这就要求幼儿教师具有崇高的精神境界,自觉抵制腐朽思想的影响,发扬"吃的是草,挤出的是奶"的孺子牛精神和"春蚕到死丝方尽"精神,不消极、不抱怨,真正做到兢兢业业、专心致志,献身教育事业。

幼儿教师职业道德境界是指幼儿教师在从教过程中的道德品质状况和自我修养的程度。幼儿教师的劳动功在他人,功在社会,应有一种大公无私的道德境界。这种道德境界的根本特点是不为名,不为利,廉洁奉公,公而忘私,毫不利己,专门利人。处于这种道德境界的教师才能真正做到敬业、爱业、乐业,才能为教育事业献身,为民族素质的提高,为综合国力的增强献出自己的一切。

讨论

幼儿园教师职业道德规范

一、热爱幼教事业、热爱幼儿园,坚持贯彻党的教育方针、明确各岗位的工作职责,尽心尽责。

二、坚持保教并重,全面提高幼儿素质。

三、热爱幼儿、尊重幼儿、面向全体幼儿,坚持正面教育,严禁体罚或变相体罚,使幼儿愉快、活泼、健康成长。

四、坚守岗位、尽职尽责,确保幼儿安全。

五、勤奋学习,钻研业务,积极参加教育改革,不断探索科学教育幼儿的规律。

六、以身作则、为人师表,仪表、服装、举止、语言符合职业要求。

七、尊重家长、热情服务、与家长密切配合。

八、遵守社会公德、严守劳动纪律、团结协作,不断进取。

思考:试谈谈幼儿教师职业道德原则与其职业道德规范的区别。

第二节　幼儿教师职业道德原则的地位与作用

一、幼儿教师职业道德原则是幼儿教师职业道德体系的核心

幼儿教师职业道德原则集中反映了幼儿教师职业道德的本质,对幼儿教师的道德实践具有重要的指导意义。幼儿教师在幼儿园工作过程中,只有自觉地遵循基本的职业道德原则,才能顺利地解决工作中的基础性问题和各种不可预料的矛盾,进而推动幼儿园各项工作的顺利开展。幼儿教师职业道德原则对幼儿教师在幼儿园的各项工作具有普遍的约束力,在幼儿教师职业道德体系中处于核心地位,具体表现在以下几个方面:

(一)幼儿教师职业道德原则具有基准性

幼儿教师职业道德原则是幼儿教师在道德实践中进行道德教育、道德修养、道德选择和道德评价时必须遵循的基本原则,是幼儿教师道德实践活动的行为准则。它对幼儿教师的道德行为具有普遍的约束力和指导意义。

(二)幼儿教师职业道德原则具有本质性

幼儿教师职业道德原则是幼儿教师职业道德的社会本质最直接、最集中的反映,是幼儿教师职业道德区别于其他各种不同类型道德的最根本、最显著的标志。

(三)幼儿教师职业道德原则具有稳定性

幼儿教师职业道德原则具有较强的抽象性,而教师职业道德规范具有相对具体性。具体的往往是复杂多样的、易变的,抽象的往往是概括性的、稳定的。随着社会经济、政治和文化的发展,以及幼儿教师职业活动环境的变化,幼儿教师职业道德规范中的具体要求应当也必然会有所调整、有所变化,而幼儿教师职业道德原则相对来说比较稳定。

(四)幼儿教师职业道德原则具有独特性

幼儿教师的职业道德原则既不同于其他职业类型的道德原则,也在很大程度上不同于其他阶段教师的职业道德原则。因其教育对象的特殊性以及工作环境的特殊性,幼儿教师职业道德原则拥有属于自身的独特特征。

二、幼儿教师职业道德原则的作用

（一）幼儿教师职业道德原则是整个幼儿教师道德体系的根本标志，具有最普遍的指导作用

教师职业道德原则，总是以最普遍的形式反映着一定社会、一定阶级对幼儿教师道德提出的最根本要求，代表着该社会、该阶级在教育领域里的最根本利益，是特定教师道德体系基本性质的集中体现，是区别于其他类型教师道德体系的根本标志。[①] 一种教师职业道德，从总体上讲究竟是为哪个阶级服务的，在社会历史发展的进程中究竟是起促进作用还是起阻碍作用，归根结底，就要看这种教师职业道德的原则是什么。所以我们说，幼儿教师职业道德原则决定着整个体系的发展方向。

由于幼儿教师职业道德原则规定了教师道德行为总的方向和性质，贯穿于教师道德发展的全过程和教师道德活动的各个领域，因而它的指导性和约束力是最普遍的。这种最普遍的指导作用和约束力，使幼儿教师职业道德原则不同于一般的道德规范，而在整个教师道德规范体系中占主导地位，起支配作用。

（二）幼儿教师职业道德原则是整个幼儿教师道德体系的核心内容，具有统帅作用

教师职业道德原则，通过回答教师应当为哪个社会、哪个阶级的教育事业服务，应当为哪个社会、哪个阶级培养接班人，解决了教师在教育过程中遇到的最本质的关系和矛盾，鲜明地表达出一定的教师职业道德体系的核心内容。各个教师职业道德规范，都是围绕着教师职业道德原则而展开的，是其在各方面道德关系中的具体运用和体现。而教师职业道德范畴，则是从属于教师职业道德基本原则和教师职业道德规范的，同时又是对它们的一种补充。如果我们把整个幼儿教师道德体系看作是一个网的话，那么，幼儿教师职业道德的原则是这个网上的纲，各个幼儿教师职业道德规范是这个网的经纬线，幼儿教师职业道德范畴则是这个网上的纽结。[②] 所以我们说，在幼儿教师职业道德体系中，幼儿教师职业道德的原则占据提纲挈领的统帅地位。

（三）幼儿教师职业道德原则是整个幼儿教师道德体系的最高准则，具有裁决作用

幼儿教师职业道德原则对整个幼儿教师道德体系中的一切具体规范和范畴都具有约束力，是评价幼儿教师道德行为的最高道德准则。有的时候，幼儿教师的道德行为表面看来似乎符合某一具体道德规范的要求，但从实质上看却违背了教师职业道德原则。那么，就不能说这一道德行为是正确的。例如，有的教师自认为自己很"热爱幼儿"，但却只重视幼儿的智力培养，而对幼儿的思想品德等方面却不加以重视。很显然，我们就不能说这位幼儿教师真正履行了热爱幼儿的道德责任。这说明，幼儿教师职业道德原则对于幼儿教师的道德行为具有最高的裁决作用。

讨论

施良好师德之行　做爱生敬业之人[③]
——记扬州市明月幼儿园汪乐乐

汪乐乐，女，汉族，1978年4月出生，幼儿园高级教师，明月幼儿园副园长，扬州市幼教学科带头人。2008年，受江苏省教育厅委派，参与"内地与香港教师人才交流计划"，载誉而归，并获赠香港教

① 龚乐进,张贵仁,王忠桥. 教师职业道德[M]. 北京:北京师范大学出版社,1992:60.
② 龚乐进,张贵仁,王忠桥. 教师职业道德[M]. 北京:北京师范大学出版社,1992:60.
③ 扬州教育网 http://jyj.yangzhou.gov.cn/JYJ/bgyz/201305/b3f748a19a354ba692f46498205ad24f.shtml.(有删减)

育署学前教育局颁发的感谢状;2009年,获扬州市"十大教育新闻人物"称号。

15年辛勤耕耘,15载默默奉献,汪老师培植的教育之树枝繁叶茂,硕果累累。平凡的工作中,她谱写的音符虽然简单又清纯,但温馨而充满热情;她所从事的工作虽没有轰轰烈烈的成就,更没有惊天动地的业绩,但是,她仍以拥有这份平凡而骄傲。

埋头苦干——爱岗敬业树旗帜

讲台催人老,粉笔染白头,教育工作是辛苦的,幼儿教师的工作更为琐碎繁杂,日复一日,年复一年,消耗了青春,远离了名利。多少年了,幼儿园的老师来了又走,走了又来,不断更迭,能最终选择终其一生的太少了,因为大部分人都不会甘于寂寞,坚守清贫。

作为一名党员教师,又适逢教育改革的大时代,机遇与挑战并存,困难与诱惑同在。汪老师牢记"教育为人民服务"的理念,牢记党的各项教育方针政策,坚持服务为先,立人为本。持之以恒地在工作岗位上践行服务。15年来,她始终以饱满的热情投入工作中,以身作则,任劳任怨:做年级组长时,她对领导分配的任务总是积极、认真、踏实地去完成,年级中要求老师做到的她首先做到。擦玻璃、搬桌子、拿椅子、布置环境,她事事在先;成为骨干名师后,她结合幼儿身心发展的规律及特点,带动年轻教师在日常教学工作中组织多种多样的活动,培养幼儿的兴趣,开发幼儿的智力。无论春与秋,冬与夏,她每天早晨总是提前来到幼儿园做好接待孩子入园的工作,晚上总是整理好手头工作方才离园,尤其是冬天,天气寒冷,起早贪黑,风雪不误。她在家长、同事面前总是满腔热情地工作着,班级工作开展得井井有条,园内各项评比都名列前茅。她对上级交给的每一项工作都认真对待、出色完成。由于多年来的工作表现得到了领导和同事的认可,汪老师先后被评为区"优秀班主任"、"新长征突击手"。

......

春风化雨——关爱幼儿润心田

教师职业的工作对象是人,幼儿教师更是面对着童真烂漫的幼儿。"老吾老以及人之老,幼吾幼以及人之幼",从踏入幼儿园大门的那一刻起,汪老师就下定决心:摒弃浮躁,把爱悉数付与幼儿;学会坚守,用青春陪伴孩子们的成长。在教科研工作和繁杂的园务外,汪老师每周还要到好几个班级带班,这是她最乐意做的事情,和孩子们在一起,她愉悦而充实。

她喜欢做孩子的忠实听众,听他们讲述冰激凌房子的故事;她乐意做孩子的观众,分享他们稚拙的舞蹈游戏;她甘愿做孩子的玩伴,一起做"秋叶"图,黄的银杏叶、红的枫叶……当孩子受到委屈或是想念家人时,她会把孩子搂在怀里,为他们轻轻拭去脸上的泪水;当孩子因为做错了事而感到惭愧时,她用信任的眼光给孩子以鼓励;当孩子面对着失败和困难而退缩时,她会笑着点点头,"宝贝,你们能行,老师相信你们"。

......

以身作则——团结协作乐分享

幼儿教师的工作特点是时间长,要求高,工作内容琐碎繁杂。汪老师时刻以主人翁的态度,对待本职工作,兢兢业业,工作中充分发挥主动性。对待同事有求必应,有事必帮。

作为市级幼教学科带头人,为了让魏玲玲、顾明飞、仇蕾等年轻老师在省、市、区级赛课活动中有好成绩,汪老师一次次帮助她们分析教材,字斟句酌,把好的教学经验和方法毫无保留地传授给她们,对教学中的不足提出很多宝贵的建议。最终,魏老师的语言活动《我要拉baba》在省级赛课中获得了一等奖,顾老师、仇老师也获得了区级赛课一等奖。魏老师感慨地说:"汪老师一次一次陪我试教、听我说课、帮我推敲环节、凝炼教学语言,她的这种精神让我受益匪浅。我的获奖,离不开她的指导和帮助。"

......

究竟是什么力量在支撑着汪老师兢兢业业、勤于奉献、默默耕耘呢？汪老师用一句诗进行了诠释："为什么我的眼中常含泪水，因为我对这片土地爱得深沉。"因为爱，所以爱，所以无悔，她爱自己的孩子，更爱幼儿园里的每个孩子；她希望自己的孩子优秀，更希望所教的孩子都优秀。

泰戈尔的诗中曾这样说过："花的事业是甜蜜的，果的事业是珍贵的，让我干叶的事业吧，因为它总是谦逊地低垂着它的绿荫。"汪老师说，她愿做参天大树的绿叶，尽职尽责地奉献在自己的岗位上，默默无闻地倾注着她的爱，用爱为成长在这棵大树下的孩子们撑起一片绿荫。

思考：回忆你幼儿园时期最喜爱的一位教师，想想他（她）是如何对待工作、对待幼儿、对待同事的，尝试着从他（她）身上总结出几条幼儿教师职业道德的原则。

第三节　幼儿教师职业道德应坚持的基本原则

一、依法执教原则

所谓依法执教，就是要求幼儿教师在所从事的教育教学活动中，严格按照《宪法》和教育方面的法律、法规以及其他相关的法律、法规，使自己的教育教学活动符合法律要求。依法执教是调整教师劳动和法律制度之间关系的教师职业道德原则，是幼儿教师完成本职工作的前提基础，是国家和社会对幼儿教师提出的道德要求。它是判断教师行为是非善恶的最根本的道德标准。一方面，它可以使幼儿教师在教育活动中的劳动有法可依；另一方面，它加强了法律对教育事业的保障和促进，保障了幼儿教师职业的纯洁性。

（一）依法执教是社会向幼儿教师提出的基本要求

依法执教是社会向教师提出的基本要求，也是每一位教师在工作中必须履行的义务，是做一个教师的起码准则。教师要为人师表，就要作遵纪守法的榜样。只有依法执教，才能培养出具有较高知法、懂法、守法素质的幼儿。依法执教是维护社会的稳定，构建和谐社会，国家长治久安的重要保证。

（二）依法执教是幼儿教师职业道德现状的现实要求

贯彻依法执教原则的要求，幼儿教师应做到：

1. 了解我国的教育法律、法规

幼儿教师需要了解我国已经颁布的教育法律和行政法规，特别需要熟知与幼儿教育相关的法律法规以及政策，深刻理解我国幼儿教育的方针、政策以及阶段性的幼儿教育事业发展目标等。当然，对国际上一些相关法规的了解也有利于幼儿教师更好地理解我国幼儿教育法律法规出台的国际背景，从而能够更深刻地领会这些法律法规的内在精神。如对《儿童权利公约》的学习能够使幼儿教师更好地理解我国的幼儿教育法律法规对幼儿受教育权利的重视、对幼儿独立人格的尊重等精神。

2. 总结、体会国家的教育方针和教育思想

幼儿教师需要总结与体悟国家的基本教育方针和主流幼儿教育思想，以便能够在教育实践中贯彻落实。

如理解我国对学前教育的定位是强调基础性、先导性和公益性。"学前教育是基础教育的组成部分,是终身教育的奠基阶段。""学前教育是幼儿教育的开始,合理的学前教育可以让幼儿未来的发展有一个良好的开始。""学前教育既是新生一代的教育要求的重要组成部分,又具有社会公益事业的性质,使父母安心地投入到工作当中去,促进社会和谐。"①

3. 反思自己的教育实践活动

幼儿教师需要在实践中勤于反思,对照法律法规中具体规定反思自己的教育实践活动,时时检视并不断完善自己的专业理念和师德,这样才有可能在保教工作中全面贯彻落实党的教育政策和学前教育法律法规。

二、保教并重原则

幼儿园教育中保教并重包含三层意思:一是幼儿园不仅有教育问题,还有保育问题;二是幼儿园的保育工作和教育工作有着同等重要的地位;三是保育和教育必须互相结合,相互联系,相互渗透。"保教并重"是幼儿园教育的基本原则之一,即对作为学前教育范畴重要组成部分的幼儿园教育来说,它必须把促进儿童的身体健康与养成儿童的生活卫生习惯,以及自理能力的养成放在与儿童的知识技能学习和智力问题发展同等重要的地位。

(一)保教并重是学前教育法律法规的要求

无论是《幼儿园工作规程》,还是《幼儿园教育指导纲要(试行)》和《国务院关于发展学前教育的若干意见》,都明文规定幼儿园必须坚持"保教并重"的基本原则。《国家中长期教育改革与发展规划纲要(2010—2020年)》也明确指出"保教并重"是"科学实施幼儿园教育的基本要求"。

(二)保教并重是幼儿身心发展特点的诉求

除此法律明文规定之外,幼儿身心发展的特点也决定了保教结合是幼儿教师必须执行的原则。学前期的幼儿在保护自身生命安全的能力、身体活动能力、自我照料和独立生活能力以及识别危险物品和防御能力等方面较差。他们缺乏生活经验,有时难以避免生活中的危险,这些都决定了幼儿教师对幼儿所实施的教育既需要在生活上给予幼儿精心照料和安全保护,也需要对幼儿进行必要的知识启蒙和能力培养。

贯彻保教并重原则的要求,幼儿教师应该做到:

1. 真正理解保教结合的含义

幼儿教师要树立全面发展的教育思想,真正理解保教结合的含义。深刻理解保教结合就是要保护幼儿安全,安排好幼儿一日生活,做好幼儿的疾病预防和膳食营养,培养幼儿良好的生活卫生习惯和优秀的道德品质,帮助幼儿积累各方面的经验,发展幼儿各方面的能力,最终实现保育和教育的共同目标。

2. 寓保教结合原则于日常生活中

幼儿园的日常生活包括来园、盥洗、进餐、睡觉等。这些活动虽然很平常,但是从这些琐事中能培养幼儿良好的行为习惯。如规定幼儿来园时间,一定要在八点半以前,并请家长配合做这个工作,从而培养幼儿的时间观念,养成遵守作息制度的习惯;吃饭时,要求幼儿饭前洗手、饭后漱口,粗粮细粮都要吃;吃饭时要细嚼慢咽,不讲话,不浪费粮食,使他们养成良好的进餐习惯;培养幼儿午睡习惯和正确睡眠姿势,不伏睡,不把头蒙在被子里睡,使他们的身心得到健康成长。

3. 寓保教结合原则于教学活动中

在教学活动中,教师要了解每个幼儿的情况,针对不同的幼儿采取不同的教育方法。如对平时不太讲话的幼儿,教师注意与他们多接触交谈,并创造条件多给他们说话的机会,请他们到老师处去取东西,有意识地

---

① 教育部教师工作司编. 幼儿园教师专业标准解读[M]. 北京:北京师范大学出版社,2013:63.

让他们做打电话接电话的游戏，请他们讲故事当小小播音员等，来培养他们的语言表达能力。对自尊心较强的幼儿，如果他们有不当之处不当众批评，而是个别交谈和帮助，保护他们的自尊心。对于一些没有听清老师要求而回答错了问题的幼儿，老师可以这样说："你是一个很聪明能干的孩子，但是你这次没有注意听清楚老师的要求，所以你回答错了，请你下次注意听，我相信你一定会正确回答老师的问题的。"由于老师对他们用鼓励的方法，使他们在心理上产生了安全感，情绪上稳定，心情比较愉快，因此，他们就有信心学好、做好每件事，这样就有利于培养他们的积极性和上进心。

4. 寓保教结合原则于游戏之中

玩是儿童的天性，游戏是幼儿最喜欢的形式。我们通过开展各种游戏活动来培养幼儿的自信心、相互之间的协调性，使幼儿与同伴之间能友好地交往，能共同商量互相配合做好某件事情。例如，教师可以有目的、有计划地组织幼儿到工厂、农村、学校、部队、商店、医院等，让幼儿模仿社会中成人的活动。同时，教师可以组织引导幼儿玩以商店、医院、工厂、剧院、邮局等为主题的游戏活动，把大社会的活动内容融进幼儿园，由幼儿自由地仿效"大社会"中的活动。教师为他们创设活动环境和条件，让幼儿扮演各种角色，引导幼儿饶有兴趣地参与各种活动，通过活动来培养他们的认识能力、动手能力、交往能力、处事能力、协作能力等。

5. 争取家长的密切配合

在实施保教结合原则时，幼儿教师要努力做好家长工作，保持家庭和幼儿园的联系和密切配合，使家庭和幼儿园在保教内容、要求、方式、方法等方面取得共识，避免家庭和幼儿园力量出现相互抵消的结果。

链接

一天，我带领幼儿到幼儿园中的草坪上散步，孩子们仿佛受春天气息的感染显得非常高兴，一路上叽叽喳喳，议论不休。我也细心地观察、倾听孩子们的谈话。这时齐志红跑过来告诉我："老师，何天池和吴浩诺趴在地上看西瓜虫。"他一说完，立即引起几个孩子的兴趣，有的甚至也跑过去看了。这时候何天池和吴浩诺已经把刚才在草丛中捉到的西瓜虫放在各自的手心上看，于是全班幼儿的注意力一下子都集中到西瓜虫身上。看到幼儿对西瓜虫如此感兴趣，我决定临时调整计划，积极支持幼儿自发产生的探究活动。于是，我给孩子们提出了几个问题："你们知道西瓜虫喜欢生活在什么地方吗？西瓜虫为什么叫西瓜虫？西瓜虫吃什么？是益虫还是害虫？"孩子们听着一下子有点呆住了，有的挠挠头说，可能它喜欢潮湿的地方，喜欢吃草；还有的摇着头说不知道。我接着引导："西瓜虫身上有很多秘密呢，不是简单地玩就能发现的，需要你们不断地动脑筋想办法，不断试验才能发现。老师希望你能够把西瓜虫的秘密尽快告诉大家，有信心吗？"孩子们都大声说："有！"看到孩子们这么有兴趣，我又适时提出要求："现在，你们仔细观察一下西瓜虫，看看西瓜虫到底是什么样子的？"听我这么一说，孩子们更加来劲了，一会儿，就有孩子围上来告诉我说："西瓜虫的头很小，肚子倒挺大的"、"我发现西瓜虫有七对足"、"西瓜虫的壳很硬，而身体很软"等等……于是，我鼓励孩子们把西瓜虫带回活动室继续观察、研究。回到活动室，我们为西瓜虫准备了一个家——一个空金鱼缸，并且在金鱼缸里放了一块石头，在上面加了盖，把金鱼缸放在饲养角。孩子们围着金鱼缸议论着，他们主动探究的气氛异常热烈……

三、关爱幼儿原则

热爱学生，是教师的天职，是教育学生的前提，是教师必须具备的情感品质，是教师热爱祖国、热爱人民、热爱和谐社会的具体表现,因而,也是幼儿教师必须遵循的职业道德原则。从某种意义上来讲,幼儿教师的爱是一种高于母爱的、无私的、伟大的爱。正是由于幼儿教师的爱,为幼儿的学习和生活创造了一种和谐、温暖、健康的精神环境,使幼儿在这种环境中感到愉快、安全和自由,在积极、愉快向上的情绪中自觉地接受教育,积极主动地得到发展。

(一) 关爱幼儿体现了社会主义人道主义的精神

社会主义人道主义是一种尊重人、关心人、爱护人的伦理原则和处理人与人关系的道德规范。幼儿教师热爱幼儿不仅表现了对幼儿人格、尊严、做人权利的尊重,而且体现了教师对幼儿的关心和爱护。

(二) 关爱幼儿是学前教师教育爱的具体体现

教育是一种感化人心、塑造灵魂的工作,而"感人心者,莫先乎情"。热爱幼儿是教育艺术的基础和前提,俗话说:"亲其师,信其道。"正如很多优秀教师总结的那样:"爱学生是爱我们事业的未来。是爱祖国、爱人民、爱社会主义的具体体现。"

(三) 关爱幼儿蕴含着学前教师的社会主义法律义务

关爱幼儿不仅是学前教师职业道德的基本原则之一,也是《中华人民共和国教育法》《中华人民共和国教师法》等教育法律法规对教师的法定要求。如《中华人民共和国教育法》第四章第9条规定:"教师在教育教学中应当平等对待学生,关注学生的个体差异,因材施教,促进学生的充分发展。教师应当尊重学生的人格,不得歧视学生,不得对学生实施体罚、变相体罚或者其他侮辱人格尊严的行为,不得侵犯学生合法权益。"《中华人民共和国教师法》第8条规定,教师要"关心、爱护全体学生,尊重学生人格,促进学生在品德、智力、体质等方面全面发展"。《幼儿园工作规程》第一章总则第6条也规定幼儿教师要"尊重、爱护幼儿"。这些法律条文说明了关爱幼儿是幼儿教师必须履行的法律义务。

贯彻关爱幼儿原则的要求,幼儿教师应做到:

1. 对幼儿的生命安全进行保护

对幼儿生命安全的保护是幼儿教师的首要职责,也是幼儿教师对幼儿实施教育的基础。"保护幼儿安全"可以分为三个方面:首先,应随时关注幼儿身边的危险,未雨绸缪地保护好每一个幼儿,确保幼儿的在园安全;其次,应具有生命意识,注重对幼儿进行生命安全教育,通过多种方式引导幼儿认识生命、珍惜生命、热爱生命,提高幼儿的安全意识、抗险能力和自救能力;最后,在危急时刻,幼儿教师应挺身而出,保障幼儿的生命安全。

2. 对幼儿身心的健康发展进行呵护

关注幼儿的身心健康是幼儿教师专业特性的体现之一。幼儿教师对幼儿身体健康的关注主要在于严格执行幼儿一日生活作息制度,保证幼儿的休息和户外活动时间与质量,保证幼儿膳食结构合理,帮助幼儿纠正偏食、挑食、多食、少动等不良饮食和生活习惯等。幼儿教师对幼儿心理健康的关注则更为突出了其专业性,不但要在组织保教活动时充分考虑到幼儿的心理特点,注重幼儿的心理感受,不得损害幼儿的心理健康,还应该关注到幼儿的一些特殊心理需求,并及时和幼儿家长沟通联系,一起帮助幼儿解决问题走出心理困境,维护幼儿心理健康。

3. 尊重幼儿的个体差异

"每一个儿童都有被爱的权利,都应该得到充分的发展。"尊重幼儿的个体差异要求幼儿教师:全面了解幼儿,关心爱护幼儿,对幼儿一视同仁,公平对待,对幼儿严格要求,循循善诱,尊重幼儿的人格、个性和自尊心,不讽刺、挖苦、歧视幼儿,不体罚或变相体罚幼儿,保护幼儿合法权益,促进幼儿全面、主动、健康发展。

链接

　　美国有位校长进行过这样的实验：一天早上，校长举起两株矮小的、栽在相同花盆里的常青藤，向孩子们宣告："今天我们要开始一个伟大的心灵实验。"她说："我这里有两株植物，它们看起来一样吗？"所有孩子都赞同地点了点头。她接着说："我们将给这两株植物同等的光照，同等的水分，但不一样的关注。现在把一株放在厨房的阳台上，远离我们的关注；另一株则放在教室的壁炉台上，我们一起来看看结果会怎样。"校长同时对大惑不解的孩子们说道："孩子们，现在我们每天都对这株常青藤唱歌，我们要对它说我们非常爱它，它非常美丽。我们要让虔诚的心灵装满对它的美好祝福。"一个月后，实验结果让孩子们睁大了眼睛，他们觉得不可思议——厨房里的那株植物瘦瘦的、病快快的，一点也没有生长；但是教室里的那一株，由于每天都能听到歌声，沐浴在美好的思想和语言里，竟然长到原来的三倍大，叶子浓绿肥厚、生机勃勃。

四、为人师表原则

　　我国著名教育家叶圣陶曾说过："教育工作者的全部工作就是为人师表。"这就是说教师在工作中，必须要规范自己的言行举止，要以自己的"言"为学生之师，"行"为学生之范，言传身教，动之以情，晓之以理，导之以行，做名副其实的人类灵魂工程师。德国著名教育家第斯多惠强调，教师本人是学校里最重要的师表，是最直观最有效益的模范，是学生最活生生的榜样。由此，为人师表原则就成为教师职业道德的基本原则之一。

　　教师是以言传和身教的方式来影响和教育学生的。特别是中小学生和幼儿园的孩子们，他们不仅学习教师传授的知识和技能，还在学习和模仿教师们的穿着、声调、走路及其各种动作。在学生的心目中，教师的言行往往就是道德的标准。一个好的教师，在学生的眼中就是智慧的象征、高尚人格的象征，可以说教师的思想、行为、作风和品质，每时每刻都在感染、熏陶和影响着学生。有人说，教师的一言一行，对学生都起着耳濡目染的作用。所谓为人师表是指教师要在各方面都应该成为学生和社会上人们效法的表率、榜样和楷模。为人师表作为教师职业道德的基本原则之一，有其独具的特征：

（一）幼儿教师工作对象的"向师性"决定了为人师表具有鲜明的示范性

　　幼儿教师从教的对象是幼儿，幼儿的特点是好学习、爱模仿、精力充沛、求知欲强、有好奇心、可塑性大。他们都具有"向师性"，具有尊重、崇敬教师，乐意接受教师教导的自然倾向。幼儿教师在从教过程中，通过自己的思想和品德、知识和才能、情感和意志，在言行、举止、仪表上都在为幼儿作表率，起示范作用。

（二）幼儿教师劳动任务的性质决定了为人师表具有突出的严谨性

　　幼儿教师的劳动是保教育人。在其完成任务的过程中，教师一方面用自己的知识和才能来教育幼儿学习科学文化知识和技能；另一方面，要以自己高尚的思想品德和行为教育并影响学生，让幼儿在耳濡目染、潜移默化中懂得做人的道理，学会做人。俄国著名教育家乌申斯基说："在教育中，一切都应以教育者的个性为基础，因为教育的力量只能从人的个性这个活的源泉流露出来……没有教育者个人对受教育者的直接影响，就不可能有深入人性的真正教育。只有个性才能影响个性的定型，只有性格才能养成性格。"[1]因而，

---

[1] ［苏］苏霍姆林斯基. 给教师的一百条建议［M］. 周蕖，等，译. 天津：天津教育出版社，1981：159.

教师的这一工作重任要求教师必须为人师表。幼儿教师是幼儿学习的榜样,必须时时刻刻要为幼儿、为社会上的人们作出表率,树立榜样。同时教师们每时每刻每件事中的言行举止、行为表现也在受到幼儿和社会成员的监督。这就要求幼儿教师不仅在课堂上、幼儿园里的一切言行举止要严格和谨慎,而且要在家庭中、社会上为人们作榜样;不仅在言语、仪表上作模范,而且要在思想、行动中作出表率;不仅在工作态度、学习精神上为幼儿和他人作楷模,还要在政治思想、道德品质、生活修养等方面率先垂范。

(三) 幼儿教师从教的自身需求决定了为人师表具有重要的激励性

幼儿教师从教的自身需求是为了实现个人的社会价值。身教重于言教,教师的道德品质和行为举止是强有力的教育因素,是任何教科书、任何道德箴言、任何惩罚和奖励制度都不能代替的一种优秀品质。幼儿教师的行为表达着情感,幼儿从教师行为中接受着情感的熏陶和启迪,教育是人与人心灵上的相互接触,幼儿教师所表现出的道德面貌,既是幼儿认识社会、认识问题、认识人与人关系的一面镜子,也是幼儿道德品质成长的最直观、最生动的榜样。幼儿教师必须具有崇高的品德和高尚的行为,才能达到育人的目的。为人师表这一师德原则首先激励幼儿教师用自己的行为、举止、仪表、语言为幼儿和他人树立榜样,同时,教师的示范榜样作用也激励和引导着幼儿学习和模仿教师高尚的品德和情操,还可以激励社会中的人们,注重自己的言行举止,学习教师的优良品格。

贯彻为人师表原则的要求,幼儿教师应做到:

第一,坚持对自己高标准、严要求。

对自己高标准、严要求是为人师表的基础。幼儿教师在教育实践中。为了作好幼儿的表率,必须在各方面以较高的标准要求自己,必须严于律己,严格遵守各种法规,严格遵守各方面的道德规范。幼儿教师如果只是满足于不求有功,但求无过,只求过得去,不求过得硬,那就有可能误人子弟,造成不良后果。因而,幼儿教师严格要求自己,必须从现在做起,从小事做起;要从大处着眼,小处着手,积小德成大德;要虚心听取别人的意见,特别是听取幼儿的心声,不断发现和克服自己的缺点和不足;要努力学习,向先进同事学习,向书本学习,还应向幼儿学习。幼儿教师只有坚持对自己高标准、严要求,才能够使自己成为幼儿心目中的榜样。

第二,坚持以身作则,身教重于言教。

坚持以身作则,就是要教师以自身的行为对学生起榜样示范作用。人们常说,榜样的力量是无穷的。幼儿教师的榜样示范作用,是教育的一种方法,是培养幼儿成长的重要途径。教育实践证明,如果幼儿教师善于以身作则,用自己的好思想、好品格、好作风为幼儿树立学习的榜样,就能对幼儿产生巨大的积极影响;如果幼儿教师不能以身作则,则会对幼儿产生巨大的消极影响。

坚持身教重于言教,就必然要求幼儿教师把身教置于特别重要的地位。无声的身教胜于有声的言教,这是人类社会长期教育实践得出的结论。著名教育家叶圣陶先生曾告诫教师:身教最可贵,行知不可分。幼儿从教师的行为举止中可以直接获得实实在在的感受,获得对言教的印证,从而增加教育的说服力和感染力,增强教育的效果。

第三,坚持言行一致,表里如一。

言行一致、表里如一,是一种正派的作风,是一种美德。教师要通过自己的人格去感动幼儿。教师只有言行一致、表里如一,才能对幼儿产生潜移默化的良好影响,产生积极的作用。如果教师言行不一、表里不一,说的是一套、做的是另一套,当面是一套、背后又是另一套,只会给幼儿带来负面影响,结果必然是其身虽存其教已废。

在科学活动"我最喜欢的小动物"中,我让孩子们说一说自己喜欢的动物是什么,为什么喜欢它?没想到我们班的肖佳瑶竟然说她喜欢壁虎,并绘声绘色地描述了小壁虎的外部特征和生活习性。因为自己非常害怕壁虎,所以听到这些,我不由自主地皱起了眉头,轻声发出了厌恶的声音,可能由于有了自己的个人情绪,因此对她的描述和解释,我只是简单地肯定了她的回答,并未作出深入的点评。活动结束后,肖佳瑶来到我身边,轻声问我:"老师,你不喜欢小壁虎,对不对?"我惊了一下,难道我刚才的表现被她看到了吗?但是很快我又装作镇定自若的样子说道:"没有啊,你为什么会这样说呢?""我看到你眼睛里不喜欢它,而且你心里也不喜欢它。"此时此刻,我羞愧难当,我不知道怎么样才能弥补我对肖佳瑶的伤害。我知道,我的个人好恶已经非常明确地传递给了孩子,我起到了一个不好的示范作用。虽然,此次活动,我想传递给孩子的是:每种动物都有它们可爱的地方,都值得我们去关爱,就像每个孩子都有其闪光之处一样。可是,我却在不经意间传递给孩子一种恰恰相反的对待小动物的态度。而这一看似微不足道的表现也给我精心设计的活动以及效果以不小的打击。

——摘自 J 老师的教育日志

五、尊重家长原则

作为幼儿教师,要做到尊重家长,热情为家长服务,使学校教育和家庭教育形成合力,共同促进幼儿的健康成长。作为幼儿教师职业道德基本原则之一,尊重家长原则的基本要求是:尊重幼儿家长,对所有家长一视同仁,不训斥、指责家长,主动与家长联系沟通,取得家长的支持和配合,认真听取家长的意见和建议,积极向家长宣传科学的教育思想和教育方法,帮助家长确立正确的教育观,强化服务意识,时时刻刻设身处地为家长着想,为家长解除后顾之忧。

贯彻尊重家长原则的要求,幼儿教师应做到:

(一) 尊重家长的不同需要,热情对待家长的不同问题

每位儿童都是独立发展的个体,都有不同于其他儿童的身心发展的独特性。正是因为每个儿童的需要、兴趣、性格、能力、学习方式等各有不同,因此,家长对幼儿的期望、对教师的要求也常常表现出明显的差异性。作为一名幼儿教师,不能因家长的特殊需要或过多的要求而对家长产生不满或厌烦的情绪,更不能因此冷淡或回避这些家长。应该热情、认真地听取家长的想法和意见,尊重每位家长的不同需求,从每个家庭的差异性特点出发,因家庭而异地进行有针对性的指导工作。

(二) 尊重家长的话语权,耐心接受家长的合理建议

家长在幼儿园的教育教学工作中享有正当的话语权。但是在日常的幼儿园教育实践中,往往出现一边倒的现象,即教师是绝对的权威,幼儿园的众多事宜均由教师说了算,家长只处在被动地接受和配合的位置上。这不仅剥夺了幼儿家长的话语权,而且也忽视了家长在幼儿教育中的作用和价值。

实际上,家长与孩子朝夕相处,对孩子的爱好、兴趣、性格等了如指掌,家长最能客观、真实地呈现孩子在家中的表现,而教师也可借助家长的语言描述来获取幼儿在园外的真实相貌。例如,通过小型家长座谈会,让家长谈谈教育自己孩子的心得体会;欢迎家长走进幼儿园的日常生活,全面了解孩子在幼儿园内的生活状

况;邀请家长参与幼儿园管理,积极为幼儿园教育献计献策等。

(三)尊重家长的特殊需要,主动帮助家长解决问题

针对部分家长的特殊需要,幼儿教师也应根据家长的实际情况,与家长充分沟通,拿出可行的方案,尽量满足家长的需求。如果家长的个别需求确实超出了幼儿教师的能力范围,也可站在家长的角度,让家长感受到教师的关心和尽力解决问题的诚意。

链接

家长:老师,我可以和你谈谈吗?

老师:欢迎! 请坐这儿吧。(微笑着用手势示意家长坐下)

家长:老师,你工作几年了?

老师:已经四年了。

家长:哦,不是很长。

教师:(沉默了一会儿)你是不是有什么事情啊? 尽管说好了。

家长:是这样的:每天我送我们家玲玲上幼儿园时,她都哭着拉着我的衣服不让我走,她说……

老师:(打断家长的话)小班孩子刚入园时都这样,因为不熟悉环境嘛,时间长了就好了。

家长:可玲玲还说,老师打过她……你们怎么能打孩子呢?!

老师:(打断家长的话)打人! 不可能! 我们绝对没有打孩子!(情绪有些激动)有些孩子会因为不想上幼儿园找理由说谎话。

家长:我们家玲玲是不会撒谎的……

老师:(打断家长的话)那你是相信孩子还是相信我们老师?!(语气加重)

(局面僵持,沟通中断)

课后练习

一、选择题

1. 随着时代的进步,新型的、民主的家庭气氛和父母子女关系正在形成,但随着孩子的自我意识逐渐增强,很多孩子对父母的教诲听不进或当作"耳边风",家长感到家庭教育力不从心。教师应该(　　)。

　　A. 放弃对家长配合自己工作的期望

　　B. 督促家长,让家长成为自己的"助教"

　　C. 尊重家长,树立家长的威信,从而一起做好教育工作

　　D. 在孩子面前嘲笑这些家长

2. 托尔斯泰说:"如果一个教师把热爱事业和热爱学生结合起来,他就是一个完美的教师。"这意味着幼儿教师要(　　)。

　　A. 关心幼儿、了解幼儿

　　B. 尊重幼儿、信任幼儿

　　C. 严格要求幼儿,对幼儿一视同仁

　　D. 把热爱事业与热爱幼儿结合起来

3. 幼儿教师职业道德区别于其他职业道德的显著标志就是（　　）。

    A. 为人师表　　　　　　B. 保教育人　　　　　　C. 敬业爱业　　　　　　D. 团结协作

4. 师德的灵魂是（　　）。

    A. 关爱学生　　　　　　B. 提高修养　　　　　　C. 加强反思　　　　　　D. 提高业务水平

5. 在教育教学的细节中要尊重幼儿的个别差异，教师应该（　　）。

    A. 对幼儿一视同仁，一样要求

    B. 辩证地看待幼儿的优缺点，不能绝对化

    C. 在幼儿之间进行横向的比较与学习

    D. 不同的幼儿犯了同样的错误，不考虑动机与原因就进行处理。

二、判断题（对的打"√"，错的打"×"）

1. 幼儿教师职业道德基本原则是幼儿教师在教育职业活动中正确处理各种利益关系所应遵循的最根本的指导准则，是一定社会或阶级对幼儿教师在职业活动中提出的最根本的道德要求。　　　　　　（　　）

2. 幼儿教师职业道德基本原则是幼儿教师调整个人与他人、社会的关系的根本指导原则。　　　　（　　）

3. 幼儿教师刻苦学习，钻研业务就是唯书、唯上，多读少思。　　　　　　　　　　　　　　　（　　）

4. 幼儿教师对优生的偏爱是自然的，是无可非议的。　　　　　　　　　　　　　　　　　　（　　）

5. "亲其师而信其道"是幼儿教师良好职业道德对幼儿品德形成起催化和激励作用的写照。　　　（　　）

三、简答题

1. 幼儿教师职业道德原则的要求是什么？

2. 如何理解幼儿教师职业道德原则在教师职业道德中的地位？

3. 幼儿教师职业道德基本原则的内容是什么？请具体阐述。

四、案例题

案例：

    "每一个儿童都有被爱的权利，都应该得到充分的发展。"这是幼儿园李老师对自己教育工作的体会。李老师在日常教学中不像有的老师那样频频去提问那些能说会道、反应机灵的孩子，她也经常关注那些比较胆小、很少回答问题的幼儿。有时这些幼儿可能过于紧张回答不出来，李老师就会让他们先坐下来平静一下，语气温和地鼓励道："没关系，以后经常锻炼锻炼就好了。"活动结束后，李老师还主动与幼儿交往，培养其语言表达能力，并经常与这些幼儿家长进行沟通，共同寻找适宜的培养方法。

    问题：试运用所学的教师职业道德知识对李老师的做法进行分析。

第四章

幼儿教师职业道德规范

■ 学习目标

1. 明确幼儿教师职业道德规范的重要性。

2. 了解幼儿教师职业道德规范的具体内容:爱国守法、爱岗敬业、关爱学生、教书育人、为人师表、终身学习。

3. 能分辨违背幼儿教师职业道德规范的行为,自觉遵守幼儿教师职业道德规范。

案例

　　小一班的殷老师工作有五六年了,还是挺有经验的老师,可是今天中午发生的一件事却令她终生难忘。中午一点,小朋友们都在安静地午睡,殷老师按照惯例轻轻地在小床之间走动,观察幼儿午睡情况。忽然,她发现牛牛的睡姿有些问题,不像往常睡熟的表情,眼睛似乎在向上翻。殷老师立刻意识到有问题,马上打电话喊来保健医生,保健医生仔细一瞧,说:"不好,是昏厥!""怎么会忽然昏厥? 早上来还是好好的?"殷老师心中有很多的问题要问保健医生,但是时间紧迫,保健医生要求殷老师马上和自己一起把孩子送往最近的儿童医院,同时在第一时间通知家长。经过儿童医院诊断牛牛是过敏性紫癜引起的短暂昏厥,如不及时发现、救治,就会有生命危险。此时,家长赶到医院,看到老师处理及时,一个劲地感谢老师,同时向老师自我批评:"今天早上送牛牛入园来,我没有向老师说明牛牛有点过敏了,没想到,这么严重,差点酿成大错。给老师添麻烦了!"殷老师心中暗自庆幸:"幸好自己中午严格执行午睡巡视的制度,早点发现了问题,要不,这会儿家长一定不是这个态度了,吵得打官司还不一定呢!"

　　思考:午睡的紧急事件让你想到了什么? 幼儿教师日常工作中必须遵守哪些职业规范?

　　幼儿教师职业道德规范是幼儿教师从事职业活动时应遵守的共同的行为准则,是评价教师行为是非善恶的具体标准,是构成教师职业道德体系的基本要素。职业道德规范在幼儿教师道德建设中起到至关重要的作用。那么,幼儿教师职业道德规范具体有哪些内容? 如何在实际工作中遵循幼儿教师的职业道德规范?

第一节　爱国守法

一、爱国守法的基本内涵

　　什么是爱国守法? 从字面上看,有两个方面的含义:爱国即热爱我们的国家和人民,守法即遵守国家的法律法规。爱国是中华人民共和国每个公民都应该具有的最基本的道德情感和道德信念,其内涵主要包括:热爱祖国、报效人民,维护国家统一,捍卫民族尊严,为实现中华民族伟大复兴而努力奋斗。守法是中华人民共和国每个公民都应该具有的最基本的道德意识和道德义务,其内涵包括学法、知法、用法、有法必依、执法必严、违法必究,坚决拥护宪法和法律的权威。爱国是对教师职业提出的政治性的要求,守法是教师职业必须遵循的伦理行为要求,爱国守法是教师职业道德的基础和核心。

2001年10月在国家颁布的《公民道德建设实施纲要》中,把爱国守法放在公民的基本道德规范的第一条,2008年《中小学教师职业道德规范》(修订稿)中将爱国守法放在首位,由此可见爱国守法的分量。在《中小学教师职业道德规范(2008年修订)》中是这样界定爱国守法的:"热爱祖国,热爱人民,拥护中国共产党领导,拥护社会主义。全面贯彻国家教育方针,自觉遵守教育法律法规,依法履行教师职责权利。不得有违背党和国家方针政策的言行。"

作为幼儿教师,我们首先是中华人民共和国的公民,必须守法,更要爱国。守法是遵守国家最基本的公民道德规范,爱国是提高公民道德水平和个体素质的精神动力,作为教师理应作好表率。爱国不仅是对祖国的责任感,同时也和社会公德、职业道德和家庭美德相联系起来,最后落实到对我们个人对社会、本职工作和家庭的责任感上,直接表现在我们做人做事的态度上,代表了我们个人的综合素养和社会形象。

二、爱国守法的价值意义

爱国守法是幼儿教师从事教育活动的先决条件。其意义在于:

其一,幼儿教师只有热爱国家,遵守法律,才能忠诚于祖国的教育事业,乐于奉献。

试想,如果幼儿教师没有对国家的热爱,怎么会有对事业、对儿童的热爱? 因此,拥有爱国主义情怀的幼儿教师才会忠于教育事业、乐于付出奉献。

我国幼儿教育家陈鹤琴先生就是一名拥有爱国主义情怀的伟大的教育者。陈老先生创办了南京鼓楼幼儿园,无论是在战乱年代,还是和平建设时期,他始终坚持在教育中培养儿童和青少年热爱祖国、为国献身的精神,并且身体力行投身到幼儿教育的理论和实践研究中。陈老先生"一切为儿童,一切为教育"的爱国主义情怀和历史使命感,成为幼教工作者永远学习的楷模和前行的灯塔。

其二,幼儿教师只有做到爱国守法才能为幼儿作好榜样,培养其爱国主义情怀。

教师是一个特殊而崇高的职业,对学生的影响力是巨大的。幼儿教师面对身心稚嫩的幼儿,他们不善表达,却善于模仿,可塑性极强。幼儿教师只有自己对祖国怀有热爱之情,对周围世界具有积极向上的价值观,才能通过自己的言行传递给幼儿,作好榜样,使得他们将来成长为具有爱国主义情怀的国民。

其三,幼儿教师只有爱国守法,才能做到依法执教,成为一名合格的教育者。

未成年人的身心健康是受到法律保护的。在《中华人民共和国未成年人保护法》《中华人民共和国教师法》中都有具体明确的规定。幼儿教师作为国家公民,需要知法守法,更需要依法执教。只有做到爱国守法,才能避免因无知、一时的情绪失控而做出伤害幼儿的举动,造成无法挽回的严重后果。只有爱国守法、依法执教,才能成为一名合格的教育者。

三、爱国守法的践行要求

《幼儿园教师专业标准(试行)》对我们在教育教学工作中做到爱国守法提出了具体要求——"贯彻党和国家教育方针政策,遵守教育法律法规。""尊重幼儿人格,维护幼儿合法权益,平等对待每一个幼儿。""不讽刺、挖苦、歧视幼儿,不体罚或变相体罚幼儿。""了解关于幼儿生存、发展和保护的有关法律法规及政策规定。"总的归纳起来有两个方面:

(一) 爱国主义教育贵在教师率先垂范,重在日常渗透

幼儿教师在教育教学工作中的爱国主义教育应渗透在日常工作中。具体做法有两点:

1. 从自身做起,拥有热爱祖国和家乡的爱国主义情怀

正如苏联教育家加里宁所言:"教师要把自己全部的精力和血汗,把他所有的一切宝贵品质,都贡献给自

己的学生,贡献给本国人民。"首先,幼儿教师要自觉向对幼教事业有贡献的幼教专家、优秀教师学习,学习教育大家的思想境界和修养,领悟他们爱国主义情怀,自觉提升自身的思想政治觉悟,努力做到"家事、国事、天下事,事事关心"。其次,要对祖国的文化、历史有深入学习和了解的兴趣,让自己徜徉在悠久漫长的历史长河中,沉淀出对祖国深厚的感情和对本国文化的强烈认同感。再次,幼儿教师要关心目前国家发生的时事大事、关注国际形势,对祖国的命运前途自觉产生关切之情,自觉维护国家的安定团结,支持国家的政策法律法规,为幼儿的健康成长积极营造安定、和谐的社会环境。总之,幼儿教师应增强自己的爱国主义情感,让自己具有强烈的历史使命感,愿意为了祖国的未来,奉献自己的热血青春和聪明才智。也只有这样,幼儿教师才能专注于自己从事的职业,将爱国主义教育落实在日常工作、体现在与幼儿相处的细节中,能够处处约束自己,传递正能量。

2. 日常工作中作好榜样,潜移默化地落实爱国主义教育

在《幼儿园教育指导纲要(试行)》社会领域第 5 条教育目标中写道:"爱父母长辈、老师和同伴,爱集体、爱家乡、爱祖国。"在教育内容要求中写道:"充分运用社会资源、引导幼儿实际感受祖国文化的丰富与优秀,感受家乡的变化和发展,激发幼儿爱家乡、爱祖国的情感。"在指导要点中写道:"社会领域的教育具有潜移默化的特点。幼儿的社会态度和社会情感的培养尤应渗透在多种活动和一日活动的各个环节之中。"可见,爱国主义教育由于其领域特点和幼儿年龄特点决定其必须渗透在日常各个环节进行。如:每周一晨会的升旗仪式,当国歌奏响、五星红旗缓缓升起时,教师首先要神色肃穆、立正站好,作好榜样,孩子们就会很快站好看着国旗行注目礼。教师长期作好升旗仪式的教育,就能潜移默化地落实爱国主义教育。再如:2014 年 8 月,中国南京举办"青奥会",新学期开始引发了小朋友激烈的讨论,作为老师,我们是应该不断提醒孩子上课不要讲话,还是顺势利导,参与讨论,满足他们表达的愿望呢? 如果时刻有着爱国主义教育理念的老师就会善于把握教育契机,及时参与讨论,渗透教育。可见,爱国主义教育的落实也是取决于教师自身的政治素养和爱国主义情感感染力。

(二) 知法守法重在平时,依法执教做到自我约束

知法守法即了解国家的相关法律法规并自觉遵守和贯彻。守法的前提是知法,不知法就不能做到守法。

1. 知法是守法的前提和基础,幼儿教师要在平时积累知识

在 1989 年 11 月 20 日联合国会议上,192 个缔约国通过了一项有关儿童权利的国际公约——《儿童权利公约》(以下简称《公约》)。《公约》是首条具法律约束力的国际公约,并涵盖所有人权范畴,保障儿童在公民、经济、政治、文化和社会中的权利。《公约》将儿童定义为 18 岁以下的男孩和女孩,并认为每一位儿童既是一个独立的个人,又是家庭和社会的一分子。儿童享有一个人的全部权利。《公约》确立了世界各地所有儿童时时刻刻应享有的基本人权:生存权;全面发展的权利;免遭有害影响、虐待和剥削的受保护权;全面参与家庭生活、文化生活和社会生活的权利。《公约》通过确立保健、教育以及法律、公民和社会等方面的服务标准来保护儿童的上述权利。《公约》包含了一整套普遍商定的准则和义务,在追求一个公正、彼此尊重以及和平的社会的过程中,将儿童放在中心位置。执行《公约》涉及我国多项法律:《中华人民共和国未成年人保护法》、《中华人民共和国收养法》、《中华人民共和国义务教育法》、《中华人民共和国预防未成年人犯罪法》。此外,我国幼儿教师必须了解的法律法规有很多,有《中华人民共和国教师法》、《幼儿园工作规程》、《幼儿园管理条例》、《中小学幼儿园安全管理办法》以及各个地方制定的法规规章等。了解与幼儿教育相关的法律法规可以帮助我们实施合法规范的教育,也可以更好地保护幼儿和教师自己的利益。幼儿教师平时要有意识关注、学习相关法律法规,重视日常知识的积累,这样才能做到知法。

2. 守法是教师自觉的行为和义务,幼儿教师要在日常践行规范

知法是教师重要的权利和义务,而守法是重要的师德内容。美国著名的幼儿教育专家莉莲·凯茨指出,对于幼儿园教师来说,必须重视建立道德规范、强调师德的原因在于,幼儿园教师的权力、地位相对于服务对

象(幼儿)更大。幼儿教师的服务对象是一群稚嫩的幼儿,无论是在体力上、生理上、心理上还是价值观上,幼儿几乎无力改变或修正教师的行为,除非教师觉察并修正自己的不良行为。[①] 因此,首先,幼儿教师必须有自觉守法的意识。在日常教育教学工作中内心要清楚什么事情是可以做的,什么事情是一定不能做的,明确道德和法律底线。如,班上有的孩子特别顽皮,经常扰乱班级正常的教学秩序,对于这样的孩子,我们本能上会产生烦躁甚至暴怒的消极情绪。可想而知,在这样情绪的驱使下,教师很可能失控推搡幼儿,甚至有伤害幼儿的过当行为。但是,由于内心有明确的守法意识,就会在行为上自我约束,有意识控制不当行为的发生。反之,如果内心没有守法的意识,对自我行为后果缺乏预见性,往往事后酿成大祸后悔莫及。其次,幼儿教师必须养成规范的教育行为习惯。规范的教育行为包括言行举止的方方面面,但是在现实中,有的教师平时不注意学习,不能理解幼儿的年龄特点,以不恰当的方式"管"孩子,养成不良的教育行为习惯。再次,教师要自觉学习科学教育幼儿的方法。以上提到的教师不当教育行为的种种表现,我们不能简单地归因为教师师德有问题,其背后的原因是教师缺乏对教育本质的认识,缺乏对教育对象即幼儿的特定年龄特点的了解,更缺乏教育启发孩子的专业技能。因此,幼儿教师要自觉、主动地学习科学养育学前儿童的方法,提升自己的专业能力,让自己成为一个孩子欢迎、家长信赖的称职的幼儿教师。同时,幼儿教师还要关注对孩子的日常教育,教育孩子了解并遵守与生活密切相关的法律法规。如,红灯停、绿灯行,行人走斑马线等简单的交通规则;不经别人同意不能随便拿走别人的东西等等。教师要有意识地从小培养幼儿成为知法守法的小公民。

3. 依法执教,做知法守法的幼儿教师

幼儿教师知法守法最终是要落实到自身教育行为,做到依法执教。依法执教就是将自己所了解到的法律法规与教育实际相联系,以法律为准绳进行自我约束,把自己自觉塑造成合格的人民教师。《中华人民共和国教师法》(以下简称《教师法》)第一章第3条规定:"教师是履行教育教学职责的专业人员,承担教书育人,培养社会主义事业建设者和接班人、提高民族素质的使命。教师应当忠诚于人民的教育事业。"这里面涵盖两层含义:一是教师是直接承担教育教学工作职责的人,二是教师具有特定的权利和义务。《教师法》第二章第7条规定了教师具有以下权利:教育教学权、科学研究权、管理学生权、获取报酬待遇权、民主待遇权、进修培训权。《教师法》第二章第8条规定教师具有以下义务:遵纪守法的义务,完成教育教学任务的义务,进行思想品德教育的义务,热爱学生、尊重学生人格的义务,保护学生的义务,不断提高素养的义务。可见,如果以法律法规来审视教师日常教育教学行为,我们很多的教师都需要更加严格要求自己。如,是否每节教学活动都有相应的教学具准备? 是否自己的言行不够检点,有损学生人格之嫌? 是否在学生遇到危难之时挺身而出,尽到保护学生的义务? 因此,幼儿教师只有真正学法知法,才能做到知法守法,依法执教,做一名称职的教师。

第二节 爱岗敬业

一、爱岗敬业的基本内涵

什么是爱岗敬业? 从字面上理解,爱岗就是热爱自己的工作岗位,热爱本职工作,敬业就是要用一种恭敬严肃的态度对待自己的工作,爱岗是一种职业情感,敬业是一种工作态度。爱岗敬业作为最基本的职业道德规范,是对人们工作态度的一种普遍要求。

---

① 张燕. 幼儿教师专业发展[M]. 北京:北京师范大学出版社,2005:96.

历史上有很多名人也对爱岗敬业有自己的解释。梁启超先生这样论述："凡职业都是有趣味的,只要你肯继续做下去,趣味自然会发生。为什么呢？ 第一,因为凡一件职业,总有许多层累、曲折,倘能身入其中,看他变化进展的状态,最为亲切有味;第二,因为每一职业之成就,离不了奋斗,一步步地奋斗前去,从刻苦中得快乐,快乐的分量增加;第三,职业的性质常常要与同业的人骈进,好像球一样,因竞胜而得快乐;第四,专心做一职业时,把许多游思妄想杜绝了,省却无限烦恼。"①梁先生的这段话较为细致深入地剖析了什么是"爱岗","爱岗"是一种怎样的情感,"爱岗"这种情感是如何产生的。其实,"爱岗"就是俗话说的"干一行,爱一行",是人们对自己所从事的职业产生的一种深厚而特殊的情感。

宋代著名教育家朱熹对"敬"进行了阐释："主一无适便是敬。""敬者何？ 不怠慢、不放荡之谓也。""无事时,敬在里面;有事时,敬在事上。有事无事,吾之敬未尝间断。"这是说,但凡做一件事情就要投入一件事情,不能懈怠放松,更不能有意不积极主动地做好工作。始终要恪守职责,兢兢业业做好本职工作。"敬业"其实就是对自己从事的工作要有敬畏之心,要认真投入,不断约束自己做到精益求精,做好工作。也就是俗话说的"干一行,钻一行"。

在 1997 年制订的《中小学教师职业道德规范(1997 年修订)》第二条中明确指出："爱岗敬业。热爱教育、热爱学校,尽职尽责、教书育人,注意培养学生具有良好的思想品行。认真备课上课,认真批改作业,不敷衍塞责,不传播有害学生身心健康的思想。"而 2008 年重新修订的条文为："爱岗敬业。忠诚于人民教育事业,志存高远,勤恳敬业,甘为人梯,乐于奉献。对工作高度负责,认真备课上课,认真批改作业,认真辅导学生。不得敷衍塞责。"前后条文的变化重点规范了教师与职业的关系,更加具体明确地解释了什么是爱岗敬业。

爱岗敬业是人类社会最为普遍的奉献精神,它看似平凡,实则伟大,它是对教师职业道德的本质要求。作为幼儿教师,应始终牢记自己的神圣职责,志存高远,把个人对待工作的态度同千万家庭的幸福和未来紧密联系,同祖国今后的繁荣富强紧密联系,在丰富的教育实践中履行自己的光荣职责。

二、爱岗敬业的价值意义

幼儿教师的工作非同一般,不是面对机器,也不是对待一般的成人,而是面对一群懵懂纯真的幼儿。因此,幼儿教师必须做到爱岗敬业,这是由于工作性质和教育对象决定的。爱岗敬业是教师的职业操守,是幼儿教师职业道德的基础。归纳为以下三点意义:

(一) 为了幼儿成长需要,幼儿教师必须爱岗敬业

3—6 岁幼儿处在身心发展的迅猛时期,他们好奇、好动、好问,在身体动作、语言智力、情绪情感、社会交往等各方面都在发生着变化,可塑性极强,同时他们缺乏自我保护能力,需要我们精心呵护和关爱。《幼儿园教育指导纲要(试行)》指出："幼儿园必须把保护幼儿的生命和促进幼儿的健康放在工作的首位。""从根本上来说,教师职业的神圣就在于它从弱者(学生)出发的意识。"②可见,幼儿教师工作对象的特殊性,决定了幼儿教师必须爱岗敬业,必须以足够的爱心、耐心和责任心面对自己的教育对象和从事的工作。

(二) 为了个人专业发展需要,幼儿教师应该爱岗敬业

叶澜教授把教师分为三种层次:生存型、享受型和发展型。生存型的教师把职业当作谋生的手段,功利地看待职业,心态被动而消极。享受型的教师从兴趣出发,非功利地对待职业,以学生和事业作为快乐的源泉。而发展型的教师享受着教师职业的发展和幸福,又创造性地工作,以此作为自己从业的最大乐趣。毋庸置疑,第三种层次的教师在职业生涯中发展得更好,成就更大,人生的境界和格局不同一般,优秀教师大多来

---

① 王毓珣,王颖. 教师新师德六项修炼[M]. 重庆:西南师范大学出版社,2009:39.
② 教育部师范教育司. 中小学教师职业道德规范学习手册[M].北京:高等教育出版社,2008:44.

自第三种层次的教师群体。因此，为了个人专业发展需要，幼儿教师应该爱岗敬业。

（三）为了社会进步需要，幼儿教师更需爱岗敬业

大教育家孔子说过，"学而不厌、诲人不倦"。从古到今，如果教师没有这样的职业操守、敬业精神，人类浩瀚广博的文化就无法代代相传，科技进步也不会逐渐成为现实。孔子还说："后生可畏，焉知来者之不如今也？"社会在发展、在前进，长江后浪推前浪，后来者居上的人物比比皆是。如果教师不能做到爱岗敬业，没有持续增长的专业能力，迟早会被社会前进的步伐所淘汰。幼儿教师在新的历史时期，面对着不同的幼儿和家庭，需要倾注更多的心力在本职工作上。幼教事业的蓬勃发展更需要教师全心投入于自己从事的事业。因此，为了社会进步需要，幼儿教师更需要爱岗敬业。

三、爱岗敬业的践行要求

作为幼儿教师，我们面对的是一群可爱的小宝贝，最初他们给我们的印象是美好的，幼儿教师的职业也是令人感到欣喜。可是，如果我们在教师这个岗位上做了一年、两年、五年、十年、二十年后还这样想吗？如果真的是这样，那么，我们就可以说是"爱"上了这个职业，已经把这当成了自己的事业。可以说，爱岗敬业，是工作态度，是职业情感，更是一份沉甸甸的责任。

《幼儿园教师专业标准（试行）》要求幼儿教师要"理解幼儿保教工作的意义，热爱学前教育事业，具有职业理想和敬业精神"，"重视生活对幼儿健康成长的重要价值，积极创造条件，让幼儿拥有快乐的幼儿园生活"。具体如何做，可以归纳为以下三个方面：

（一）日常工作有爱，培养深厚的职业情感

俄国文学家列夫·托尔斯泰说："如果教师只爱事业，那他就会成为一个好教师。如果教师只像父母那样爱学生，那他会比那种通晓书本，但既不爱事业，又不爱学生的教师好。如果教师既爱事业又爱学生，那他才是一个完美的教师。"因此，"爱"是一切行为的动力和源泉。喜爱孩子是做好工作的第一步，幼儿教师只有发自内心地喜爱孩子，才会对自己的教育教学工作专注而投入。热爱事业才会激发自己勤奋工作，才会令自己焕发激情和聪明才智，作出卓越的成绩。

在平时的教育教学工作中如何做到将"爱"注入日常工作？

1. 确立幼儿教师的职业认同感

有一个小故事说的是三个建筑工人造房子，有人问："你们在做什么？"第一个工人回答："我在造房子。"第二个工人回答："我在挣钱。"第三个工人回答："我在建造最美丽的建筑。"其实，幼儿教师的工作和建筑工人造房子有着异曲同工之妙。幼儿教师是孩子们心灵的工程师，如果更多的幼儿教师能够把自己的工作看成是"最美丽的创造"，那么，就可以说教师已经确立了职业认同感。职业认同感是指教师对所从事的职业在职业目标、价值、评价等方面的看法和认识与社会对该职业的评价和期待是一致的。职业认同感是幼儿教师努力做好工作的基础和动力，也是忠诚于幼儿教育事业的源泉。职业认同感是幼儿教师长期在工作实践中逐渐形成的一种特殊的情感。当幼儿教师对从事的职业产生强烈的职业认同感后，就能够把"爱"融入每一天的教育教学工作中。在我们身边有很多这样爱岗敬业的幼儿教师，他们看起来很平凡，但是在事业和家庭、自己的孩子和班上的孩子之间作出了很好的抉择，令人感动。如，同是3岁孩子的母亲，其他孩子的妈妈早早地来园接走了孩子，而做幼儿教师的妈妈往往是最后一个来园接孩子回家的，原因是她们每天要等自己班级的孩子都被家长接回，才能放心接回自己的孩子。……诸如此类平凡的事例常常是生活的一个剪影，但这些恰恰是幼儿教师爱岗敬业最真实的表现。

2. 树立幼儿教师的教育理想和信念

伟大的平民教育家陶行知先生的一生可谓是"捧着一颗心来，不带半根草去"，陶先生"为一大事来，做一

大事去"，以生活教育为主旨，为中国近现代教育事业作出了突出贡献。陶先生之所以成就一番事业，是因为他有着坚定的教育信念和教育理想。纵观古今中外的教育家，无一不是具有崇高的教育理想和信念。教育理想和信念支持着教师的行动，决定着心态和格局，成就着属于自己的一片天地。幼儿教师要自觉树立教育理想和信念，尽早设计自己的职业规划和目标，在专注而投入的工作实践中转化教育观念、提升教育理念、坚定教育信念，让岁月沉淀出对幼儿教育深沉、持久的"爱"，成为指引自己教育实践行动的指南。

如，一位担任了多年年级组长的市级骨干教师，在园内班组长竞聘落选之后，来到新班级作为一般教师配合原班组长工作，此时她仍然能保持乐观豁达的心态，专注于教育教学工作。当别人问起："遭遇职业生涯的挫折，你如何能做到这般豁达？"这位骨干教师说："只要孩子还需要我，只要我还是一位可以教他们学本领的幼儿教师就好！其他的算不上什么。"在这样的教育信念支持下，这位老师经受住考验，经过不懈努力，不久之后，她在教育局组织的副园长竞聘中脱颖而出，成为年轻的业务园长，令他人刮目相看。这是幼儿教师爱岗敬业的又一真实例子。

（二）工作精益求精，锻炼过硬的专业能力

1. 追求教育教学精益求精的品质

韩愈在《进学解》中写道："业精于勤，荒于嬉。"意思是说，要想精通自己所从事的工作，就要尽量多做多练，才能达到通达的状态。对于幼儿教师来说，工作中要做到爱岗敬业，仅仅依靠对职业的热爱之情是不够的，必须在日常教学中勤学苦练，专注投入，逐步达到精通专业知识，提升专业能力的佳境。如何尽快达到这样理想的从业状态？别无他路，唯有在工作中精益求精，不断追求高品质的教育质量，以过硬的专业能力实现高质量的教育教学工作。常常见到，一些刚入职的年轻教师很羡慕骨干教师，骨干教师无论做课题、写论文、赛课都能样样精通并荣获大奖，殊不知骨干教师在呈现这些"作品"之前下了多少功夫在思考、准备着，直至最后的完美表现。刚入职的年轻教师在开始几年的工作中，通常会出现各种问题，这些都是正常现象，归根结底就是对自己从事的工作还不够熟悉的缘故。在三到五年的工作经历之后，这些年轻教师已经完全熟悉教育教学工作了，不断追求精益求精的高品质就应该成为幼儿教师实现爱岗敬业的行动指南和标杆。

2. 成为具有专业素养的幼儿教师

全美幼教协会（NAEYC）指出：幼儿教师的专业化应体现在对儿童发展有着深刻的理解和体悟，将心理学、教育学知识运用于实践；善于观察和评量儿童的行为表现，以此作为课程计划的依据和设计个性化课程的依据；善于为儿童营造和保持安全、健康的氛围；计划并履行适宜儿童发展的课程，全面促进儿童社会性、情感、智力和身体等各个方面的发展；与儿童建立积极的互动关系，成为儿童发展的支撑力量；与幼儿家庭建立积极有效的关系；支持儿童个体的发展和学习，使儿童和家庭建立积极有效的关系；支持儿童个体的发展和学习，使儿童在家庭、文化、社会背景下得到充分的理解；对教师专业主义予以认同。[①] 幼儿教师必须具备相关的专业理念、专业能力和专业知识，才能被称之为"具有专业素养的幼儿教师"，否则在教学实践中将处处碰壁。例如，一位新教师是应届优秀毕业生，在校曾任校学生会干部，多次获得"三好学生"称号，由于成绩优秀，实习期间表现突出被知名幼儿园录用，她满怀对教育的热爱与理想走进幼儿园。但是，工作没几天，这位新教师出现很多状况，教学中"管"不住孩子，不会和家长沟通，甚至班组长师傅也对她有了一些意见，新教师感到很沮丧。可见，作为幼儿教师仅有对教育的热情和爱是远远不够的，没有专业素养支撑的职业情感是稚嫩而脆弱的，也会遭遇困难和挫折。

那么，专业素养从何而来？是从刻苦学习书本中的专业知识中来，是从放低自己，乐于向他人学习中来，是从向同事、向家长、向孩子学习中来，我们要把一时的困难看作是促使自己能力提升的垫脚石，在磨练、等

---

① 刘济良.幼儿教师职业道德[M].上海：复旦大学出版社，2013：42—43.

待、不放弃的过程中破茧成长,努力成为具有专业素养的幼儿教师,这也是"爱岗敬业"的另一种表现。

(三)为人处事和气,营造团结协作的氛围

通常,我们理解爱岗敬业就是要立足本岗,对本班的幼儿尽到教育的责任。在这样观念的支配下,常常出现有些幼儿教师平时只顾埋头干好自己的"一亩三分田",不顾幼儿园其他班级、部门的公共事务的工作协调配合的需要。要知道"对学生发生教育影响的,不仅是单个的教师,还有整个教师集体。教师集体的教育道德风貌乃是重要的教育因素之一。这些因素通过这个或那个教师直接或间接地对学生们发生作用"。① 因此,团队中的合作、配合、融合非常重要。幼儿教师不仅要把自己班级分内的事情做好,还要热心同年级组其他班级工作的合作与协调,幼儿园园部、工会、团支部等组织的大活动。除此之外,幼儿教师还要善于将"和气"的思想渗透在家长工作中,调动班级家长群体与班级教师以及幼儿园达成和谐一致的合作关系,共同为幼儿成长营造一个团结协作的积极氛围。

讨论

小张工作三年了,自己感到挺有能力的,尤其在组织教学、上公开课时,常常能够给听课的老师带来惊喜和创意。但是她的烦恼就是,自己这么聪明,领导总是不看重自己,还常常通过各种机会"刁难"自己。上周小张接受了业务园长布置的公开课的任务,教案和教具都准备好了,刚走出大门就被业务园长叫住,偏要让她回去加班。小张心里挺不乐意,心想:都下班了,还回去什么?再说不是准备好了吗?园长说:"你的教案打印好了吗?怎么没有说课给我听?"小张回答:"明天早上来上班,我会打印好的,我的课都在班上给部分孩子上过了,不需要再说课了!"这周,园内青年教师技能大赛结果公布了,她的心情又糟糕透了,心想:明明考得挺好,园长偏偏不给评个一等奖,只给了个三等奖,不就是笔试的时候和旁边小姐妹说了几句话吗?有这么严重吗?又不是在学校考试,更不是高考!今天中午,园部通知青年教师布置公共环境,小张正在准备教具,一不小心忙忘了时间,等去的时候,大家都快忙完了,这不又被批评了,小张心想:不都是工作嘛,自己本职工作都没有忙好,哪顾得上那么多的事情呢!领导这么不待见自己,我该怎么做?

思考:造成小张老师一连串的烦心事的根本原因在哪儿?如果遇见了这样的事情该怎么处理?

第三节 关 爱 学 生

一、关爱学生的基本内涵

什么是关爱学生?从字面上理解,关爱学生就是幼儿教师要关心和热爱自己的学生。苏联教育家赞可夫说过:"当教师必不可少的,甚至几乎是最主要的品质,就是热爱儿童。"苏霍姆林斯基说:"教育技巧的全部奥秘就在于如何爱护儿童。"中国大教育家孔子提出"仁者爱人"的教育原则。《现代汉语词典》中称:"爱,是

---

① 〔苏〕B·H·契尔那葛卓娃,等.教师道德[M].严缘华,等,译.上海:华东师范大学出版社,1982:152—153.

对人或事物有很深的感情。"关爱学生，就是幼儿教师对幼儿从理念到行为，发自内心无条件的热爱。

《中小学教师职业道德规范（2008 年修订）》写道："关爱学生。关心爱护全体学生，尊重学生人格，平等公正对待学生。对学生严慈相济，做学生良师益友。保护学生安全，关心学生健康，维护学生权益。不讽刺、挖苦、歧视学生，不体罚或变相体罚学生。"《幼儿园教师专业标准（试行）》的"师德为先"的理念中提出："关爱幼儿，尊重幼儿人格，富有爱心、责任心、耐心和细心。"关爱学生其实是在师生关系上，对教师提出了职业道德要求。关爱学生是指导教师处理好师生关系的行动准则，是教师职业道德的核心精髓。教师的爱岗敬业必须通过关爱学生得以实现，教师职业道德其他方面的要求也必须围绕关爱学生、更好地服务学生的道德核心和精髓逐一展开。关爱学生是教师最宝贵的职业情感。

对于幼儿教师来说，关爱学生涵盖三方面的含义即爱护全体幼儿、尊重幼儿的独立人格和关心幼儿的健康和安全。爱护全体幼儿就是要和幼儿做朋友，既要面向全体幼儿进行教育又要关注个别幼儿和特殊幼儿的成长，把爱融于一日生活之中。尊重幼儿的独立人格就是要平等对待每一位幼儿，不可厚此薄彼，更不可体罚或变相体罚幼儿。关爱学生更要做到保护幼儿的安全，关心幼儿的生命健康。我们只有理解到幼儿教师对幼小的学生关爱的特殊性，才能真正做到"关爱学生"。

关爱学生是幼儿教师特有的一种职业情感，是良好的师生关系得以存在和发展的基础，是搞好教育教学工作的重要因素，也是幼儿教师必须具备的道德品质。

二、关爱学生的价值意义

在我们的身边有各种各样的爱：父爱、母爱、友爱、恋爱……林林总总的爱仿佛都不能与教师对学生的爱媲美。"师爱"是感性和理性的结合，是人类高尚情感的结晶，是教师的天职，更是一切教育的起点。那么，幼儿教师为什么要关爱学生？归纳起来有如下几点：

其一，这是由教育对象的年龄特点和发展需要决定的。

幼儿教师的教育对象是 3—6 岁学龄前儿童，他们身心稚嫩，缺乏自我保护能力，但是这个时期却又是他们身心迅速变化发展，可塑性极强的时期。《幼儿园教育指导纲要（试行）》中指出："幼儿园教育是基础教育的重要组成部分，是我国学校教育和终身教育的奠基阶段。"幼儿园要"满足他们多方面发展的需要，使他们在快乐的童年生活中获得有益于身心发展的经验"。心理学家埃里克森把人的一生人格发展分为 8 个阶段，其中学龄前儿童是建立基本的信任感、自主感和主动性的重要时期，他认为，这些是发展儿童健康人格和道德品质的重要因素。心理学家弗洛伊德特别强调儿童的早期经验对人的一生人格形成的重要影响。可见，在幼儿这样一个重要的人生发展阶段，幼儿教师必须倾注爱心，关爱学生，为他们将来的幸福人生奠基。幼儿教师只有努力做到关爱学生，才能促进每个幼儿身心和谐、全面、自由充分地成长。

其二，这是从教师特定的身份和教育工作需要出发的。

《中华人民共和国教师法》中规定，教师要"关心、爱护全体学生，尊重学生人格，促进学生在品德、智力、体质等方面全面发展"。可见，关爱学生是幼儿教师必须承担的义务和责任。同时，学龄前儿童的情感稚嫩脆弱，自控能力弱，幼儿教师必须关爱学生，努力和每个幼儿建立起信任、依赖的情感基础，才能便于保育教育工作的顺利开展。幼儿教师只有让幼儿感受到爱、体会到爱，幼儿才能学会如何去爱自己、爱他人、爱集体、爱社会、爱国家，做对社会有贡献的人。可以说，关爱学生是教师崇高的"师爱"的具体体现。

其三，这是由社会文化传承与发展的需要决定的。

纵观中外教育史，关爱学生是与教育相伴而生的。著名教育家孔子慨叹："爱之，能勿劳乎？忠焉，能勿悔乎？"德国幼儿教育家福禄培尔关爱儿童，发明创造了孩子们的玩具"恩物"。意大利幼儿教育家蒙台梭利关爱智障儿童，总结了蒙氏教学法，指引幼儿教师用适宜的方法促进儿童的心智发展。从社会发展角度来看，教育发展的历史就是一部对人性、生命不断求索的历史，是教育者永不停止地用爱和智慧诠释着人文关怀、见证着被教育者生命被爱唤醒和点燃的历程。可以说，幼儿教师关爱学生体现了人类社会的人道主义精神。在当今法制逐步走向健全的社会,关爱学生不仅是社会历史在理念层面对教师的自我约束,更是以一系列法律法规将教育行为规范化的具体呈现。因此,关爱学生是幼儿教师必须具备的专业素养和职业情感。

三、关爱学生的践行要求

苏联著名文学家高尔基说:"爱孩子,那是连母鸡都会做的事情。"如果做一名关爱学生的教师如同母鸡爱孩子一样简单,那么教师的爱就不能称之为"人类最高尚的情感结晶"。因此,教师关爱学生是需要运用策略的"智慧之爱"。幼儿教师如何做到"关爱学生",归纳为以下几个方面:

(一)保护幼儿的生命安全

在《幼儿园教师专业标准(试行)》中写道:"关爱幼儿,重视幼儿身心健康,将保护幼儿生命安全放在首位","有效保护幼儿,及时处理幼儿的常见事故,危险情况优先救护幼儿。"《中小学教师职业道德规范(2008年修订)》将原先 1997 年制定的规范中"保护学生合法权益,促进学生全面、主动、健康发展"改为"保护学生安全,关心学生健康,维护学生权益"。这是对教师关爱学生这一职业道德的最低要求。[①] 因此,生命安全是关爱学生的重中之重,如果幼儿的生命都遭受到威胁,还何谈"关爱"? 幼儿教师保护幼儿的生命安全和健康可以从以下三点做起:

1. 及时消除安全隐患

谭曼娜在 2004 年第 4 期《学前教育研究》题为"也谈幼儿园安全事故的防范与处理"一文中提出:"引起幼儿园安全事故的原因有很多,笔者在这里大致归纳为以下几点:(1)因环境设施中存在隐患而导致的安全事故;(2)因教师组织不当而出现的安全事故;(3)因教师工作失职而导致的安全事故;(4)因教师体罚或变相体罚幼儿而导致的安全事故。以上种种,应该都是幼儿园可以避免的安全事故。幼儿园应该实施严格的安全制度,并有效地管理和规范教师的职业行为,使之具有良好的职业道德和足够的安全意识,具有强烈的责任心,就可以坚决避免安全事故的发生。"

因此,幼儿教师在日常工作中要注意以下几点:

(1)留心幼儿活动环境中的安全隐患,及时进行安全教育。如,室内的桌椅、玩具和户外的大型玩具是否有破损? 活动室内是否有尖锐锋利的棱角? 是否有可以让孩子放入口鼻的彩色颗粒的小玩具? 是否养殖的动植物有毒或者会咬伤抓伤孩子? 盥洗室内的开水放置是否合理? 会不会有烫伤幼儿的可能? 洗衣粉、消毒液放置的位置是否在封闭、幼儿不宜拿到的地方? 等等。如有不妥之处,立即自己调整或请求园部给予支持调整,避免不必要的事故发生。此外,幼儿教师要有安全教育的意识,经常在日常活动前有专门的提醒和教育,活动后有针对地对幼儿活动情况进行总结点评,帮助幼儿树立安全意识,养成安全行为习惯。

(2)规范自身的教育教学行为,严格遵守园内各项规章制度。如,幼儿园有明文规定幼儿户外活动时至少要有两位老师在场,分散站在便于观察到全体幼儿的地方,不得交头接耳亲密交谈。那么教师就必须按规定遵守,如果由着自己的性子,三五一群聚集在一起说笑,照看不周,发生了幼儿摔落跌伤事故后悔莫及。有的教师性子急,平时遇见调皮的幼儿经常会动手推搡,甚至打骂,这样的情况要及时改正,以免养成不良的教育行为习惯,造成体罚幼儿的后果,害人害己。还有的教师胆子大,尽管幼儿园有明确规定上班时间不允许脱岗,但是仍然喜欢占点小便宜,乘着上班的时间偷偷溜出门买菜、购物办点私事,在幼儿缺少成人照看的情况下,一旦出现幼儿走失、伤亡事故,教师责任重大。

总之,一方面幼儿园要加强安全制度的健全和管理,另一方面幼儿教师自身要有严格遵守规章制度的意识和习惯,规范自身教育行为,全力保障幼儿的生命安全。

---

① 王毓珣,王颖.教师新师德六项修炼[M].重庆:西南师范大学出版社,2009:79.

2. 危险来袭挺身护幼

　　2009年12月30日早上,重庆江津市一幼儿园的孩子正在陆续入园,突然一名提刀男子从教室门口空地旁的小路上闯入,叫喊着:"老子要杀人。"51岁的龚老师出于教师的本能急忙保护幼儿,并伸开双臂堵住门口,左手被男子劈伤,血流如注。此后男子被赶来的居民制服送往公安机关。经过调查,此男子是外地流窜人员,有精神病史并发作伤人。[①]

　　幼儿教师是幼儿在园时的直接教育者、管理者和保护者,对幼儿的生命安全负有一定的责任。案例中的龚老师为了保护幼儿、不惧危险,与歹徒英勇搏斗,就很好地履行了一名幼儿教师的保护幼儿生命安全的责任。《中华人民共和国教师法》第二章第8条规定:"制止有害于学生的行为或者其他侵犯学生合法权益的行为。"可见,保护幼儿生命安全不仅是幼儿教师的道德义务,更是法律义务,是幼儿教师应具备的专业理念和专业能力,更是幼儿教师关爱学生的真情流露。

(二) 关注幼儿的身心健康

　　《幼儿园教育指导纲要(试行)》明确要求:"幼儿园必须把保护幼儿的生命和促进幼儿的健康放在工作的首位。"幼儿教育家陈鹤琴老先生认为:"健全的身体是一个人做人、做事、做学问的基础。""幼稚园第一要注意的是儿童的健康。"幼儿教师关注幼儿身心健康应从以下几个方面做起:

　　(1) 及时关注幼儿生长发育变化,做好疾病防治

　　3—6岁幼儿处于生长变化迅速的时期,幼儿教师要对学龄前儿童不同年龄阶段的身体生长发育指标能够做到心中有数,对于幼儿常见的生长变化能够给予及时引导和帮助。如,小班幼儿遗尿、入睡困难等问题,中大班幼儿换牙、体弱儿与肥胖儿的护理问题等,幼儿教师都要有所了解,及时实施保教工作。

　　同时,幼儿在园生活中,身体的免疫力在与环境的适应中不断增强,但有时也会在传染疾病高发时期染上疾病,如流感、水痘、手足口病等。幼儿教师要掌握幼儿常见疾病的症状,及早发现,学会阻断儿童常见疾病传染途径的方法,协助保健室医生消毒、观察并发现病儿,做好疾病防治工作,以保障广大幼儿的身体健康。

　　(2) 重视培养良好的行为习惯

　　促进幼儿身心健康发展是幼儿教育的根本目的,幼儿教师要在幼儿在园的一日生活中贯彻"健康第一"的教育理念,严格执行幼儿作息制度,保证幼儿户外活动时间和质量,及时纠正不良的行为习惯,如挑食偏食、暴饮暴食、不爱运动等不良习惯。帮助幼儿循序渐进地养成良好的饮食习惯、卫生习惯、生活习惯、学习习惯,如,饭前便后洗手、早晚刷牙、饭后漱口、早睡早起、按时入睡、自己穿脱衣裤鞋袜、整理物品及专心听讲、坐姿端正、喜欢阅读等一生受益的好习惯。

　　(3) 遵循幼儿身心特点实施教育教学

　　3—6岁幼儿身心发展处于直觉行动思维和具体形象思维阶段,他们喜欢以游戏的形式、直观的图画、亲身感知体验的方式来学习。这个时期的幼儿好奇好问、爱模仿、无意注意占主导,有意注意时间短。因此,我们安排集体教学活动的时间不可过长,要遵守小班幼儿不超过15分钟、中班不超过25分钟、大班不超过30分钟的教学原则,而且教学活动多以游戏情景、实物操作为主,辅以图片说明。

　　同时,根据身心发展特点,幼儿需要在丰富多彩的环境中与之互动并获得经验的建构。因此,幼儿教师要为幼儿的发展创设具有支持性的环境,通过图文记录儿童活动和成长历程,通过丰富美观的物质环境和操作材料促进不同幼儿在各自水平上的发展。

　　再有,幼儿教师要自觉为幼儿的成长创设平等、尊重、团结、友爱的班级氛围,倡导家长关注幼儿的身心

[①] 资料来源:有精神病史者提刀进幼儿园,女教师迎上前护孩子[N].重庆晚报,2010-01-05.(有删节)

健康,为孩子成长营造和睦的家庭氛围,努力为幼儿成长营造健康的心理氛围。

（三）尊重幼儿的人格和权利

《幼儿园教育指导纲要（试行）》中总则第 5 条指出:"幼儿园教育应尊重幼儿的人格和权利。"1989 年通过的《儿童权利公约》明确规定了儿童具有生存权、发展权、受保护权和参与权。尊重学生是教师关爱学生最基本的要求,幼儿教师只有先做到尊重幼儿,才能做到理解和关爱幼儿。

1. 尊重幼儿的人格

尊重幼儿的人格就是要把幼儿作为平等的人来看待,予以应有的尊重。幼儿教师尊重幼儿的人格要做到:

一是要把幼儿看成有自己想法、观点和认识的独立的个体,尽管他们年龄小且幼稚,但是他们的想法、观点和认识应该得到重视和关注。如班级开展活动需要和幼儿集体讨论,征求他们的意见、吸纳他们的观点,让他们感受到自己是班级的"小主人"。

二是幼儿教师教育教学的起点应该依据幼儿的真实想法和经验出发,不能无端拔高教学目标或在教学活动中过于突出教师的主导地位。如,教师准备教学活动观摩时,不能为了凸显自己的教学水平,任意加大活动难度并对幼儿进行过度的训练,在教学活动过程中要善于倾听幼儿的说话,及时吸纳值得提取的信息,及时鼓励肯定幼儿的发言。

三是及时制止不尊重幼儿人格、侵害幼儿权益的行为和现象,用实际行动保护幼儿的人格和权益。如,有外来人员参观不征求幼儿意见随意拍照,或者是一些"赶潮流"的年轻父母为了吸引眼球随意把自己宝宝的照片加工、"丑化"发布在网络上等,这些行为都是不尊重幼儿人格的表现,需要指出并及时制止。

尊重幼儿的人格最重要的一点就是要保护好幼儿的自尊心,及时鼓励肯定树立幼儿的自信心,让积极主动的人格成为幼儿今后立足社会的一生的资本。

2. 尊重幼儿的权利

《幼儿园教师专业标准（试行）》的基本理念第一条就是"幼儿为本",即尊重幼儿的权利。《儿童权利公约》将幼儿的四种权利又分为具体的内容,如下:

幼儿生存权:包括生命权、健康权、医疗保健的获得。

发展权:是指儿童拥有充分发展其全部体能和智能的权利,包括信息权、受教育权、娱乐权、思想和宗教自由、个性发展权等。

受保护权:反对一切形式的儿童歧视,保护儿童的一切人身权利。

参与权:是指儿童有参与家庭、文化和社会生活的权利。

幼儿教师在日常工作中要规范自己的教育行为,保障幼儿的权利。如,有的幼儿过分调皮,在教师教学时不认真听讲,影响了课堂秩序,这时如果教师说"站到墙边上去,今天不要玩游戏了",甚至气急败坏地吼"站到教室外边去",此时,教师就剥夺了这名幼儿的受教育权,如果不让他玩游戏,就剥夺了这名幼儿的游戏权。幼儿教师要善于运用平时积淀的修养、教育智慧去教育引导幼儿通过自我教育认识到自己的错误。如,教师可以走近幼儿、通过眼神暗示,甚至轻轻地牵住幼儿的手,让他坐在自己身边,一边进行情绪安抚、吸引注意,一边进行教学。如果严重影响正常教育教学,可以暂时中止教学过程,稍作停顿后再继续,事后教师可以单独找幼儿谈话后再进行游戏。

总之,幼儿教师要有尊重幼儿权利的意识,平时注意审视自己言行,规范教育行为,做到关爱学生。

（四）关注幼儿童年生活的价值和特有的需要

1. 关注童年生活对幼儿发展的重要价值

《3—6 儿童学习与发展指南》中提出:"幼儿的学习是以直接经验为基础,在游戏和日常生活中进行的。

要珍视游戏和生活的独特价值。"幼儿教师要认识到：童年是人的一生的起始阶段，童年生活对幼儿发展具有重要的价值。因此，幼儿教师要自觉关注幼儿的生命状态和生活体验，用爱心守护幼儿的幸福童年。

具体做法如下：

幼儿教师要合理安排一日生活，以幼儿喜爱的游戏和生活化的内容作为活动内容，如娃娃家、小吃店游戏，种植、户外、参观活动等，自觉反对"拔苗助长"式的超前教育和强化训练，如，过早地识字、读写、数字运算等，同时向家长和社会宣传引导科学合理的育儿方式。

幼儿教师要善于创设有利于幼儿成长、丰富的教育环境，如，通过图文并茂的方式记录幼儿各项活动，创设各类区域活动，提供多种有趣可操作的材料，最大限度地支持和满足幼儿通过直接感知、实际操作和亲身体验获取经验的需要。

幼儿教师要将教育教学的内容和幼儿生活建立起密切的联系，让教育焕发生命的活力，让幼儿在园的每一天都能过上愉快、自在的幸福生活。

2. 满足幼儿个体特有的需要

《幼儿园教育指导纲要(试行)》总则第4条指出："幼儿园应为幼儿提供健康、丰富的生活和活动环境，满足他们多方面的需要，使他们在快乐的童年生活中获得有益身心发展的经验。"美国心理学家马斯洛在需要层次理论中指出：人的需要有多种层次，最底层是生理需要，向上依此是安全需要、归属与爱的需要、自尊需要、认知需要、审美需要及自我实现需要。

3—6岁幼儿由于身心稚嫩，缺乏一定的自理能力，他们的需要从生理需要、安全需要到归属与爱的需要都有，幼儿教师要适时关注，及时满足。如，小班幼儿神经系统发育还不完善，经常在集体教学中要求如厕，教师应允许。有的幼儿在园午睡，必须抱着家里带来的玩具才能入睡，幼儿教师要能够理解年幼的孩子安全需要和情感特殊需要，班级管理上不要"一刀切"，应允许幼儿有一个逐渐适应的过程，教师要帮助每个幼儿建立在班级中的归属感，满足幼儿归属与爱的需要，创设幼儿的"心灵家园"。

同时，幼儿处于身心发展迅速的时期，他们具有发展的需要。《幼儿园教育指导纲要(试行)》和《幼儿园教师专业标准(试行)》以"幼儿为本"的理念，就是要求幼儿教师要善于发现幼儿成长规律，尊重幼儿自然成长的规律，让教育顺应幼儿的发展需要。如，一些教师"怕乱"、"怕出事"，不按作息制度带幼儿进行户外活动，减少操作类的活动，嫌弃弱小的幼儿，这些都是违背了幼儿学习特点，没有满足幼儿发展的需要。幼儿教师要理解幼儿个体发展的差异和变化，给予幼儿更多动手操作，自由探索的机会，允许幼儿在自我尝试错误中成长，愿意耐心等待幼儿的自然长大。

再者，幼儿来自不同家庭，有着不一样的生活方式、观念和想法，幼儿教师要接纳不同背景的幼儿家庭，平等公正对待每一位幼儿。幼儿教师要做到从内心深处接纳每个孩子，不因其家庭贫穷或富贵，父母职业背景，学生的外形服饰及智力能力差异，都要做到一视同仁，甚至给弱势的幼儿更多的关爱。

满足幼儿个体的需要体现了幼儿教师对幼儿的人文关怀，是幼儿教师践行关爱学生理念与行为的较高层次的体现。

讨论

新学期开学了，中一班和中二班都换了一个新老师。一年后，两个班的家长对新老师的评价有了很大的不同，这是什么原因呢？听听家长们私下里是怎样议论老师的吧！

中一班家长 A：我们班的这个宋老师看起来人挺漂亮，心肠咋这么硬呢！上学期过完年来上学，班上练早操，我家宝宝每天回家总是哭着说不愿再上幼儿园，我还以为是宝宝太娇情，后来和同学家长一打听,原来是每天练早操过度,把孩子练怕了。一个动作没做好,宋老师就一直让孩子做那个动作,几个做得不好的孩子在外面呆了一个多小时,刚过完寒假来,户外多冷啊!

中二班家长 B:那不是老师严格吗?宋老师很要好,班级活动总想争个第一。

中一班家长 C:哼,这叫严格?我家那个姑娘是好动了些,但是毕竟是个女孩吧?能怎么调皮呢?上课讲话,被老师叫起来谈话,把孩子贴在墙上的相片一把撕下来扔在地上,孩子哭啊,宋老师就生气了一把推上去,我家姑娘后脑勺撞在墙上,顿时起了个大包。这孩子胆子小不敢说,还是放学时几个能干的小朋友争着向我告状,我才明白过来。我是没饶她,给告到园长那儿去了。

中二班家长 B:不会吧,你们一班的宋老师可是骨干教师呢,班上经常有接待任务的,还常常上课给外面的老师看,能力多强的老师啊!

中一班家长 A:什么能力强不强的,你们班的施老师多好啊!你们班的贝贝爸爸和妈妈刚分开了,爸爸一个人带孩子真不容易,施老师经常抽空给贝贝织毛衣,缝袜子,贝贝奶奶和我是邻居,都夸施老师好多次了!

中二班家长 B:是的呢!有一次听同学超超妈妈说,超超很调皮,都换了好几个幼儿园了,这次在施老师班上总算乖多了,超超调皮的时候,施老师也不会大声训斥或推他出门,而是牵着他的手到处看看,孩子上学比以前开心多了。

思考:为什么家长对两个班换上的新老师会有不一样的评价?请你结合案例谈谈你对两位老师教育行为的认识。

第四节 教书育人

一、教书育人的基本内涵

什么是教书育人?字面上理解,就是教师在教授学生知识的同时,要关注学生精神世界的成长,不仅传授学生知识,更要教会学生做人。大教育家韩愈认为:"师者,传道、授业、解惑者也。"赞科夫说:"教师不应当只限于传授知识,训练技能和技巧,还要教育学生,这是教师的神圣职责。"《中小学教师职业道德规范(2008年修订)》中是这样界定的:"教书育人。遵循教育规律,实施素质教育。循循善诱,诲人不倦,因材施教。培养学生良好品行,激发学生创新精神,促进学生全面发展。不以分数作为评价学生的唯一标准。"

"教书育人"就是教师要把学生当作有着鲜活生命的"人"来看待,而不是装知识和会考试的机器。教书是育人的手段和途径,育人是教书的根本宗旨和目的。

幼儿教师的教书育人有其独特的内涵:一是教书,幼儿教师其实"无书"可教,幼儿园没有像中小学那样有国家统一规定的教材,儿童的生活即教育,幼儿教师的"教书"实际上就是为幼儿发展创设支持性的环境;二是育人,由于孩童年幼,生活上尚不能完全自理,故思想和知识的教育所处次要,而身体生长、生活照看护理的保育成为首要任务。因而,幼儿教师的育人包含两方面的内容,保育和教育,保教并重才是幼儿教师育人的重要内容。

具体来说,幼儿教师的教书育人就是在生活中帮助幼儿学会生活的基本技能,形成良好的行为习惯,建立起对周围世界探索的兴趣及积极的态度,塑造活泼开朗健康向上的性格。幼儿教师要在陪伴幼儿成长的过程中,呵护好幼儿纯真的童心。

二、教书育人的价值意义

幼儿教师为什么要教书育人? 归纳起来有如下几点:

其一,教书育人是幼儿教师的使命和责任。

《幼儿园教师专业标准(试行)》中第二条基本理念是师德为先,其中指出:"为人师表,教书育人,自尊自律,做幼儿健康成长的启蒙者和引路人。"法国大教育家卢梭指出:"只有一门学科是必须要交给孩子的,这门学科就是做人的天职……我宁愿把有这种知识的老师称为导师而不称为教师,因为问题不在于要他拿什么东西教孩子,而是要他指导孩子怎样做人。"①可见,教书育人是幼儿教师的天职,正是教师承载着这样的使命和责任,才使得教师成为"人生初始阶段的导师",而不是"教书匠"、"孩子王"或者"照看孩子的保姆"。因此,教书育人应成为幼儿教师自觉的教育行为。

其二,教书育人是幼儿身心健康成长的基础。

幼儿教师只有具备了教书育人的理念,才能够在时时处处关照幼儿的身心健康成长。《幼儿园教育指导纲要(试行)》在健康领域指导要点中指出:"树立正确的健康观念,在重视幼儿身体健康的同时,要高度重视幼儿的心理健康。""既要高度重视和满足幼儿受保护、受照顾的需要,又要尊重和满足他们不断增长的独立要求,避免过度的保护和包办代替,鼓励并指导幼儿自理、自立的尝试。"幼儿教师只有心中有教书育人的意识,才能将《幼儿园教育指导纲要(试行)》精神融于幼儿一日生活中,理解并落实以上指导要点,将其转化为教育行为,促进幼儿身心和谐发展。

其三,教书育人是由幼儿教育的性质和特点决定的。

《幼儿园教育指导纲要(试行)》总则第 2 条指出:"幼儿园教育是基础教育的重要组成部分,是我国学校教育和终身教育的奠基阶段。城乡各类幼儿园都应从实际出发,因地制宜地实施素质教育,为幼儿一生的发展打好基础。""基础教育"和"奠基阶段"决定了幼儿教育的性质和特点,幼儿教师必须做到教书育人,帮助幼儿在人生的初始阶段全面打好基础,才能为幼儿的未来谋求幸福美满的人生。

三、教书育人的践行要求

《3—6 岁儿童与学习发展指南》是帮助成人了解幼儿、帮助幼儿实现发展的好帮手,更是幼儿教师落实教书育人的重要指引。基本理念有以下四个方面:(1)关注幼儿学习与发展的整体性。(2)尊重幼儿发展的个体差异。(3)理解幼儿的学习方式和特点。(4)重视幼儿的学习品质。根据《3—6 岁儿童与学习发展指南》基本理念,结合幼儿教师职业特点,幼儿教师在教育教学工作中做到教书育人,具体做法可归纳为以下三个方面:

(一) 教育从关注教学走向关注生活

幼儿不同于一般中小学的学生,他们"上学"的意义不是以在学校学习知识技能为主,而是来到幼儿园体验多样化的生活。什么是生活? 我国辞书上大多这样界定:人和生物为了生存和发展进行的各种活动。幼儿在幼儿园和家庭中就是处在自己的生活世界之中,过着自己的生活。幼儿在园的生活,每天的集体教学时间短,只有 10—25 分钟,因此,幼儿教师的教书育人应融于幼儿在园的生活中,从关注教学走向关注渗透在一日生活中的教育。主要从以下几个方面落实:

1. 坚持保教结合原则

《幼儿园教师专业标准(试行)》中指出:"注重保教结合,培育幼儿良好的意志品质,帮助幼儿形成良好的

---

① [法]卢梭.爱弥儿(上)[M].李平沤,译.北京:商务印书馆,1978:31.

行为习惯。"学龄前儿童的身心特点决定了其需要在园得到教师更为细致的呵护和生活照料,而幼儿教师及时给予他们帮助和照料能够建立起与之密切的关系和依恋情感,帮助幼儿获得在园必需的安全感,同时能够在保育过程中适时进行教育。可见,幼儿教师只有保教并重才能照顾好幼儿,保证身心健康发展。对于小班和中班初期的幼儿来说,教师保育护理占更大比重。如,照顾进餐、如厕、洗手、午睡等,当有幼儿大小便在身或者因身体不适呕吐时,幼儿教师不能嫌弃,要及时耐心地帮助清洗干净。

幼儿教师要像妈妈一样无微不至地呵护照料幼儿,教会他们适应在园生活,获得独立生活的能力和愿望,促进其全面发展。坚持保教结合是幼儿教师教书育人的实施原则。

2. 重视游戏活动的价值

《幼儿园工作规程》中提出,幼儿园要"以游戏为基本活动,寓教育于各项活动之中"。联合国《儿童权利公约》中提出要保护儿童的游戏权,可见,游戏在幼儿发展及幼儿园课程、一日活动中有着重要的价值和作用。幼儿教师要能够理解游戏是儿童的天性,是其特有的生活方式,积极为幼儿创设游戏的环境和机会,保证幼儿游戏的时间,以游戏化的方式组织开展幼儿园的教学活动,制止一切剥夺幼儿游戏权利的行为。如,有的教师因过度强调班级纪律,让幼儿长时间坐在教室里,占用了幼儿自由游戏的时间;有的教师教学活动以教授为主,形式单一,缺乏游戏性,无法吸引幼儿。这些教育行为都是没有关注游戏在幼儿学习生活中的重要价值,违背了幼儿天性和成长的需求,要及时制止。

幼儿教师要重视游戏活动的价值,自觉抵制幼儿园"小学化"、"成人化"不良倾向,以游戏方式的生活捍卫幼儿童年的权利,重视游戏活动是幼儿教师教书育人的真实体现。

3. 关注生活的幼儿教育

陶行知先生说,"生活即教育","教育就是培养生活习惯"。《幼儿园教育指导纲要(试行)》总则第4条指出:"幼儿园应为幼儿提供健康、丰富的生活和活动环境,满足他们多方面发展的需要,使他们在快乐的童年生活中获得有益于身心发展的经验。"幼儿教师要关注幼儿在园的生活,也要关注幼儿在家的生活,既要关注幼儿以前经历的生活,也要关注幼儿现在及未来的生活。幼儿教师在教育中要考虑幼儿各种经验之间的联系和迁移,善于利用生活中的每个片断适时地开展教育。如,外出亲子活动参观蔬菜基地,幼儿教师在现场能了解到每个幼儿及家长对蔬菜的不同经验,有的家庭祖父母会种蔬菜,这样的孩子对蔬菜的经验较为丰富,有的家庭年轻的父母基本不上菜场,这样的孩子对参观活动很好奇。幼儿教师要善于抓住不同幼儿的特点,及时开展观察与种植、爱吃蔬菜不挑食、爱惜劳动成果等各方面的教育,促进其良好的习惯养成。

关注生活的幼儿教育是幼儿教师实现教书育人的重要途径。幼儿教师要善于在生活中发现教育契机,也要善于把握幼儿在园一日生活中各个环节中的教育机会,恰如其分地进行教书育人。

(二)评价从关注结果走向关注过程

在《中小学教师职业道德规范(2008年修订)》在"教书育人"中,新增一项内容:"不以分数作为评价学生的唯一标准。"这是对中小学教师教书育人的底线规定,也是说明了目前对学生评价的导向从一元评价走向多元评价,对幼儿教师的启发就是对幼儿的评价要"从关注结果走向关注过程"。具体可以从以下三个方面来理解和实施:

1. 探寻家庭环境对幼儿成长的影响

幼儿教师往往从幼儿的一贯性的行为表现,形成对一个幼儿的主观印象,由此评价幼儿是否是个"好孩子"。殊不知家庭是幼儿成长的重要场所,幼儿的行为表现背后是家庭环境对其的影响。正如马卡连柯所说:"家庭是最重要的地方,在家庭里面,人初次向社会生活迈进!"[①]幼儿教师要意识到家庭环境对幼儿成长的重要作用,当幼儿行为上出现问题的时候,不仅要关注幼儿个体行为产生的结果,更要探寻家庭成员的观

---

① [苏]马卡连柯. 父母必读[M]. 耿济安,译. 北京:人民教育出版社,1958:303.

念、言论、行为方式对幼儿成长变化所造成的影响,探寻其行为背后的原因,合理评价幼儿。同时,如《幼儿园教育指导纲要(试行)》所述,幼儿教师"应本着尊重、平等、合作的原则,争取家长的理解、支持和主动参与,并积极支持、帮助家长提高教育能力",为幼儿的成长助力。

2. 重视活动过程的价值,记录幼儿成长历程

教育家卢梭说:"大自然希望儿童在成人之前就要像儿童的样子。如果我们打乱了这个次序,就会造成一些果实的早熟,它们长得既不丰满也不甜美,而且很快就会腐烂。"《幼儿园教育指导纲要(试行)》提出:"尊重幼儿在发展水平、能力、经验、学习方式等方面的个体差异,因材施教,努力使每个幼儿都能获得满足和成功。"这些教育理念启发我们在教育中不要以唯一的标准评价多样的幼儿,更不要因过于追求结果,而人为地过度"催熟"幼儿,要看到幼儿发展的"连续性和阶段性"和幼儿之间的差异性,重视活动过程给幼儿带来的丰富的体验,善于发现每个幼儿在活动过程中的"闪光点"。

幼儿教师要引领家长共同认识到孩子成长的过程比结果更重要,和家长一起通过文字记录、幼儿作品、照片视频等方式记录、展现幼儿的成长足迹,让幼儿看到自己成长的变化和进步,让成人看到活动过程对儿童发展的重要价值,而不是指向结果,以"一把尺子"评价所有的孩子。

3. 关注良好的人际关系对幼儿成长的促进

对于3—6岁幼儿而言,其主要人际关系来源于家庭和幼儿园,而家庭环境中又以父母亲与自己的亲子关系为主要关系。在幼儿园,其主要关系分为与成人和同伴的关系,其中成人关系中尤以师生关系最为重要,同时同伴关系的和谐程度也会直接影响幼儿对周围世界的认识及社会适应能力。因此,幼儿教师要关注幼儿周围的人际关系对其成长的重要作用。教师要从幼儿人际交往的表象,看到幼儿所处的环境对其发展的影响。如《幼儿园教育指导纲要(试行)》所述:"要创设一个能使幼儿感受到接纳、关爱和支持的良好环境。""教师对儿童要有积极的期望",幼儿教师要从自身做起,积极回应每位幼儿发起的交往愿望,且关注幼儿在幼儿群体中人际关系状况和地位,关注受群体欢迎的"人缘儿"对群体幼儿的影响力,及时发现游离于群体之外的"边缘儿",并给予鼓励和支持,促进其融入集体。

(三) 教育要培养幼儿一生受益的好品质

《中小学教师职业道德规范(2008年修订)》中"教书育人"内容包括:"遵循教育规律,实施素质教育。""培养学生良好品行,激发学生创新精神,促进学生全面发展。"其中提到的"素质教育"与"良好品行",就幼儿教育而言,其意义在于要培养幼儿一生受益的好品质。那么,幼儿教师教书育人要培养幼儿哪些好品质?具体有两个方面:

1. 培养积极的情感、态度和能力

《幼儿园教育指导纲要(试行)》在教育内容中指出:要"从不同的角度促进幼儿情感、态度、能力、知识、技能等方面的发展",教育内容要"贴近幼儿的生活","选择幼儿感兴趣的事物和问题"。在教育评价部分,《幼儿园教育指导纲要(试行)》再一次强调:"尤其要避免只重知识和技能,忽略情感、社会性和实际能力的倾向。"可见,培养积极的情感、态度和能力,是幼儿终身受益的好品质。

那么,哪些"情感、态度和能力"是必须培养的?如何培养?《3—6岁儿童与学习发展指南》给出了明确的指导:"重视幼儿的学习品质。幼儿在活动过程中表现出的积极态度和良好行为倾向是终身学习与发展所必需的宝贵品质。要充分尊重和保护幼儿的好奇心和学习兴趣,帮助幼儿逐步养成积极主动、认真专注、不怕困难、敢于探究和尝试,乐于想象和创造等良好的学习品质。"

幼儿教师要善于在一日生活、教育教学中培养这些幼儿必需的好品质。如,创设宽松自由的环境,从幼儿的兴趣和需要出发,引导幼儿自主参与、选择,培养幼儿独立、自主、自制、专注、合作等好品质;在教育教学中抓住各领域的核心能力进行培养;教学中强调幼儿主动获取知识的过程体验,增进幼儿的思维能力等。

2．培养良好的品行

良好的品行，不仅包括品德，还应该包括品德行为。因此，幼儿教师的教书育人应着眼于幼儿的品德及行为习惯的教育。

那么，幼儿教师应培养幼儿哪些品德和行为习惯？

《3—6岁儿童与学习发展指南》在健康领域部分指出："帮助幼儿养成良好的生活与卫生习惯，提高自我保护能力，形成使其终身受益的生活能力和文明生活方式。"在语言领域部分指出："培养阅读兴趣和良好的阅读习惯。"在社会领域部分指出："让幼儿在积极健康的人际关系中获得安全感和信任感，发展自信和自尊，在良好的社会环境及文化的熏陶中学会遵守规则，形成基本的认同感和归属感。"以上内容可以归纳为，幼儿良好的品行包括指向于自己和指向于他人的良好的言行举止、行为习惯及思想意识。

幼儿教师应如何培养幼儿的良好品行？

其一，教师要明确幼儿良好品行的教育内容。

《幼儿园工作规程》（下称《规程》）在"幼儿园保育和教育的主要目标"中指出，要培养幼儿"良好的生活习惯、卫生习惯和参加体育活动的兴趣"，"有益的兴趣和求知欲望，培养初步的动手能力"，"萌发幼儿爱家乡、爱祖国、爱集体、爱劳动、爱科学的情感，培养诚实、自信、好问、友爱、勇敢、爱护公物、克服困难、讲礼貌、守纪律等良好的品德行为和习惯，以及活泼开朗的性格"。《规程》为幼儿教师进行良好品行的教育提供了具体的内容。

其二，教师要善于运用多种方法进行教育。

教师要善于在幼儿的一日活动中把握教育契机，适时适当地进行教育，也要善于利用集体教学、游戏、自我服务劳动等活动进行形式活泼的教育。进行品德教育的基本方法有：以典型事例树立榜样，以讨论讲解明白事理，以行为练习形成习惯，以表扬批评明辨是非。

总之，幼儿教师要通过多种途径和方法培养幼儿良好品行，实现教书育人的价值和目的。

讨论

6岁的奇奇在一所寄宿制幼儿园入托，小赵老师是奇奇班上的班主任，平时工作认真负责。

今天，奇奇又淘气了，小赵老师在和他谈话："你为什么总是不停地动呢？在老师说话的时候你眼睛看哪儿？上课时候小朋友都在学本领，但是你到哪里呢？跑到睡房去了！都大班小朋友了，你怎么能这样？"奇奇低着头，不说话。

真巧，奇奇的妈妈来接他了。"她总是想什么时候接奇奇就什么时候来接，从不提前告知。"小赵老师心里想。奇奇妈妈笑着对小赵老师说："今天我有空，晚上就不让他住在幼儿园了。哟，这怎么啦？奇奇表现又不好了？"老师说："是啊！总是这样！都大班了。"奇奇妈妈赶紧把老师拉到一边，有些焦急地向老师求援："哎呀，奇奇！我们也拿他没办法。他爸爸天天忙自家的工厂，没时间管他，到了厂子里，所有员工都宠坏他了。"小赵老师说："那么您呢？平时忙些什么呢？""我虽然不上班，但是天天有人约着打麻将。也很忙！这个孩子聪明得不得了，有时候假话说得像真话，我们大人都听不出来。"奇奇妈妈有些不好意思地说。"老师，奇奇就靠您啦！我们读书少，都不太懂。每次他要求接回家，我都不一定能答应，有时候忙不开就放在幼儿园了。"

思考：请问如果你是小赵老师，这件事让你想到了什么？作为班主任教师你应该怎么做？为什么要这样做？

第五节　为人师表

一、为人师表的基本内涵

什么是为人师表？从字面上理解，就是作为教师，要为学生作表率。"师表"一词出自《北齐书·王昕书》："杨愔重其德业，以为人之师表。"其意思是说，教师要在品德和学问上成为人们学习的榜样。北京师范大学的校训为"学高为师，身正为范"，其意为：教师只有先做到己正，才能做到正人，要严于律己，在学问和品德上作好表率。

《中小学教师职业道德规范(2008年修订)》对为人师表的内涵进行了解释：坚守高尚情操，知荣明耻，严于律己，以身作则。衣着得体，语言规范，举止文明。关心集体，团结协作，尊重同事，尊重家长。作风正派，廉洁奉公。自觉抵制有偿家教，不利用职务之便谋取私利。可见，为人师表所涵盖内容广泛，从穿着打扮、言行举止到思想素质，从个人作风到具体行为，无所不包。为人师表就是教师要在各个方面成为学生和社会学习的榜样和表率。为人师表是教师区别于其他职业的典型特征，是教师职业特定的要求和标准。

幼儿教师因其教育对象为3—6岁幼儿，而此年龄阶段幼儿的好奇心和模仿力有很强，所以，幼儿教师的为人师表有其特殊的规范和要求。

《幼儿园教师专业标准(试行)》在职业理解与认识部分指出："具有良好职业道德修养，为人师表。"在个人修养与行为部分指出："富有爱心、责任心、耐心和细心。""乐观向上、热情开朗，有亲和力。""善于自我调节情绪，保持平和心态。""勤于学习，不断进取。衣着整洁得体，语言规范健康，举止文明礼貌。"以上内容都从不同方面对幼儿教师的为人师表提出了具体规范和要求。

二、为人师表的价值意义

幼儿处在人生的初始阶段，幼儿教师的一言一行、一颦一笑，一个不经意的习惯动作，都会在某个时刻印刻在他们的记忆里，对其终身发生着潜移默化的影响。因此，教师必须做到"为人师表"，做小朋友的表率和榜样，做家长和社会认可的幼儿教师。

其重要性，归纳为以下三点意义：

其一，基于幼儿年龄特点，幼儿教师必须为人师表。

3—6岁幼儿好奇、好动、好模仿，身心稚嫩脆弱，可塑性强，他们辨别是非能力弱，喜欢甚至崇拜老师，渴望得到老师的肯定和表扬。作为和幼儿朝夕相处的重要他人，幼儿教师的一言一行都被幼儿"看在眼里，记在心里"，对幼儿人格形成具有重要作用。《幼儿园教育指导纲要(试行)》在实施部分指出：教师的"言行举止应成为幼儿学习的良好榜样"。因此，基于教育对象的特殊性和幼儿年龄特点，幼儿教师必须做到为人师表，为幼儿成长起到良好的示范和表率作用。

其二，基于教师职业特性，幼儿教师应该为人师表。

汉代思想家扬雄说："师者，人之模范也。"卢梭在《爱弥儿》中对教师说："你要记住，在敢于担当培养一个人的任务以前，自己就必须造就成一个人，自己就必须是一个值得推崇的模范。"[1]一方面，为人师表体现了教师职业特有的职业规范和要求；另一方面，为人师表也成为教师教育学生的重要手段。因此，基于教师职业特性，幼儿教师应该为人师表。

---

① [法]卢梭.爱弥儿(上)[M].李平沤，译.北京：人民教育出版社，1985：99.

其三,社会期待幼儿教师能够自我约束,做到"为人师表"。

春秋时期的大教育家孔子,有弟子三千,一生从事传道、授业、解惑,被中国人尊称"至圣先师,万世师表"。古往今来,教师被视为社会进步、精神文明的代表,对社会各界成员起到正面导向和表率作用,从而赢得人们的尊敬。因此,社会期待教师能够不负众望,做到"为人师表"。目前,在市场经济运行下,社会上出现拜金主义、信仰缺失,道德滑坡现象日益严重,教育行业也被沾染上不良的风气。但是,处于新的历史时期,面对着不同的幼儿家庭的期待,幼儿教师必须做到自我约束,提升师德修养,做到"为人师表",坚守住幼儿教育这一块净土,捍卫师表形象和教师尊严。

三、为人师表的践行要求

为人师表是幼儿教师职业的内在要求,是幼儿教师师德的道德底线。为人师表就是要求幼儿教师,能够以自己的人格魅力和榜样作用,影响幼儿、家庭和社会,共同促进幼儿身心健康和谐发展。《幼儿园教师专业标准(试行)》在专业理念和师德部分对职业理解与认识和个人修养与行为提出了具体的规范和要求,具体实施可以归纳为以下三个方面:

(一) 恪守师德,做有良心的教师

古罗马的西塞罗说:"对于道德实践来说,最好的观众就是人们自己的良心。"良,即道德,心,即意识。做有良心的老师,就是教师要自觉履行对学生、家长和社会的职业义务、责任,以道德良知约束自我行为,以信念和理想激励自己做有高尚师德的幼儿教师。基本内容有两方面:

1. 作风正派

作风正派是幼儿教师为人师表的重要内容。石成金曾言:"耻之一字,乃人生第一要事。如知耻,则洁己厉行,思学正人,所为皆光明正大。凡污贱淫恶,不肖下流事,决不肯为。"①社会主义荣辱观中"八荣"的关键词提到"热爱祖国、服务人民、崇尚科学、辛勤劳动、团结互助、诚实守信、遵纪守法、艰苦奋斗",以上这些内容都是教师作风正派的行为表现。作风正派是指教师在思想上、工作上、生活上都要有遵守规矩、严肃认真、光明正大的态度和行为。②

幼儿教师应成为遵守社会公德的模范,坚守高尚的情操,在言行道德上保持一致,以身作则,做幼儿、家长和社会的道德典范。

2. 廉洁自律

所谓廉洁自律,是指教师不受不义之财,洁身自好,淡泊明志,忠诚履行公职。廉洁自律是幼儿教师为人师表的重要内涵。《中小学教师职业道德规范》的修订就是专门为了杜绝中小学、幼儿园教师利用身份职务之便谋取私利,在廉洁从教方面做出规定。现阶段,金钱至上、以经济利益为中心的思潮导致人们对物质追求高于一切。但是,幼儿教育事业本身的特点决定了从事幼儿教师职业成为富翁是不可能的。幼儿保育教育工作再辛苦,也是教师职责分内之事,应当自觉做好。教师要主动做到拒绝家长送来的财物,不利用工作之便给家长增添麻烦,更不能自己伸手向家长索要财物,自毁师表形象。

幼儿教师必须明确职业性质,树立远大的教育理想,坚守安贫乐道、默默奉献的情操,主动追求精神富足并在教育实践中找到职业幸福感。

(二) 言传身教,做有修养的教师

孔子说:"其身正,不令则正;其身不正,虽令不从。"言传身教是道德教育的重要内容和教育手段。3—6

① [清]石成金. 人事通(传家宝全集)[M]. 张惠民,校点. 郑州:中州古籍出版社,2000:52.
② 王毓珣,王颖. 教师新师德六项修炼[M]. 重庆:西南师范大学出版社,2009:160—161.

岁幼儿有具体形象思维的特点,直观性的行为远比说教更有感染力,故对于幼儿教师来说,身教比言教更为重要。

《幼儿园工作规程》中明确指出,幼儿园保育和教育的主要目标是:"促进幼儿身体正常发育和机能的协调发展,增强体质。培养良好的生活习惯、卫生习惯和参加体育活动的兴趣。""发展幼儿智力,培养正确运用感官和运用语言交往的基本能力,增进对环境的认识,培养有益的兴趣和求知欲望,培养初步的动手能力。""萌发幼儿爱家乡、爱祖国、爱集体、爱劳动、爱科学的情感,培养诚实、自信、好问、友爱、勇敢、爱护公物、克服困难、讲礼貌、守纪律等良好的品德行为和习惯,以及活泼开朗的性格。""培养幼儿初步感受美和表现美的情趣和能力。"《规程》中幼儿保育教育培养目标涉及行为习惯、态度情感等方方面面,因此,幼儿教师必须注重外在形象和内在修养的塑造,注重言行举止对幼儿身心发展的影响,言传身教,做一个有修养的幼儿教师,才能促进幼儿身心全面和谐发展。

1. 服饰装扮得体

苏联教育家马卡连柯说:"从口袋里掏出揉皱的脏手帕的教师,已经能够失去当教师的资格了。"[1]《幼儿园教师专业标准(试行)》在个人修养与行为部分要求幼儿教师:要做到"衣着整洁得体,语言规范健康,举止文明礼貌"。幼儿教师的服饰装扮得体体现在:衣着整洁、大方得体,符合教师身份。具体来说,就是在园期间不穿过于露、透、紧身的服装;不穿高跟鞋、拖鞋,穿平跟鞋;发型端庄、优美、不披发、不染过于艳俗色彩的头发;忌浓妆艳抹,化淡妆;佩戴饰物适当,不夸张;不留长指甲、不涂色彩艳丽的指甲油;讲究个人卫生。

2. 言行举止文雅

英国教育家洛克说过:"做导师的人自己便当具有良好的教养,随人、随时、随地都有适当的举止和礼貌。"[2]《幼儿园教师专业标准(试行)》在幼儿保育和教育的态度与行为部分指出:幼儿教师要"重视自身日常态度言行对幼儿发展的重要影响与作用"。具体而言,幼儿教师的言行举止文雅表现为:园内要讲普通话,公共场合不大声喧哗嬉笑;待人接物要真诚热情、谦恭有礼,接待家长和来宾要稳重大方;参加公开场合活动和会议要仪容端庄,自觉维护幼儿教师形象;爱护公物、节约水电、保持工作场所整洁有序、文明进餐。

3. 心态平和乐观

教育家乌申斯基说:"只有在人格的直接影响之下来培养儿童并发展他的智力和品德。"可见,幼儿教师人格修养对幼儿人格发展有着重要的作用。《幼儿园教师专业标准(试行)》在个人修养与行为部分指出:幼儿教师要"富有爱心、责任心、耐心和细心。乐观向上、热情开朗,有亲和力。善于自我调节情绪,保持平和心态"。什么是平和乐观的心态?平和乐观的心态就是平静安详、遇事不急躁、能往好的方面去想的心理状态。幼儿教师拥有平和乐观的心态能给予幼儿更多积极主动学习和探索的机会,更有利于幼儿的成长。

那么,如何以平和乐观的心态与幼儿相处,促进其发展?

《幼儿园教育指导纲要(试行)》在实施部分指出:"教师的态度和管理方式应有助于形成安全、温馨的心理环境","教师应成为幼儿学习活动的支持者、合作者、引导者。教师应以关怀、接纳、尊重的态度与幼儿交往;耐心倾听,努力理解幼儿的想法与感受,支持、鼓励他们大胆探索与表达;善于发现幼儿感兴趣的事物、游戏和偶发事件中所隐含的教育价值,把握时机,积极引导;关注幼儿在活动中的表现和反应,敏感地察觉他们的需要,及时以适当的方式应答,形成合作探究式的师生互动"。

幼儿教师要自觉加强内在修养,在纷繁的社会环境、辛劳的保教工作中修炼平和乐观的心态,做幼儿人生启蒙的导师。

(三) 勤学乐思,做有智慧的教师

西方先哲苏格拉底是有教育智慧的,他说:"教育不是灌输,而是点燃火焰。""逆境是人类获得知识的最

① [苏]马卡连柯. 论共产主义教育[M]. 刘长松,译. 北京:人民教育出版社,1979:444.
② [英]洛克. 教育漫话[M]. 傅任敢,译. 北京:人民教育出版社,1957:72.

高学府,难题是人们取得智慧之门。"我国古代大教育家孔子是有教育智慧的,他提出"己所不欲,勿施于人"的为人之道,"学而时习之"、"温故而知新"、"三人行,必有我师焉"的学习之道,以及"不愤不启,不悱不发"的教学方法之道。幼儿教师只要热爱学习、善于思考,也可以在长期的教育实践中积聚智慧,成为具有教育智慧的教师。

1. 热爱学习

孔子言:"学而不厌、诲人不倦。"《幼儿园教师专业标准(试行)》在个人修养与行为部分指出:幼儿教师要"勤于学习,不断进取"。《幼儿园工作规程》第六章第 35 条指出:"幼儿园工作人员应热爱幼儿教育事业,爱护幼儿,努力学习专业知识和技能,提高文化和专业水平。"所谓学习是指通过教授或体验而获得知识、技术、态度或价值的过程,从而引起可量度的稳定的行为变化,更准确一点来说是建立新的精神结构或审视过去的精神结构。学习是幼儿教师专业成长的动力和源泉。科技进步推动社会发展,今天的学生已经不同于以前的学生,随着家庭结构的变化,养育子女的观念也在悄悄产生着变化,独生子女、留守儿童、离异家庭、网络文化等等社会现象,带来新的教育问题。因此,幼儿教师不仅需要学习,更需要主动学习,热爱学习,让学习成为习惯,促使我们不断获得解决问题的办法。同时,幼儿教师对学习的热情和态度将会潜移默化地影响幼儿,有利于培养热爱学习的孩子,促进其发展。只有热爱学习,幼儿教师才能成为有教育智慧的老师。

2. 善于思考

孔子言:"学而不思则罔,思而不学则殆。"所谓思考是指针对某一个或多个对象进行分析、综合、判断、推理等思维活动。在哲学上是这样定义的:思考就是主体将其在实践活动中获得的感性材料在头脑中加以去粗取精、去伪存真、由此及彼、由表及里的改造制作过程。只有通过这一改造制作,才会使感性认识上升到理性认识。幼儿教师的思考,包含两个方面:一是基于观察基础上判断和分析,一是基于实践基础上的反思和总结。具体来说,幼儿教师要在平时的教育教学工作中留心观察幼儿的行为表现和教育现象,及时收集信息进行判断和分析,解读幼儿的所思所想和教育现象背后的意义。同时,幼儿教师要对自己日常的教育行为有所反思,勤于总结,通过文字的方式及时呈现出来,促进下一步深入地思考。

《幼儿园教师专业标准(试行)》基本理念的能力为重部分给出了具体实施建议:幼儿教师要"把学前教育理论与保教实践相结合,突出保教实践能力;研究幼儿,遵循幼儿成长规律,提升保教工作专业化水平;坚持实践、反思、再实践、再反思,不断提高专业能力"。幼儿教师只有乐于思考、善于思考,才能逐渐总结提炼出自己的教育智慧,成为有智慧的教师。

3. 坚守理想

教育家苏霍姆林斯基说:"十分重要的是,关于祖国的豪言壮语和崇高理想在我们学生的意识中不要变成响亮的然而是空洞的辞藻,不要使它们由于一再重复而变得黯然失色、平淡无奇。让孩子们不要去空谈崇高的理想,让这些理想存在于幼小心灵的热情激荡之中,存在于激奋的情感和行动之中,存在于爱和恨、忠诚和不妥协的精神之中。""人类的精神与动物的本能区别在于,我们在繁衍后代的同时,在下一代身上留下自己的美、理想和对于崇高而美好的事物的信念。"何谓理想? 理想是人生的奋斗目标,是人们对未来的一种有可能实现的想象。《幼儿园教师专业标准(试行)》在基本理念的师德为先部分指出:幼儿教师要"热爱学前教育事业,具有职业理想,践行社会主义核心价值体系,履行教师职业道德规范,依法执教,关爱幼儿,尊重幼儿人格,富有爱心、责任心、耐心和细心;为人师表,教书育人,自尊自律,做幼儿健康成长的启蒙者和引路人"。可见,职业理想是支持幼儿教师履行职责、实现专业发展的核心动力,它促使幼儿教师不断进取,逐步胜任幼儿健康成长的启蒙者和引路人。

目前,社会上存在凡事都谈现实利益的现象。在信仰缺失、道德滑坡的现阶段,幼儿教师更要呼唤教育理想、坚守教育信念。从大的方面来说,为社会积极正面的导向助力,从小的方面来说,为自我职业规划和发展提供明确的方向和支持。

总之,坚守理想,可以成就有教育智慧的幼儿教师。有教育智慧的幼儿教师一定在内心深处怀揣着美好的教育理想,不懈地在努力、在坚守。

讨论

　　妈妈把丫丫从幼儿园接回家,刚进门就发现丫丫和往常有些不一样。"丫丫,去洗手!"妈妈又催了丫丫一遍,可是丫丫还是坐在沙发上低着头看手。妈妈轻轻走上前,看到了丫丫的10个手指甲全变成了彩色的了,禁不住叫了起来:"啊!"丫丫惊讶地抬起头,然后笑着对妈妈说:"好看吗? 妈妈! 我下午玩美工区活动的时候悄悄用水彩笔涂上去的。"妈妈已经忍不住了,涨红了脸,高声叫起来:"水彩笔有毒的啊,涂成这样,多难看啊!"丫丫委屈地叫起来:"好看好看,我们大二班的王老师就是这样的!"妈妈忽然想起来,说的没错,丫丫班上的王老师手指甲就是经常涂满指甲油的! 她一时间居然说不出话来。

　　思考:请你就以上案例谈谈自己的看法。

第六节　终身学习

一、终身学习的基本内涵

　　什么是终身学习? 通俗地说,就是"活到老,学到老"。从呱呱落地的婴儿到拄着拐杖的老人,人的一生中无时不刻不在学习中,学习吃饭、学习走路、学习一切需要立足社会的本领。大教育家孔子说:"学而不厌","发愤忘食、乐以忘忧,不知老将至"。1994 年,联合国教科文组织及其他有关国际机构在罗马举行"首届世界终身学习会议",终身学习在世界范围内形成共识。罗马会议给终身学习定义:"终身学习是通过一个不断的支持过程来发挥人类的潜能,它激励并使人们有权利去获得所需要的全部知识、价值、技能与理解,并在任何任务、情况和环境中有信心、有创造性和愉快地应用它们。"简而言之,终身学习就是指社会每个成员为适应社会发展和实现个体发展的需要,贯穿于人的一生的、持续的学习过程。

　　《中小学教师职业道德规范(2008 年修订)》中是这样描述"终身学习"的概念的:崇尚科学精神,树立终身学习理念,拓宽知识视野,更新知识结构。潜心钻研业务,勇于探索创新,不断提高专业素养和教育教学水平。终身学习在指导教师处理自己与业务学习的关系上提出了职业道德要求。

　　终身学习的思想也是《幼儿园教育指导纲要(试行)》的基本指导思想,渗透在全文之中。《幼儿园教育指导纲要(试行)》中明确指出:"幼儿园教育是基础教育的重要组成部分,是我国学校教育和终身教育的奠基阶段",要为"幼儿一生的发展打好基础"。幼儿教育已经融入终身学习的理念,作为幼儿教师我们更应该自觉要求自己终身学习。《幼儿园教师专业标准(试行)》在基本理念部分的第四条这样写道:"终身学习,学习先进学前教育理论,了解国内外学前教育改革与发展的经验和做法;优化知识结构,提高文化素养;具有终身学习与持续发展的意识和能力,做终身学习的典范。"

　　因此,幼儿教师的终身学习的内涵有两层含义:一是教师坚持终身的自我学习,二是教育幼儿要有终身学习的理念。终身学习是幼儿教师持续获得专业提升的动力和源泉,幼儿教师要自觉主动地学习,使自我的专业水平不断提高,从而能胜任幼儿教师工作,继而成为优秀的幼儿教师。

二、终身学习的价值意义

过去，人们常说"给学生一碗水，教师得有一桶水"。现在，随着社会进步、时代发展，教师不能仅仅只有"一桶水"了，而是要成为"活水源头"，终身学习是教师必备的素养和能力。在幼儿园，常常能听到教师这样的评价："现在的孩子真是一届比一届聪明、机灵，难带多了！"可见，新时期产生新问题，终身学习是时代给教师提出的新要求。那么，幼儿教师为什么要终身学习？具体归纳为以下几点：

其一，只有终身学习，幼儿教师才能满足幼儿不断变化的成长需要。

心理学表明：学前儿童处于身心发展变化迅速时期。《幼儿园教育指导纲要（试行）》中指出："幼儿园应为幼儿提供健康、丰富的生活和活动环境，满足他们多方面发展的需要"。幼儿教师只有通过不断学习，才能将教育理论和实践紧密联系、相互融合，为幼儿在不同的发展时期提供适宜的支持和保障。同时，社会环境、家庭结构、生活方式等因素的改变，正在对幼儿成长发生着影响，并不断出现很多新的教育问题，如，单亲家庭、祖辈家长、留守儿童、兴趣班、网络游戏等。以后随着社会发展、环境变化，新的教育问题仍然会层出不穷。幼儿教师只有借助不断学习，才能顺应幼儿的发展变化，及时应对幼儿成长中的变化，给予家长科学合理的帮助和指导，共同促进幼儿身心健康和谐地发展。因此，幼儿教师必须终身学习，只有学习才能满足幼儿不断变化的成长需要。

其二，只有终身学习，幼儿教师才能实现自身专业成长。

德国著名教育家第斯多惠指出："教师本身必须在自己的工作岗位上努力促进真正的文化教育事业，进行终身自我教育，这对教师来说是一种义不容辞的神圣职责。"①在柳斌先生主编的《中国著名特级教师教学思想录》中，诸多特级教师的自述无一不提到将终身学习作为自己的终身追求，在自强不息中超越自我，实现自我发展。《幼儿园教师专业标准（试行）》在专业能力部分的反思和发展一项中指出：教师要"主动收集分析相关信息，不断进行反思，改进保教工作"，"针对保教工作中的现实需要与问题，进行探索和研究"，"制定专业发展规划，不断提高自身专业素质"。以上内容突出了幼儿教师终身学习的重要性，明确了终身学习的内容、途经和方法。可见，幼儿教师只有终身学习，才能真正实现自我发展。

其三，终身学习是社会对各类从业人员提出的新要求，是时代发展总的趋势。

世界经济社会在飞速发展，终身学习的教育思想已经为越来越多的人所接受，由终身学习引发的终身教育既包括家庭教育、学校教育，也包括了社会教育。可以这么说，它包括人的各个阶段，是一切时间、一切地点、一切场合和一切方面的教育。其实不仅教师需要终身学习，各个行业的专业技术人员也有严格、系统的继续教育支持员工终身学习，以此提供给在职人员知识技能方面的更新、补充、拓展和提高，提高职业创造力和专业技术水平。如，医生护士、财会人员、工程师等诸多行业，都有严格的培训制度和评价学习效果的机制。可见，终身学习是社会对各类从业人员提出的新要求，是时代发展总的趋势，更是幼儿教师职业道德的重要内容和操守。因此，作为社会精神文明建设的先锋和表率，幼儿园教师必须做到终身学习。

三、终身学习的践行要求

《幼儿园教师专业标准（试行）》在实施建议中指出：要"制定幼儿园教师专业发展规划，注重教师职业理想与职业道德教育，增强教师育人的责任感与使命感；开展园本研修，促进教师专业发展"。"幼儿园教师要将'专业标准'作为自身专业发展的基本依据。制定自我专业发展规划，爱岗敬业，增强专业发展自觉性；大胆开展保教实践，不断创新；积极进行自我评价，主动参加教师培训和自主研修，逐步提升专业发展水平。"可见，学习使得刚步入工作岗位的新教师自信、自强，能够快速适应工作；学习让青年教师插上理想的翅膀，"站在巨人的肩膀上"，看得更远；学习能让工作多年的资深教师摒弃职业倦怠，在孜孜不倦、渴求真知的过程中

---

① ［德］第斯多惠.德国教师培养指南［M］.袁一安，译.北京：人民教育出版社，2001：25.

不断发现自己内心的力量;学习成就了自己的未来,让职业生涯变得充实有趣,学习把我们教师的职业变成了一生的事业。

那么,幼儿教师具体怎样做到终身学习? 可以归纳为以下三个方面:

(一) 树立终身学习的理念,形成终身学习的态度和习惯

德国教育家第斯多惠说:"教师必须明确地认识道:(1)凡是不能自我发展、自我培养和自我教育的人,同样也不能发展、培养和教育别人。(2)教师只有先受教育,才能在一定程度上教育别人。(3)教师只有诚心诚意地自我教育,才能诚心诚意地去教育学生。"①可见,树立终身学习的理念、形成终身学习的态度和习惯很重要。具体从两个方面来做:

1. 树立终身学习的理念

"树立终身学习的理念,就是要求中小学教师既要把终身学习作为职业的必然需要,又要把终身学习作为自己的终身追求。"孔子所言"学而不厌"是指"学习永远没有满足,这既是孔子对自身一生从教不断学习的概括与总结,又是孔子对从教者提出的第一要求"。②《幼儿园教师专业标准(试行)》的基本理念之一就是"终身学习"。著名教育家廖世承先生说:"治教育者,至少须具三种资格:(1)略谙教育原理;(2)具有实验精神;(3)有恒心。三者缺一,即不能收到美满之效果。"③因此,幼儿教师必须树立终身学习的理念,才能胜任自己从事的教育教学工作,更好地促进幼儿发展。

幼儿教师树立终身学习的理念表现在:一是自己要有主动学习的愿望和行动,并坚持让学习伴随自己一生的教育事业。二是要在教育幼儿的过程中渗透终身学习的理念,促使幼儿将来能够具备终身学习的愿望和能力。

2. 形成终身学习的态度和习惯

鲁迅说他"只是把别人喝咖啡的时间用在了读书上"。他还说,"时间就像海绵里的水,只要愿意挤总会有的。事实上,一个人如果养成了主动学习的习惯,他就永远不会抱怨时间不够用,因为随时随地,只要有空闲,他首先想到的事情总会是学习,这样就能把零散的时间都利用起来"。幼儿教师形成终身学习的态度和习惯,是指幼儿教师对学习持有积极主动的愿望,并能固定成长期的一种行为表现和生活方式。当学习成为教师一直坚持的兴趣爱好和生活方式的时候,可以说就已经形成了终身学习的态度和习惯。

　　南京市鼓楼幼儿园崔俐玲园长就是一位幼儿教师终身学习的楷模。幼儿教育家陈鹤琴老先生创办了中国第一所幼儿园——南京市鼓楼幼儿园,在这样一所有着悠久历史的幼儿园里,崔俐玲老师从一名普通的幼儿教师成长为名园园长、特级教师、省人民教育家培养对象,崔老师多年以来一直坚持的好习惯就是"读书"。在幼儿园读书,在家读书,出差路途上读书,等待开会时读书,什么时候都能看到崔老师捧着书本,静静地看书、思考。崔老师不仅自己读书,更带动老师和幼儿一起读书学习,推动了幼儿园不断发展。

(二) 了解多种形式的职后培训,在各类研训中提升专业能力

"学习,是教师专业发展的根本途径,每个优秀的教师可能有各自不同的优势与专长,但有一点肯定是一致的,那就是主动学习。学习已成为他们迫切的、发自内心的需要。"④学习不必局限于读书,它的方式应该是多种多样的。幼儿教师要了解多种形式的职后培训,积极参加各类培训,主动且认真学习,努力在各类研训

---

① [德]第斯多惠. 德国教师培养指南[M]. 袁一安,译. 北京:人民教育出版社,2001:25.
② 王毓珣,王颖. 教师新师德六项修炼[M]. 重庆:西南师范大学出版社,2009:205.
③ 汤才伯. 廖世承教育论著选[M]. 北京:人民教育出版社,1992:119.
④ 叶岚. 幼儿园新教师导读[M]. 北京:高等教育出版社,2011:85.

中提升专业能力。

1. 师徒结对

通常，在每年的教师节幼儿园都会有一项重要的仪式就是师徒结对。师徒结对，即刚参加工作的新教师拜本班资深班组长教师为师傅，师徒二人签订《师徒协议》，此后，师徒二人教学相长共同进步，这是新教师上岗的第一课。正是在这个"传、帮、带"的过程中，幼儿园的特色得到传承，师傅帮徒弟，也带出了徒弟，徒弟也就成长为新的师傅了。但是，经常会看到同一个师傅，带出的徒弟两个样，有的很快就成长为骨干教师，而有的就在沉默中变得更加沉默。这种结果，除了师傅和徒弟配合情况以外，与徒弟自身的专业基础、学习动机、态度、坚持性等因素有很大关系。

目前，幼儿园的师资力量都有很大的提升，准入进编教师都是在校优秀大专生、本科生甚至研究生，但幼儿园在职教师的学习也从未停止，大多在职教师的学历进修也基本达到本科学历。因此，每位新教师上岗后要将自己的心态及时归零，要谦虚地对待在园的每一个前辈，要尊重自己的师傅和所有帮助自己的同事。师徒结对，不同于学校里大学生跟导师学习，师徒结对的学习形式既没有特定系统的课程和导师上课，也没有课后作业和卷面考试，师带徒的学习形式，实际上就是立足实践经验层面"边做边悟"、在"做中学"的过程，新教师要端正态度和思想，适应这种特殊的学习形式。

俗话说：师傅领进门，修行看个人。师带徒结对的形式给刚入职的新教师提供了良好的继续学习的平台，能否借助这个平台不断增长才干，要看新教师自己是否努力。新教师要以平常之心待己，以好学之心待人，不断丰富自己理论和实践知识，更好地帮助支持幼儿健康、快乐成长。

2. 园本研训

园本研训就是幼儿园根据本园课程和教师队伍发展的实际情况，有目的有计划地制定一系列教师研讨、培训计划，以便更好地促进在职在岗的幼儿教师专业成长、提升幼儿园课程特色，最终促进幼儿全面和谐发展的教师职后培训。

园本研训有多种形式，一些办学规范的幼儿园，每学期都会根据本园的课程特色和课题研究内容，设置若干个教研组或课题组。这些组每学期围绕一个专题展开研讨、教研课观摩讨论及总结，不同年龄层次的新老教师在每次研讨中进行观念碰撞，完成自己知识经验结构的重组，获得不同程度的专业提升。有的幼儿园，工作1—3年的新教师比较多，通常还会成立青年教师组。青年教师组会聘请有经验的骨干教师担任组长，青年教师们就会在组长的带领下展开教学基本功演练、各领域教学法的练习，这些有针对性的活动能够帮助青年教师快速地适应幼儿教师工作。

教师业务学习是常见的园本研训的一种形式，通常是由业务园长组织、全园教师参加的集中学习，涉及到教育教学相关的理论、实践策略，幼儿发展等各个方面内容。教师业务学习对教师日常教育教学工作有具体、针对性的指导。这样的全园性质的培训还有由年级组长主持、指向于课程实施的年级组备课，由行政园长、书记组织的，指向于教师政治思想建设的政治学习等等。

幼儿教师要了解不同形式园本研训的价值和意义，合理安排协调好工作和学习的时间，通过在园的职后培训不断提升自己，增长专业素养和能力。

3. 各级研训

一般来说，新教师上岗后的继续学习都会得到相关培训部门的关注和支持。通常，各县、区教师发展中心的培训会从暑期开始，给分到各园的新教师安排上岗前的专门培训，简称为"岗培班"。"岗培班"会请幼儿园的园长谈谈新教师工作规范，请骨干教师来谈谈自己的成长经历，请教研室的研训员给新教师讲座，一般为普适性的话题，如"《幼儿园教育指导纲要》解读"、"《3—6岁儿童学习与发展指南》解读"等等，这些学习能帮助新教师尽快适应工作。

同时，县、区级以上各级部门会组织国家、省、市、区级的各类研训班，为工作三年以上的成长中的骨干教师提供高品质的学习内容。如，骨干教师国培班、特级教师后备班，各专题内容的暑期班等等。另外，省市级有教师专门的培训网站,教师在相关网站上注册后就能自主选择需要的专题讲座或者教学活动进行学习。网络培训也会是我们职后培训的好途径。以上这些职后培训的学习经历会以继续教育学时的方式记录下来,作为今后新教师评聘职称或者争取高一级专业称号的必须条件之一。

可见,各级部门为幼儿教师的职后培训、终身学习提供了强有力的支持和帮助,并形成制度确保教师能够不断学习。幼儿教师要适应这种与学校不一样的职后培训的学习方式,既要有积极主动的学习态度,也要有见缝插针的学习技巧,更要有持之以恒的学习品质。幼儿教师要把终身学习的信念融于观念和行动中,珍惜宝贵的学习机会,有效利用业余时间快速提升专业能力,以便能够尽快胜任本职工作。

4. 学历进修

目前,很多办学质量卓越的名园,都有新教师准入的硬性条件和规定,如前学历为学前教育专业本科允许进编;有一些幼儿园也适当放宽条件给学前教育大专学历优秀毕业生进编,但要求职后3年内完成本科学历进修。甚至在一些中高级教师职称评聘或者幼儿园提拔干部文件中也有明确规定,如本科后5年允许申报高一级的职称。可见,社会对幼儿教师的专业素养要求越来越高,幼儿教师要通过各种途径的进修提升学历层次,让终身学习成为自发的一种意识并采取积极进取的行动。

通常,社会给在职的幼儿教师提供了多种形式的学历进修的途径,如各高校的函授大学、广播电视大学、教育部门组织的学历进修的自学考试以及网络大学等等,我们可以根据自己在职工作性质和时间,找到合适自己的学历进修的方式。对于本科毕业生,还可以参加社会上的研究生考试,获得在职研究生的学习。很多幼儿园是支持新教师职后学历进修的,甚至制定了一些可以激励新教师学习的奖励制度,如拿到本科学历获得相应的奖励或者得到一部分学费的补助等等,以此提高幼儿园整体教师队伍的学历层次和专业素养。

总之,幼儿教师不要停下学习的步伐。因为,学习,只有学习才能帮助自己立足社会、实现发展,完善自我以及拥有更加美好的未来。因此,终身学习必须一直伴随着幼儿教师的职业生涯,它是不断支持教师成长的动力和财富。

(三) 善于在工作中向不同对象学习,在做中学,在做中教

在《幼儿园教师专业标准(试行)》专业能力部分的反思和发展一项中写道:幼儿教师要"主动收集分析相关信息,不断进行反思,改进保教工作","针对保教工作中的现实需要与问题,进行探索和研究","制定专业发展规划,不断提高自身专业素质"。幼儿教师如何做到以上内容,具备相关的专业能力?只有通过在日常工作中向不同的对象学习,并且在做中学,在做中教,才能使得专业能力不断得到提高。具体归纳为两个方面:

1. 善于在工作中向不同对象学习

幼儿教师在日常工作中经常会遇见不同的实际问题,也会接触到不同的人,这些问题、人和事,都是能引发学习的契机。幼儿教师可以向书本学、向同事学、向幼儿学、向家长学,不同的学习对象都可以成为解决问题的"好帮手"。

向书本学,书本的内容很广泛,幼儿教师通过阅读书本杂志,能了解到先进的教育理论和实践策略,可以和古今中外的教育家进行对话,获取教育智慧和灵感。向同事学,学习的方式很具体直接,能够快速解决实际工作问题,相互切磋还能增进与同事间的感情,形成学习研讨的共同体。向幼儿学,以实际行动践行了《幼儿园教育指导纲要(试行)》《3—6岁儿童学习与发展指南》的先进的教育理念,体现了教育哲学思想,能够帮助教师与幼儿之间建立平等尊重的师生关系。通过对幼儿的观察、学习,幼儿教师将会更加了解幼儿、发现幼儿成长中的"闪光点"。向幼儿学习是幼儿教师必须具备的教育理念和专业能力。向家长学,学习运用社会更广阔的资源来解决教育实际问题,学习通过沟通交流达成教育共识,共同为幼儿的发展谋求更大的可能性。幼儿教师要善于向不同对象学习,在工作中提高专业能力和综合素质。

2. 在做中学、在做中教

陶行知先生说"行是知之始，知是行之成"，他强调"教学做合一"。因此，幼儿教师在教学实践中要做到边做边学，边学边教，在"做中学、在做中教"，在教育实践中获得启发。冯晓霞教授在《〈幼儿园教育指导纲要（试行）〉解读》的《新〈纲要〉与幼儿教师的专业成长》一文中指出："反思的最重要的作用是能够促进教师的思考，使之更自觉地把理论和实践相结合，更理性地认识自己的教育实践。"可见，幼儿教师在学和教的过程中，要重视自我反思的能力。幼儿教师在教育实践中要养成及时反思、及时总结、及时提升的学习习惯，在发现问题、思考问题、解决问题的过程中实现自我教育和发展。

同时，幼儿教师只有做到终身学习，才能示范和引导幼儿终身学习。陶行知先生说，"要想学生好学，必须先生好学。唯有学而不厌的先生才能教出学而不厌的学生"，因此，幼儿教师在做中学、在做中教的学习态度和行为，能够在日常与幼儿相处的过程中深深地影响着幼儿，有利于贯彻《幼儿园教育指导纲要（试行）》"终身教育、终身学习"的理念，培养终身热爱学习的孩子。

讨论

又是一年开学季，今年的开学季比往年更热闹，因为分园的建成，金宝贝幼儿园新进了8名新教师。按照以往的惯例，教师节有一项重要的仪式就是师徒结对仪式。"刚参加工作的新教师为徒弟，本班资深教师即班组长老师为师傅，师徒二人签订《师徒协议》，从此，徒弟要虚心向师傅求教，学习做合格的幼儿教师。师傅要耐心关怀徒弟，在生活、工作、学习上要真诚地帮助徒弟，师徒二人教学相长共同进步。"在园长声情并茂的祝福声中，8对师徒携手签订好协议，园长颁发给师徒证书，师徒俩亲密地站在一起合影留念。

此时，徒弟小林老师心里想：没想到辛苦读书这么多年，还要跟个"师傅"做"小跟班"，这个师傅学历没我高、见识比我少、观念没我潮，你能教我什么？能有我大学研究生导师"牛"？

徒弟小包老师是应届优秀毕业生在园实习后留下的，她心里也在想：从今天开始，我要将自己的心态归零，一切成功都属于学生时代，而教师职业生涯才刚刚开启，需要重新努力。我不仅要尊重师傅，好好学习，有机会还要向其他资深老师学习，争取早日胜任工作。

问题：请你分析一下两位新老师的做"徒弟"的心态，如果是你做"徒弟"，你会怎样想？怎样做呢？

课后练习

一、选择题

1. 1989年11月20日联合国192个缔约国通过了一项有关儿童权利的国际公约是（ ）。

A.《儿童权利法案》　　B.《未成年人保护法》　　C.《儿童权利宣言》　　D.《儿童权利公约》

2. 在《中小学教师职业道德规范（2008年修订）》中指出："（ ）。忠诚于人民教育事业，志存高远，勤恳敬业，甘为人梯，乐于奉献。对工作高度负责，认真备课上课，认真批改作业，认真辅导学生。不敷衍塞责。"

A. 爱国守法　　　　B. 爱岗敬业　　　　C. 关爱学生　　　　D. 恪守师德

3. 幼儿教师关爱学生体现在要遵循幼儿（ ）实施教育教学，集体教学活动的时间不可过长，而且教学活动多以游戏情景、实物操作为主，辅以图片说明。

A. 个体差异　　　　B. 个性品质　　　　C. 身心特点　　　　D. 兴趣爱好

4. 幼儿教师的教书育人就是在生活中帮助幼儿学会（　　）基本技能,形成良好的行为习惯,建立起对周围世界探索的兴趣及积极的态度,塑造活泼开朗健康向上的性格。

　　A. 生活的　　　　　　B. 成长的　　　　　　C. 读书写字　　　　　D. 生存的

5. 在《幼儿园教育指导纲要(试行)》组织与实施部分指出:教师的"(　　)应成为幼儿学习的良好榜样",因此,幼儿教师必须做到为人师表,为幼儿成长起到良好的示范和表率作用。

　　A. 服饰装扮　　　　　B. 心态平和　　　　　C. 言行举止　　　　　D. 学习态度

二、判断题(对的打"√",错的打"×")

1. 爱国守法就是指幼儿教师对幼儿实施爱国主义和法律法规的启蒙教育。　　　　　　　　（　　）

2. 爱岗敬业是幼儿教师的一种职业情感,在只要心中有爱,做好分内的工作就是实现了这个规范要求。　（　　）

3. 幼儿教师对学生的关爱体现在重视培养良好的行为习惯和遵循幼儿身心特点实施教育教学,幼儿生长发育变化、疾病防治工作是保健医生的工作内容,教师不需要过于关注。　　　　　　　（　　）

4. 幼儿教师的教书育人应融入幼儿在园的生活中,从关注教学走向关注渗透在一日生活中的教育。　（　　）

5. 幼儿教师树立终身学习的理念表现在:教师自己要有主动学习的愿望和行动,并坚持让学习伴随自己一生的教育事业。幼儿阶段以游戏为主,暂时不需要接受这样的理念,到高中以后再接受教育。　（　　）

三、简答题

1. 什么是"爱国守法"? 幼儿教师为什么要"爱国守法"?

2. 什么是"爱岗敬业"? 幼儿教师应该怎样做到"爱岗敬业"?

3. 幼儿教师为什么要"关爱学生"? "关爱学生"可以从哪些方面践行?

4. 你认为幼儿教师应如何"教书育人"? 教什么样的"书"? 育什么样的"人"?

5. 什么是"为人师表"? "为人师表"对幼儿成长有什么重要意义?

6. 幼儿教师"终身学习"的重要性是什么? 可以通过哪些途径实现"终身学习"?

四、实训

1. 请你收集和幼儿教师相关的法律法规,将与自己工作密切相关的内容整理好,自制一本《幼儿教师法律法规小手册》。

2. 案例分析:

　　案例一:中班园部学期末测查,赵老师发现班上幼儿小丽测查情况很不好,表现在和老师交流时候眼睛不看老师,回答问题答非所问,操作活动自顾自玩耍,全然不顾现场老师的指令。然而在上学期及以前的测查过程中从未发生过这样的情况。赵老师回顾小丽小班入园以来的日常表现,小丽大多数时候是能够跟随老师和小朋友们正常活动,只有在最近时期经常有反常行为出现。

　　问题:如果你是赵老师,你会怎样想? 怎样做呢?

　　案例二:幼儿园每学期都会学习新操,然后进行各班早操的展示活动。每当这个时候,老师们都会很认真地带着孩子一遍又一遍地练习,有的时候甚至喊哑了嗓子。但是,班上总会有几个孩子就是做不好,老师就会利用一切的时间,比如区域游戏、户外活动的时间等,帮助他们练习。

　　问题:请你从"关爱学生"的角度谈一谈,老师们这样的做法好不好? 好在哪里? 不好在哪里? 为什么?

第五章

幼儿教师的职业道德实践

■ **学习目标**

1. 知道幼儿教师在日常工作中应该践行哪些职业道德规范。
2. 了解幼儿教师在日常工作中为什么要践行这些职业道德规范。
3. 将幼儿教师应该遵守的职业道德规范落实在自己的日常工作中。

案例

期待孩子的天空是繁星闪烁

还在幼儿师范学校读书时,刘南就已经从心底里热爱上幼儿教育这个职业了。和别的花季女孩一样,她也有着自己的希冀和梦想,那就是一个充满无限生机和快乐的儿童乐园,是一片适宜幼儿生长的希望的沃土。1993年,刘南带着这个梦想走出了幼师,来到了广州中六幼儿园,成为一名孕育幼芽、滋养花蕾的育苗人。从第一次给孩子讲故事,第一次教孩子唱歌、跳舞,第一次上公开课,第一次解决孩子的纠纷,第一次组织大班毕业会,第一次受表彰……到现在,刘南在业务上不断成熟,已锻炼成长为一名经验丰富、胜任各年龄班教学、颇受赞誉的骨干教师了。

她在工作中身体力行,对孩子们尽心尽责。她认真观察、记录每一个孩子的发展状况,理解孩子,尊重孩子,在师生间建立起平等友爱的关系。她坚持面向全体幼儿,根据个体差异,因材施教,促进每个孩子在不同水平上的发展。为了达到预期的教育效果,她虚心听取别人的意见,经常把教学计划改了又改,直到满意为止。

为了促进每个孩子更加完善地发展,她非常注重随机教育,只要是面对着孩子,她总是适时适当地引导、教育他们,如,在组织幼儿半天活动"我的小手真有用"的当天发生了这样的一件事:在幼儿如厕时,一名幼儿不小心摔倒了,这时,一位教师想去扶起他,刘南急忙说:"不要扶。"然后走到那个幼儿身边,鼓励道:"你用自己的小手一撑,肯定能站起来,你试试。"那个幼儿就照着她说的去做。"哎,站起来了。"刘南随即向他伸出了大拇指:"你的小手真有用,你也很勇敢。"那名幼儿看着刘南,本想哭的脸上却绽放出了笑容。

为确保万无一失,她严格注意工作中的细节,对孩子们细心照料,如,谁哪里不舒服,谁该吃药了,谁还要多测一次体温,谁该增减衣服,该督促谁多喝水……同时,她还注重及时与家长进行沟通和交流,在家园之间形成信息互通,以为幼儿提供更好的保育和教育。

面对扑面而来的幼教改革大潮,刘南认识到必须不断充实和提高自己。她利用业余时间进修,广泛地阅读有关书籍、报刊,学习儿童发展与教育理论,汲取其中的精髓,并融合、运用到自己的教育实践中。多年来,刘南老师在教科研上大胆探索,勇于开拓,设计了许多符合幼儿年龄特点的教学活动,摸索出不少改革经验。

怀着对幼儿的满腔热爱,本着对事业的一份执着,刘南不断激励自己,踏踏实实地工作,求真求美,取得了一个又一个可喜的进步。在广州幼教界,刘南已是小有名气。来中六幼儿园参观学习的客人,总是提出要到刘南的班上走走看看,听听刘南的课。成绩和赞誉使刘南老师享受到了成功的喜悦,但是,她并未因此止步,因为,成绩只是一个标志、一种象征,也仅属于过去。成绩并不是最终目的,她的耕耘和探索在于促进每个幼儿实质上的发展。正如她所说:"当在孩子的天空里,看到繁星闪烁的时候,不就是对我们幼儿教师最好的回报吗?"[①]

思考:刘南在职业道德实践方面有哪些值得我们学习的地方?

教师职业道德是调整教师在工作中与学生、家长、同事、社会等各方关系的行为准则。在幼儿教师的日常工作中,师幼关系、家园关系、同事关系是最为基本,也是最为重要的三类关系,而针对幼儿的保育和教育则是幼儿教师的主要工作内容。所以,当我们在探讨幼儿教师的职业道德时,还必须进一步讨论幼儿教师在处理这三对关系和面临这一主要工作时,应该践行怎样的教师职业道德,为什么要践行这些职业道德,以及怎样践行这些职业道德。这也就是本章"幼儿教师的职业道德实践"将要重点讨论的内容。本章节将结合教育部2012年2月颁布的《幼儿园教师专业标准(试行)》和当前社会中出现的幼儿教师职业道德缺失问题进行探讨,以厘清与幼儿教师日常工作中职业道德实践相关的若干问题。

链接[②]

维度	领域	基本要求
专业理念与师德	(一)职业理解与认识	1. 贯彻党和国家教育方针政策,遵守教育法律法规。 2. 理解幼儿保教工作的意义,热爱学前教育事业,具有职业理想和敬业精神。 3. 认同幼儿园教师的专业性和独特性,注重自身专业发展。 4. 具有良好职业道德修养,为人师表。 5. 具有团队合作精神,积极开展协作与交流。
	(二)对幼儿的态度与行为	6. 关爱幼儿,重视幼儿身心健康,将保护幼儿生命安全放在首位。 7. 尊重幼儿人格,维护幼儿合法权益,平等对待每一个幼儿。不讽刺、挖苦、歧视幼儿,不体罚或变相体罚幼儿。 8. 信任幼儿,尊重个体差异,主动了解和满足有益于幼儿身心发展的不同需求。 9. 重视生活对幼儿健康成长的重要价值,积极创造条件,让幼儿拥有快乐的幼儿园生活。
	(三)幼儿保育和教育的态度与行为	10. 注重保教结合,培育幼儿良好的意志品质,帮助幼儿形成良好的行为习惯。 11. 注重保护幼儿的好奇心,培养幼儿的想象力,发掘幼儿的兴趣爱好。 12. 重视环境和游戏对幼儿发展的独特作用,创设富有教育意义的环境氛围,将游戏作为幼儿的主要活动。 13. 重视丰富幼儿多方面的直接经验,将探索、交往等实践活动作为幼儿最重要的学习方式。 14. 重视自身日常态度言行对幼儿发展的重要影响与作用。 15. 重视幼儿园、家庭和社区的合作,综合利用各种资源。

① 张雪. 期待孩子的天空是繁星闪烁——记南粤优秀幼儿教师刘南[J]. 教育导刊;1999(2).(略有删节)
② 节选自中华人民共和国教育部2012年正式颁布的《幼儿园教师专业标准(试行)》.

续　表

维度	领域	基本要求
专业理念与师德	（四）个人修养与行为	16. 富有爱心、责任心、耐心。 17. 乐观向上、热情开朗，有亲和力。 18. 善于自我调节情绪，保持平和心态。 19. 勤于学习，不断进取。 20. 衣着整洁得体，语言规范健康，举止文明礼貌。

第一节　师幼关系中的职业道德实践

一、什么是"师幼关系"

儿童一出生便开始了与周围人群的交往，并伴随着各种交往形成一定的人际关系。在进入幼儿园之前，家庭是儿童最主要的成长环境。在与父母密切交往的过程中，幼儿与父母之间形成了最初的人际关系——亲子关系。在进入幼儿园之后，他们的生活步入了一个新的阶段，教师和同伴成为了幼儿主要的交往对象。在与同伴和教师的交往中，幼儿与同伴和教师之间形成了同伴关系和师幼关系。

所谓师幼关系，指的是幼儿教师与幼儿之间通过相互作用而产生的心理和行为方面的影响关系[1]。在幼儿园的众多人际关系中，师幼关系是最为根本，也是最为核心的一对关系。这是因为，师幼关系是幼儿教育中其他人际关系建立的基础，没有师幼关系，教师与家长之间的家园关系、教师与教师之间的同事关系等也无从谈起。

二、师幼关系与幼儿成长发展之间的关系

在幼儿的生活中，教师与幼儿家长一样，扮演着至关重要的角色，共同构成了幼儿所处的微观系统的一部分。这就意味着，当幼儿身处于幼儿园教育教学情境中时，师幼之间的关系是否建立，师幼之间关系的质量如何，将会对幼儿的当下生活和长远发展产生重要而深远的影响。这种影响主要体现在以下三个方面：

第一，良好的师幼关系有利于幼儿的心理健康和良好个性心理品质的形成和发展。良好的师幼关系为幼儿营造了一种安全、温暖、关爱、接纳的心理氛围，而这种心理氛围不仅满足了学龄前儿童的心理需求，也为其心理发展所必需，有利于幼儿获得安全感，而安全感的获得和建立正是幼儿良好个性形成和发展必不可少的重要条件。与此相反，如果师幼之间关系紧张、冷漠、疏远，缺乏亲密的情感联系和心理依恋，并长时间保持这一状态，那么幼儿就容易始终处于一种焦虑、不安、恐惧的状态，心理需求无法得到满足，因而很难获得必要的安全感，也就很难形成良好的个性心理品质，容易产生情绪障碍或问题行为。

第二，良好的师幼关系为幼儿的学习和发展提供了支持和保障。著名心理学家马斯洛的"需要层次理论"告诉我们，只有在低级需要得到满足或部分得到满足之后，高级需要才有可能出现。所以，只有当安全的需要、归属与爱的需要这些"低级需要"得到适当满足之后，人才会产生自我实现的"高级需要"。因此，只有

---

[1] 朱婷婷. 论幼儿园的师幼关系[D]. 呼和浩特：内蒙古师范大学，2013.

当幼儿感受到了安全、温暖、关爱和接纳,幼儿才会去与周围的环境、周围的事物接触和互动,进行探索和尝试,而与环境、与事物的相互作用,正是幼儿最重要的学习方式。从这个意义上说,良好的师幼关系,为幼儿提供了有利于其学习和发展的氛围,支持、鼓励并激发起了幼儿学习与发展的主动性和积极性,因而有利于幼儿在认知方面的发展。与此相反,处于低质量师幼关系中的幼儿,由于长期处于焦虑不安的心理状态中,无法将注意力集中在与外界环境的互动、对周围事物的探索上,因而也就无法进行相应的学习,获得更多的发展。从这个角度上说,良好的师幼关系是幼儿园教育教学活动顺利开展的重要保障。

第三,良好的师幼关系还对幼儿的社会性发展具有重要的促进作用。在良好的师幼关系中,教师对待幼儿的方式和态度,会潜移默化地影响幼儿对于他人的方式和态度,进而影响幼儿在与同伴交往过程中的主动性和态度。同时,在良好的师幼关系中,幼儿还能够通过观察和模仿,习得尊重、分享、关心、同情等亲社会性行为,并拓宽自身的社会认知,学习到一定的社会行为规范。同伴交往过程中的主动性,丰富的社会交往技能,对于社会行为规范的了解,这些都能够增进幼儿的社会交往能力,帮助幼儿更好地与同伴、与他人进行交往,且能够有效地迁移至幼儿今后的社会生活中,因而对于幼儿日后建立新的人际关系具有重要的影响。与此相反,处于低质量师幼关系中的幼儿,因为感受不到师幼交往过程中相互尊重、关爱、依恋的情谊,并且缺乏观察和模仿的对象,往往会出现人际交往上的障碍,不愿与他人交往或缺乏必要的人际交往能力。

三、师幼关系中的幼儿教师职业道德实践

从上文中我们可以看出,师幼关系与幼儿的成长和发展之间具有密切的联系,而只有良好的师幼关系才有利于幼儿的成长和发展。所以,作为幼儿教师,在面对幼儿和处理与幼儿之间的关系时,必须时刻铭记幼儿教师应该坚守的职业道德,并将这些职业道德要求和规范落实在自己的日常工作中,使自己与幼儿之间的关系更加和谐融洽。

(一) 热爱幼儿

"教育不能没有爱,没有爱就没有教育。"这句脍炙人口的名言道出了一个真理——教育根植于爱;教育的根基是爱。在众多的"教育之爱"中,教师对于学生的爱又是其中最为核心的一种爱。古今中外,许多教育家都非常重视教师对于学生的爱,并视之为教师最重要的美德之一。中国古代教育家孔子主张教师对学生要"仁爱";苏联教育家苏霍姆林斯基曾说过"热爱孩子是教师生活中最主要的东西","教育技巧的全部奥秘也就在于如何爱护儿童",并主张教师应该"把整个心灵献给孩子";高尔基也曾说过"谁不爱孩子,孩子就不爱他,只有爱孩子的人,才能教育孩子"。可以说,热爱学生是教师职业不可或缺的道德要求,而在幼儿教育领域中,热爱幼儿,关爱幼儿,则是幼儿教师重要的职业道德规范,是幼儿教师职业区别于其他任何一种职业的本质特征之一。

热爱幼儿,意味着对幼儿投入无尽的、不竭的爱,将自己的整个身心献给幼儿,真正地与幼儿建立起一种情感上的、心灵上的联系。幼儿教师对于幼儿的爱,既要有父母之爱的细腻、包容、无微不至、发自肺腑,同时又要以理性的方式和客观的态度去涵盖所有的幼儿和幼儿的一切。这就意味着,幼儿教师对于幼儿的爱应该与其他人对于幼儿的爱不完全相同,幼儿教师对于幼儿的爱更是一种带有教育意蕴的区别于一般人文关怀的"教育之爱",一种深沉的、理性的、明智的、广博的爱,而这种爱的情感不是泛泛而谈、凭空而来的,它来自于幼儿教师对于幼儿心理需求的自觉意识,来自于幼儿教师对于幼儿、对于童年期所特有的价值的珍视,来自于幼儿教师对于教育本质的体悟。

在我们当前的幼儿教育领域内,有一些幼儿教师在面对幼儿和与幼儿相处的过程中,往往没有能够很好地践行"热爱幼儿"这一学前教育从业人员重要的道德规范。有的教师对于幼儿的爱是一种口头上说说的爱,没有落实到为幼儿投入、为幼儿付出的实际行动上去;有的教师对于幼儿的爱是一种对于幼儿外形、相貌、言语、动作、穿着打扮的"喜爱",是一种肤浅的、感性的、短暂的爱,而不是幼儿教师应该怀有的那种深沉

而理性的爱;有的教师"心中有爱",但不愿与幼儿亲近,觉得这是件"很麻烦的事儿",因而将自己"束之高阁";还有的教师内心中"压根儿"没有对于幼儿的爱,情感麻木、冷漠,甚至与幼儿"形同陌路"。还有不少独生子女教师,其自身在成长的过程和所生活的环境中就是"集万千宠爱于一身"的"独苗儿",所以,当她们走上幼儿教师的工作岗位之后,依旧在"等待着别人给予她爱",等待着"被爱",而不知道要给予他人,特别是给予幼儿以爱。这些职业道德缺失问题都值得我们引以为戒。

(二) 尊重幼儿

从本质上说,幼儿与成人一样,都是"人",只是处于"人"的不同发展阶段而已,因而在整个社会当中,幼儿与成人处于同等的地位,拥有平等的人格。这就意味着,作为成人的幼儿教师与幼儿之间的关系,从本质上说,是平等的人与人之间的关系,是主体与主体之间的关系,是"我和你"的关系,而不是谁可以控制谁,谁可以主宰谁,谁隶属于谁的不对等关系。这一点绝不会因为幼儿年幼弱小而有所改变。幼儿与成人同属于"人"的事实决定了幼儿教师必须尊重幼儿,尊重幼儿的权利和幼儿的人格。而所谓的"尊重"也是一切教育的基础,是现代教育的基本价值尺度之一。

幼儿与成人同属于"人",因而也与成人一样,是权利的主体,和成人一样享有同样的社会地位和权利保障,这一点已经得到了 1959 年第十四届联合国大会通过的《儿童权利宣言》的公开肯定。在权利内容方面,1989 年第三十一届联合国大会通过的《儿童权利公约》将儿童所拥有基本权利概括为生存权、受保护权、发展权和参与权。生存权,主要指儿童有生命权、健康权和接受医疗关怀的权利。受保护权,主要指每个儿童都有免于被歧视、虐待和忽略的权利;孤儿、难民中的儿童等处境不利的儿童应受到特殊保护。发展权,主要指儿童有接受正规教育和非正规教育,并获得身心和谐、全面发展的权利。参与权,主要指儿童有参加家庭、社会和各种文化生活,并就与自己发展有关的事项提出意见的权利。对于学前教师而言,尊重幼儿的权利,不仅要维护和实现幼儿所拥有的诸多权益和权利,更要尊重和重视幼儿的权利主体身份。

幼儿虽然年龄小,思想不够成熟,但仍然是一个有着自己想法、意见、观点和情感的,具备能动性的个体,特别是,幼儿有着自己独特的,不同于成人的精神生活和行为方式,而这些都是幼儿独立人格的具体体现。法国著名教育家卢梭就曾说过,"儿童是有他特有的看法、想法和情感的,如果想用我们的看法、想法和情感去代替他们的看法、想法和情感,那简直是最愚蠢的事情"[①]。所以,作为幼儿教师,尊重幼儿的人格就是要尊重而不是鄙视幼儿的精神生活和行为方式,同时,理解、接纳、重视而不是讽刺、挖苦、歧视幼儿的想法、意见、观点和情感等。尊重幼儿人格还体现在抵制任何形式的体罚和变相体罚,这也正是幼儿教师的师德底线所在。

反观我们当前的幼儿教育实践,在教育教学过程中,有些教师没有耐心倾听幼儿说话,没有耐心等待幼儿操作;有些教师把个人的喜怒哀乐强加给幼儿,命令幼儿安静、闭嘴;有些教师用个人喜好,个人方便替代幼儿的想法和意见,替幼儿作决定、拿主意;还有些教师经常对幼儿使用命令式的语言、蔑视的语言,如"你给我快点吃!""你听得懂吗? 你明白了吗? 连这都不会!"更有甚者,对幼儿实施各种形式的体罚和虐待。这些不尊重幼儿现象的屡见不鲜,实际上反映出的正是幼儿教师职业道德水平的滑落。

(三) 平等地对待每一名幼儿

幼儿是"人",这意味着每一名幼儿都是"人",具有相同的属性,这是幼儿教师要平等地对待每一名幼儿的本质原因。正如我们成人千差万别一样,幼儿也不可能是"千人一面",所以,作为具有专业知识和具备专业精神的幼儿教师,我们必须承认这种个体差异性,尊重每名幼儿的不同之处,平等地对待他们。

具体来说,平等地对待每一名幼儿要求幼儿教师在日常工作中做到公平公正。首先,幼儿教师应该对所有幼儿一视同仁,"不以智力高低定亲疏,不以家庭出身分高下",特别是要避免在日常工作中对某一类幼儿,

---

① [法]卢梭. 爱弥儿(上)[M]. 李平沤,译. 北京:商务印书馆,1994:91.

如外貌姣好、能力较强、乖巧听话等,有意无意地偏爱,而导致对另外一些幼儿的不公正。其次,在教育活动中给予每一名幼儿基于其能力而言的平等的机会和资源,要避免无意识地给少数"教师眼中的好孩子"更多的"表现机会",而忽略了另外一些幼儿。最后,对幼儿的评价要公正客观,评价的原则是每一名幼儿在其原有发展水平上有所进步,要避免将不同发展水平的幼儿作横向的优劣比较,造成对幼儿自尊心和自信心的伤害。此外,当代幼儿教师还应该树立正确的性别观念,坚持男女平等,公正地对待男孩儿和女孩儿。

讨论

"老师,你不喜欢我!"

　　吃午饭的时候,我一边鼓励幼儿大口吃,一边用眼睛扫视整个教室。我发现诗诗的餐巾掉在了地上,便马上走过去帮她捡起来,此时,诗诗脸上带着一丝天真的笑,很美,我不由得俯下身亲了一下她的小脸蛋。还没等我起身,忽然听到身后传来一个小小的声音:"老师,你不喜欢我。"我转身一看,原来是顽皮捣蛋的恒恒。我不由得一惊:"你说什么?""我,我是说,你不喜欢我。""为什么这样说呢?老师爱班上所有的小朋友。"我忙解释说。他低着头说:"因为你没有亲过我。"我恍然大悟。看着他有点委屈又有点可怜的样子,我的心不由得一颤——他怎么会有这样的想法。我蹲下身子,认真地亲了他一下,问:"你怎么不大口吃?""吃不下。""你可是每天都不大口吃,都吃不下?""可今天我要吃完。""为什么?""因为老师好。""好?""因为你喜欢我!"

　　站起身,我回想起对恒恒的一贯态度。我原本以为终日板着脸,他都顽皮得上了天,要是对他好,他不来个孙悟空大闹天宫才怪。因为他不是乱扔东西,就是把东西踩坏,所以我每次都批评他。今天的事给了我深深的触动:那些顽皮的孩子容易受到不公平的对待,而且不容易得到老师的理解和关爱,不论谁做错了事,都会将责任推到他们身上。站在孩子的角度想一想,如果孩子的每一天都生活在犯错误、挨批评,再犯错误,再挨批评的循环中,他们会快乐吗?

　　思考:这则案例对你有什么启示?在日常工作中,教师应该如何对待那些所谓的"调皮捣蛋"的孩子,你有什么好的策略和方法?

第二节　家园关系中的职业道德实践

一、什么是"家园关系"

　　幼儿进入幼儿园后,家庭和幼儿园便以儿童为纽带联系了起来,这也就构成了家园关系。所谓家园关系,指的就是以家长为主体的家庭与以教师为代表的幼儿园之间的相互作用关系。

　　家庭对幼儿成长起着至关重要的作用,如果没有家长的密切配合、团结协作,幼儿园教育就难以达到理想的效果。因此,教师应在尊重、理解的基础上,积极与幼儿家长沟通交流,与幼儿家长相互配合,以促进幼儿的健康成长。

二、家园关系与幼儿成长发展之间的关系

　　布朗芬·布伦纳的生态系统理论告诉我们,发展的个体处于相互影响的一系列环境系统中,系统与个体

相互作用,影响着个体的发展。这一系列的环境系统包括微观系统、中间系统、外层系统和宏观系统四个层次。微观系统指的是个体活动和交往的直接环境。对于幼儿而言,微观系统包括家庭、幼儿园、邻里等,而不同微观系统之间的相互关系则构成了中间系统。布朗芬·布伦纳认为,如果微观系统之间有较强的积极联系,则个体的发展可能实现最优化,相反,微观系统间的非积极联系会产生消极后果。也就是说,家庭(父母)与幼儿园(幼儿教师)之间的联系越紧密,关系越积极,越有利于幼儿的发展,相反,家庭(父母)与幼儿园(幼儿教师)之间缺乏必要的联系,或者相互之间"背道而驰",则会对幼儿的发展产生消极的影响。苏霍姆林斯基也说过,"教师与家长作为并肩工作的两个雕塑家,有着共同的理念,并朝着一个方向行动。要知道,在创造人的工作上,两个雕塑家没有相互对立的立场是极其重要的"①。这充分说明,良好的家园关系对于幼儿的成长与发展具有重要价值和意义。也正因为此,幼儿教师在面对家长和处理与家长的关系时,应该严格地践行自己的职业道德要求和规范。

三、家园关系中的幼儿教师职业道德实践

新型的家园关系应该包含三个层次:首先,幼儿教师与家长在教育子女方面相互合作;其次,幼儿教师是家长在教育子女方面的引领者;最后,幼儿教师为家长教育子女提供服务。这三个层次的家园关系都对幼儿教师的职业道德实践提出了要求。

(一)以尊重的态度平等地对待每一位家长,寻求与家长的合作

家长是基本的教育者,孩子的成长是家长和教师共同的责任。家长将孩子送到幼儿园,不是其教育责任的转移,而是家长有幸在教育子女方面增加了专业的合作者。② 家长作为基本的教育者,决定了教师无法替代家长在教育子女上所处的地位和所扮演的角色;孩子的成长是家长和教师共同的责任,决定了教师与家长之间必须形成一种合力,形成一种合作关系。而这些都决定了幼儿教师在与家长交往的过程中,必须尊重家长,特别是尊重家长的基本教育者地位,平等地对待每一位家长,同时,积极寻求与家长之间的合作。

1. 尊重家长

尊重家长首先意味着幼儿教师要尊重家长的不同教育需要。每个家庭都有自己独一无二的家庭文化和育儿文化,再加之幼儿个体之间的差异,这些都决定了家长对于自己子女的期望,对于幼儿园教育的期望,对于教师的期望会有所不同。作为幼儿教师,不能因为家长的特殊需要或过多的要求而对家长产生不满或厌烦的情绪,更不能因此冷落或逃避这些家长,而是应该热情认真地听取家长的想法和意见,尊重每位家长的不同需求,从每个家庭的差异性特点出发,因家庭而异地开展日常工作。

其次,尊重家长意味着幼儿教师应该尊重家长在家园关系中所享有的正当的话语权。家长有权利对家园关系、家园互动等提出自己的意见和建议,但在实践中却经常出现"一边倒"的现象,即教师是绝对的权威,家园互动中的众多事宜都是教师说了算,家长没有"插嘴的份儿",只要接受和配合即可。这种做法不仅埋没了家长的主动性和积极性,也错失了凝聚起家园合力的良机。

最后,尊重家长还意味着要尊重家长对于幼儿园日常工作的知情权。幼儿教师应采用各种方式和方法,向家长告知幼儿在园的一日生活、学习情况;幼儿园大到一学年、一学期,小到一周、一天的教学活动安排;教师在幼儿保育与教育中所承担的责任,以及幼儿园内部相关政策的制定和实施情况等等。

2. 平等地对待每一位家长

平等对待每一位家长,首先意味着幼儿教师应该平等地对待自身条件不同的家长,即无论家长从事什么样的职业,具有什么样的文化程度,也不论家长的社会地位如何,经济条件怎么样,都应该一视同仁、不偏不

---

① [苏]苏霍姆林斯基. 给教师的一百条建议[M]. 周蕖,等,译. 天津:天津人民出版社,1983:139—140.
② 虞永平. 幼儿园课程中的家长参与和家长发展[J]. 学前教育研究;2006(6).

倚。其次,幼儿教师要平等地对待不同发展水平的幼儿的家长,不能因为幼儿的不同发展水平,幼儿在园的不同表现,对某些家长过度热情和迁就,而对另一些家长毫不客气,甚至以指责或训斥的方式进行家园沟通。最后,对于一些教师眼中所谓的喜欢"小题大做"、爱反映问题、十分挑剔的家长,幼儿教师也应该一视同仁,平等相待。

3. 寻求与家长之间的合作

幼儿的成长是家长和教师共同的责任,这说明,幼儿教师应该积极寻求与家长之间的合作,但这种合作不应该是一种应付,更不应该是一种"门脸工程"。同时,幼儿教师与家长之间的合作还应该从一种简单的、单向的"合作",走向一种双向的、沟通的、互补的,多层次的、全方位的、有深度的合作。作为幼儿教师,应该在日常工作中积极拓展,并努力创新各种家园合作的方式和渠道。例如,为家长提供有质量的了解幼儿在园一日生活,了解班级保育与教育的方式和途径(家长会、家长开放日、亲子活动、互动论坛等);支持家长深度地参与到班级建设与管理,班本课程开发与课程资源提供,班级教育教学活动开展中(家委会;家长义工——家长结合自己的职业、特长等,为幼儿提供相关的学习经验,丰富班本课程、节庆活动的组织与开展等);为教师了解家长的教育理念,家长之间相互交流育儿心得提供平台(家长沙龙、家长工作坊、家长访谈、家庭访问等)。这样的一些家园合作方式,有利于在幼儿教师与幼儿家长之间搭建起深度交往的桥梁,调动起家长的主动性和积极性,形成家园合力,共同促进幼儿的成长。

讨论

一天,小杰的父亲打电话向童老师"兴师问罪":"今天我家小杰在幼儿园里是不是又被打了?"隔着电话,童老师都能感受到小杰父亲的怒气。童老师竭力回忆起今天课堂上发生的事情,坐在小杰后面的融融不小心用脚碰到了小杰,周围的小朋友都证明融融是无意的。小杰的父亲根本不听老师的解释,执意要给孩子调班。童老师一时说服不了他,便决定当晚上门与小杰爸爸沟通。交谈中,小杰爸爸激动地说:"我十四岁时,同桌是个流氓,一直欺负我到十六岁,我不能忍受儿子小小年纪就受人欺负。"这时,童老师终于明白为什么在大家看来很小的事情,小杰爸爸却会如此紧张。想起小杰在幼儿园里的表现:每天都显得无所适从,特别喜欢告状,也没有什么朋友,童老师觉得这些都与父亲的影响有关,于是决定约小杰爸爸到幼儿园详谈。

第二天,小杰爸爸来的时候明显平静了很多,他没有再提调班的事,但提出了一个建议:要老师鼓励小杰学会自我保护。顽皮的孩子伤及他人只要说声"对不起"就没事了,而弱者却要长期忍受他们的行为,这是不公平的。童老师采纳了小杰爸爸的建议,并针对小杰的情况,对他进行了如何分辨是非的教育,帮助他和小朋友愉快交往。小杰多了很多朋友,自信心也明显增强了。

思考:这则案例对你有什么启示?当面临家长的"兴师问罪"时,你觉得幼儿教师应该怎么做?

(二) 树立服务意识,为家长提供便利

《幼儿园工作规程》第一章总则第 3 条明确规定,幼儿园的任务是实行保育与教育相结合的原则,对幼儿实施体、智、德、美诸方面的教育,促进其身心和谐发展。幼儿园同时为家长参加工作、学习提供便利条件。这就意味着,幼儿园担负着为家长服务、为家长提供便利的责任。因此,作为幼儿教师,应该牢固地树立起为家长服务的理念,竭尽可能地为幼儿和家长提供热情、周到、细致的服务。例如,主动联系家长,有事主动告知家长,遇事主动提醒家长,热情地对待家长的询问;事事多从家长的角度想一想,换位思考;"多想一步、早想一步,多走一步、早走一步",把事情做细、做深入、做扎实、做到家长的"心坎里去",为家长排忧解难,解除后顾之忧。

虽然"为幼儿家长参加工作、学习提供便利条件"早在 1996 年就已经得到了国家级法规的明确规定,但它并未深入到我们每一名幼儿教师的心里。在实践中经常可见,一些教师还固守着教师在教育中的地位至高无上的"老观念",将自己"束之高阁",使自己高高在上,缺乏服务家长的意识,也不屑于为家长提供相应的服务。这对于幼儿教师群体的职业道德水平从传统师德向现代幼儿教育从业人员专业伦理转变是十分不利的。

(三) 廉洁从教,独善其身

教师职业道德规范明确要求:为师者应当以德为重,廉洁自律。公平公正地对待每一名幼儿,给予幼儿适宜的保育和教育,为幼儿付出时间和精力,这些都是幼儿教师的职责所在和分内之事,绝不应该成为教师接受家长馈赠或宴请的理由和向家长索要财物或报酬、请家长"办事"的筹码。家园沟通、家园合作、家园共育为幼儿健康发展所必须,是幼儿教师本着良心、爱心、责任心对幼儿的自觉付出,决不应该成为一种"交易"、一种商品交换的过程。

相对于幼儿家长,幼儿教师在教育学龄前儿童方面拥有更多的专业知识、技能和经验。所以,在家园交往的过程中,幼儿教师还在专业层面上扮演着引领者的角色——指导家长对子女进行更为科学、合理、适宜的教育。不仅如此,教师还对家长的道德生活具有引领作用。引领者的角色构筑起了教师在家长心目中专业而高尚的形象,但如果教师接受了馈赠或宴请,索要了财物或报酬,开口请家长办了事,那么,教师在家长心目中的这种形象也就被削弱了。一时的满足,却会对自己未来工作的开展产生诸多的负面影响。

总之,在日常工作中,幼儿教师应该自觉抵制社会中的不良风气,避免利益瓜葛,独善其身,维护幼儿教育领域内那一份特有的纯真。切勿让以促进幼儿更好发展为目的的"家园沟通"、"家园合作""变了味儿"。

讨论

一位幼儿教师和班里某位孩子的家长聊得比较多,当偶然听说这位家长能够买到便宜的正品进口奶粉时,想到自己正在吃奶的孩子,又想到和这位家长"非一般的关系",便以打折后的价格定期请这位家长给自己的孩子买奶粉。突然有一天,这位教师被那位"关系非同一般"的家长告到了园长室,原因是孩子午睡尿床了,可这位教师没有发现,导致孩子穿着湿裤子在幼儿园呆了一下午。家长在向园长投诉时,把帮这位教师买奶粉的事情也一并汇报给了园长。这位教师差点儿被幼儿园解聘了。

思考:这则案例对你有什么启示? 你觉得幼儿教师与家长之间保持一种什么样的关系,维持一种什么样的距离比较合适?

第三节 同事关系中的职业道德实践

一、什么是"同事关系"

所谓同事关系,就是指幼儿园中教师与教师、教师与领导、教师与其他教职工交往合作的关系,它是教师集体职业道德的重要组成部分。

幼儿教育是一项群体协调性很强的系统职业劳动,教师的劳动既是个体劳动,也是集体劳动。幼儿教师不仅是以个体的身份与幼儿交往,常常也是以团队、集体的形式与幼儿接触。因此,协调好教师之间的同事关系,建立起一个志同道合、充满活力的教师集体,乃是进行幼儿教育工作的基础。

二、同事关系与幼儿教师自身发展之间的关系

在幼儿园中,与幼儿教师交往最多的,除了幼儿和家长之外,就是幼儿园同事了。在实际工作中,幼儿教师长期处在一个同事交往的情境中,参与到小到一个班组、一个年级组,大到一个部门、一所幼儿园的集体当中,而这些大大小小的集体,则构成了幼儿教师工作和生活环境的一部分。所谓"近朱者赤、近墨者黑",环境对于身处于其中的个体的影响是巨大的,这同样也适用于幼儿教师这一群体。相处融洽、氛围和谐的同事关系,有助于幼儿教师身心愉悦,因而有助于幼儿教师全身心地投入到自己的日常工作中去,不仅有利于教师的心理健康,还有利于保障教师的工作质量。合理竞争、你追我赶、积极向上的同事关系,能够激发起幼儿教师无限的发展潜能,不仅有利于教师的专业发展,还有利于教师工作质量的不断提高。相反,勾心斗角、尔虞我诈、缺乏活力的同事关系,则很难使幼儿教师"出淤泥而不染",也很难使幼儿教师在专业发展上、在自我完善上获得更大的提升。从另一个层面上讲,教师良好的同事关系还会让幼儿从中受益。

三、同事关系中的幼儿教师职业道德实践

教师职业道德的作用之一在于调整教师之间关系。当今社会价值观多元复杂,社会成员个性张扬,因而彼此之间往往会因为需要、利益、行为方式等发生矛盾和冲突。教师群体也不例外。所以在当下,特别需要重申教师的职业道德要求、规范等,以调适教师群体中的相互关系,谋求更加和谐融洽、积极向上的同事关系,进而更好地促进教师自身和幼儿的发展。对于同事关系中的幼儿教师的职业道德实践,主要有如下要求。

(一) 尊重同事,接纳差异

尊重同事是调节幼儿教育从业人员集体中人际关系的重要道德规范。尊重他人意味着尊重他人所拥有的权利和所具备的独立人格。在日常工作中,幼儿教师首先要特别注意尊重同事的著作权、隐私权、名誉权等;不随意剽窃、抄袭同事的专业文章、教学案例等;不随意传播可能破坏同事原有生活秩序和家庭安宁的隐私;更不能随意造谣,恶意中伤他人。其次,幼儿教师还应该接纳不同教师之间的差异。对不同的交往方式、行为方式、生活方式、工作方式等,对不同的兴趣、爱好、追求等,甚至是对不同的教育理念、教育方式等,哪怕不认可、不赞同,但只要对幼儿的健康成长无害,对教育质量的保障无害,对幼儿园的长远发展无害,都应该秉持一种开放、接纳的态度,学会与差异"共处",避免用个人的喜恶,用自己的经验作为唯一的标准去评价别人,要求别人,避免将自己的想法强加于他人身上。在处理幼儿园同事关系的过程中,能否做到尊重同事,能否做到以开放的心态接纳同事间的差异,对于形成团结合作的集体至关重要,具有重要的道德意义。

(二) 团结合作,形成团队合力

对学生实施机构教育是一项宏大的系统性工程,不是某一位教师凭一己之力就能够办到的,需要教师之间的相互配合和协作。苏联教育家马卡连柯就曾经说过,"凡是教师没有集合成一个集体的地方,凡是集体没有统一的工作规定,没有一致的步调,没有一致的、正确的对待儿童的方法,那里不会有任何的教育过程,那里就应该有一个教师集体"。这充分说明在机构教育中,教师间团结合作的必要性和重要性。2005年1月教育部出台的《教育部关于进一步加强和改进师德建设的意见》中明确提出,要"提高教师的职业道德水平,大力提倡团结合作、协力攻关、共同进步的团队精神,努力发扬优良的学术风气"。这进一步说明,团结合作

是教师职业道德的重要内涵。

与其他教育阶段相比,幼儿园教育阶段以班级为教学单位,而承担某一个班级教学任务的通常是两名或两名以上的保教人员,且班级构成较为固定,班级与班级之间往往没有教师的交叉、重叠,这就决定了班组关系是幼儿园中最为基础的,也是最为重要的同事关系。所以,作为一名幼儿教师,必须首先处理好与班组同事之间的关系,而要处理好班组同事间的关系就必须牢固树立起与班组其他成员团结合作、相互配合的意识,并将团结合作、相互配合落到实处。具体说来,幼儿教师在日常工作中应该以一种包容、合作的心态去面对工作:班组同事遇到困难(例如孩子生病,外出参加赛课等)或处事不周到(例如家长工作没有做好等)时,多承担、多付出、多担待、多提醒,换位思考,不斤斤计较、牢骚满腹;在班级日常工作中遇到问题、挑战、困难时,遇到教育理念发生冲突、教育行为发生摩擦时,多与班组同事商量、讨论、交流,真诚地说出自己的立场和看法,认真地倾听他人的意见和想法,通过沟通和对话达成共识,避免误解;面临幼儿园安排或班级自己组织的大型活动时,尽职尽责地完成班组交代的任务,并力所能及地为班组其他同事排忧解难。这样一来,不仅有利于班组成员获得心理上的支持、知识上的共享和能力上的互补,形成班组的团队合力,有利于幼儿的健康发展,还有利于在家长面前树立起良好的班级口碑。

班组之外,在处理与幼儿园其他教师的同事关系时,幼儿教师也要学会团队合作。无论是在年级组中,在部门中,还是在整个幼儿园中,都应该与同事群体融洽相处,并顾全大局,从幼儿的利益出发,从幼儿园的全局出发,避免将个人利益凌驾于集体利益之上,搞个人主义和小团体主义。如果幼儿园中的每一名教师都能够心往一处想、劲往一处使,那么整个幼儿园中就会形成一股朝着共同方向前进的向心力、凝聚力,将所有的人拧成一股绳,而这股团队合力则会给幼儿园带来可持续性的发展。

(三)积极面对同事间有益的工作竞争,正确对待竞争结果

无论是在什么样的机构中,人与人之间的竞争总是难免的,而合理适度的竞争则是保持机构活力的重要因素。幼儿园也是如此。面对幼儿园中的诸多竞争,例如赛课、论文评选、评职称、竞争上岗等等,有些教师因为各种各样的原因选择了逃避:嫌麻烦,不愿意准备;不想显得自己的"野心勃勃",让同事对自己有意见、有想法;不想抢了同事的"饭碗",和同事的关系闹僵。但幼儿教师应该明白,逃避竞争无论是对于自己的专业成长和专业发展,还是对于维系积极向上的同事关系而言,都是十分不利的。具有专业精神和专业理想的学前教师,应该以开放、从容的心态接纳有益的工作竞争,积极地参与同事之间的竞争,并妥善处理好集体中竞争与协作的关系。

有竞争就一定会有所谓的"输赢"。"输"时,能大度地承认并欣赏他人的优点和成绩,同时尝试通过反思、对比、找差距等方法来有针对性地提高自己,切不可对他人讽刺挖苦,排挤孤立。"赢"时,能正确地对待自己所取得的成绩,并愿意总结经验,以帮助他人成长或进一步提升自己,切不可孤芳自赏、盛气凌人、狂妄自大。正确对待竞争结果,不仅有助于融洽同事关系,还有助于教师自身不断向着专业化的方向迈进。

讨论

如何缓解和同事的关系

问:我工作七年多了。凭借自己的努力,我逐渐成了园里的业务骨干,但与同事的关系却越来越紧张。问题出在哪里?是自己不对,还是别人的原因?我想不出答案,逐渐消沉了下来。更让我着急的是自己业务能力的提高速度也慢了下来。我该怎么办?

答:如何与同事形成融洽的关系?我以自己的经验给你几点建议:

第一，增强沟通的意识和能力。朋友，我想你可能把更多的时间和精力都用在了自己的业务上，而很少与同事交流，这使得他们不能很好地了解、认识你，同时，你对他们的了解也很少。彼此缺乏了解是很容易产生误解的。误解越来越深，彼此间的关系就越来越紧张了。作为一位逐渐走向成熟的教师，除了关注业务能力的提高外，还需要注重自身综合素质的提高，沟通能力就是其中很重要的一个方面。认识到这一点，就要多与人交流沟通，要在工作、生活中积累沟通能力和技巧。

第二，与大家共同成长。一个人的成长离不开周围同事、领导的帮助。如果没有大家的支持、信任，帮忙出主意，甚至代班、做教具，也就没有自己所取得的成绩。所以，我们应对周围人心存感激，也应为他们的成长出一份自己的力量。只要你真心给予，你的同事会不断进步，并会真诚待你，你对教师职业也会重新认识，并且会从内心感到充实和欢乐。

第三，学会忽视。成绩容易引来别人的嫉妒，有了成绩时也会出现不适当的表现，会给人一种盛气凌人的感觉。此外，在某些场合的一些不经意的言行，经过他人夸大也会令听者反感。因此，在取得成绩后，要保持一种低姿态——要谨慎，更要谦虚。对于非原则性的问题不要过于计较，要学会容忍。

思考：这则案例对你有什么启示？你对这名感受到同事关系紧张的教师还有什么好的意见或建议？

第四节　保教工作中的职业道德实践

一、对幼儿实施保育和教育是幼儿教师的主要工作内容

幼儿园的教育对象是幼儿。正处于人生初期的幼儿保护自身生命安全的能力、身体活动的能力，以及自我照料和独立生活的能力等都较弱，且缺乏生活经验，有时难以避免生活中的危险。这决定了以幼儿为教育对象的幼儿园担负着对幼儿的日常生活进行精心照料的责任。学龄前儿童虽然身心稚嫩，但这种未成熟状态恰恰预示着他们所具有的无限发展可能，而这种无限发展可能的实现并不完全仰赖于"自然成熟"，适宜的教育也对这种可能的实现起到了至关重要的作用。这就说明，以幼儿为教育对象的幼儿园还担负着对幼儿进行必要的知识启蒙和能力培养的责任。由此可见，幼儿园既承担着对学龄前儿童进行保育的责任，同时也承担着对学龄前儿童进行教育的职责，且两者居于同等重要的地位。而幼儿生活的整体性、不可分割性则决定了对幼儿所实施的保育和教育是不可能截然分开来的，也就是说，幼儿园所实施的保育和教育应该是相互结合、相互联系、相互渗透的。

幼儿教师是幼儿园中直接面对幼儿的人，是幼儿园日常教育工作的直接承担者和实施人。所以，幼儿教师的主要日常工作就是对幼儿实施保育和教育，且在实施保育和教育过程中，必须遵循保教结合、保教并重的原则。保教工作对于幼儿发展的重要价值，保教工作在幼儿教师日常工作中所占的分量，这些都决定了幼儿教师在保教工作中必须遵守一定的教师职业道德规范和要求，以维护自己的师德形象，提升教育质量，促进幼儿健康发展。

二、保教工作中的幼儿教师职业道德实践

(一)"懂"幼儿,并为幼儿提供适宜的保育和教育

链接

　　点心时间到了。我说:"我看哪一组小朋友坐得好!哪一组小朋友坐得好就请哪一组先去洗手,拿茶杯!"孩子们陆续坐好,我逐一点名,请大家按小组去洗手……之后,孩子们拿着自己的水杯又坐到了原来的位置上,开始等着保育老师和我一个一个地倒豆浆、发饼干。还没发到后面几组的孩子,班上就已经开始有点乱了。一个孩子忽然叫起来:"老师,我发现柜子底下有雪花片,我去够出来。"不等我回答,他就跑过去趴在地上伸手够。其他小朋友也趁机跑过去趴下。我忙说:"谁让你们离开位子了?快回来。"没喝完豆浆的几个孩子也端着杯子,伸着头往这边看。"老师,她的豆浆洒在我身上了。"告状的声音又响了起来,教室里顿时乱成了一团……

　　"懂"幼儿,一个简简单单的"懂"字却包含着无尽的深意。"懂"幼儿,首先意味着"懂"学前期幼儿身体和心理普遍存在的发展脉络、轨迹、规律、阶段,以及每一阶段的特点等。例如,教育部《3—6岁儿童学习与发展指南》中所提到的3—4岁末、4—5岁末、5—6岁末幼儿应该能够知道什么、能够做到什么、可以达到什么发展水平等,就是幼儿教师需要"懂"的一个具体内容。

　　其次,"懂"幼儿还意味着"懂"学前期幼儿作为一个群体所共有的学习方式、心理特点、心理需求等。例如,幼儿生来就有主动学习的能力,他们是通过与周围环境的相互作用,借助"摆弄"、"把玩"、操作、探究等方式进行学习的;幼儿具有强烈的求知欲和好奇心,而这种求知欲和好奇心则驱使着幼儿"不知疲倦"地与周围的环境进行互动;游戏是幼儿的本能和天性,幼儿的生活从本质上说,就是一种游戏着的生活,一种童话的、想象的、诗意的生活,借助于游戏,幼儿获得经验,同样还是借助于游戏,幼儿复演着自己的已有经历,内化着自己的已有经历,因而游戏还是幼儿重要的学习方式等等。

　　最后,"懂"幼儿还意味着了解不同幼儿个体之间可能存在的差异。幼儿群体在发展过程中普遍经历大致相同的阶段和程序,沿着大致相同的轨迹和路线,但就每一个"活生生"的幼儿个体而言,他们在实际的发展过程中,个体与个体之间在达到同一阶段的时间节点上,在具体的发展路径、发展模式等方面仍会存在不小的差异。这就决定了不同的幼儿个体发展的速率是不同的,发展的方式是不同,发展的状态也是不同的。

　　从另一个角度上讲,"懂"幼儿不能仅仅停留在"纸上谈兵"的层面上,再多的教材、书籍、资料都只是"引路人"。作为幼儿教师,一定要借助交往、倾听、观察等方式去弄"懂"自己眼前的这群孩子,使自己关于幼儿的知识和经验鲜活、丰满起来,这样才可谓是实实在在,真真正正的"懂"孩子。

　　中国人历来强调"知行合一"。所以,光是"懂"幼儿是远远不够的,"懂"幼儿只是前提和基础,关键还要将对于幼儿的认识、了解和把握与我们针对幼儿开展的保育和教育结合起来,使我们日常开展的保教工作以我们的教育对象——幼儿的身心特点为理由和依据,而不是成为"拍脑袋"、"想当然",从自身经验出发、从成人意志出发的所谓的"教育行为"。只有这样,我们所开展的保教工作才有可能是科学、合理、适宜,且有针对性的,才有可能真正有益于每一名幼儿的发展,而不是成为与幼儿身心规律和特点等相违背的、对其成长与发展造成"加速"、"拖延"或"扭曲"的所谓的"教育"。由此看来,"懂"幼儿,并据此对幼儿实施相应的保育和教育,实际上既是对幼儿教师提出的专业知识、技能方面的要求,也是幼儿教师重要的职业道德。

　　但在我们的幼儿教育实践中,情况却并非如此。对将汤、水等洒在衣服上,小便弄在裤子上、床铺上的幼

儿进行不留情面的批评；以所谓的安全、美观等理由，禁止幼儿触摸、"把玩"教室里的装饰品和教师制作好的摆件、墙饰等；用集体教学活动替代一周中本就为数不多的角色游戏时间、区域活动时间，即使玩角色游戏、进行区域活动也是"匆匆了事"、"走个过场"；集体教学活动中，教师采用"满堂灌"的教学方式，不允许幼儿动，不允许幼儿相互交流，甚至不允许幼儿上厕所；长期以集中授课的方式实施汉语拼音以及汉字读写训练、数字书写运算训练，以及外语认读拼写训练……这些"司空见惯"的场景，正是教师不"懂"幼儿，而导致的没有为幼儿提供科学适宜的教育和保育。

（二）为人师表，以身作则

幼儿园中经常能够见到这样的情景：教师边组织幼儿开展活动边看手机，上网或是发短信；教育幼儿要爱惜粮食，自己却把大口的饭菜丢进垃圾桶里；不允许没有穿运动鞋的幼儿参加体育活动，自己却脚踩着高跟鞋；要求幼儿在区域活动时保持安静，自己却与同事高谈阔论；还有的教师经常以"打别人的人活该挨打"等不当的语言作为口头禅……很显然，这些幼儿教师没有在日常保教工作中真真正正地实践为人师表的职业道德。

所谓"为人师表"，指的是教师应该在各方面成为学生和社会上人们效法的表率、榜样和楷模。[①] "为人师表"是对教师形象的高度概括，是对教师职业道德提出的最高要求，也是教师职业道德区别于其他职业道德的显著标志。中国自古就提倡教师应"为人师表"。万世师表孔子就很注重自己的言谈举止，他曾说，"其身正，不令而行；其身不正，虽令不从"，"不能正其身，如正人何"。寥寥数语，便点出了作为教师，为人师表、以身作则的必要性和重要性。

作为幼儿教师，践行为人师表、以身作则的职业道德显得尤为重要。这是因为，幼儿教师的教育对象——学龄前儿童具有好学习、爱模仿、有强烈的求知欲和好奇心，并且可塑性大的特点。同时在学龄前期，幼儿教师是幼儿心中的"重要他人"，幼儿在日常生活中会自然而然地产生对教师的"向师性"，即具有依赖、尊重、崇敬教师，乐意接受教师教导的倾向。所以，教师的一言一行、一举一动在幼儿的心目中都具有无可比拟的"权威地位"，都会成为幼儿不加选择的模仿对象，并最终真切地反映在幼儿的言行举止中。可以说，教师的思想、行为、作风和品质等，每时每刻都在感染、熏陶和影响着幼儿。

所以，幼儿教师必须树立起"大课程观"——不是只有集体教学活动、区域活动才是课程，不是只有写进教学计划的才是课程；对于幼儿而言，"一日生活皆课程"，幼儿在幼儿园的一切经历和经验都是课程。这意味着教师在对幼儿进行保教工作中的言谈举止、穿着打扮、行为作风等都是课程内容，且这一课程内容还具有长期性、稳定性、隐秘性的特点，因而都会对幼儿产生教育作用。而只要幼儿教师能够树立起"大课程观"，明确自己的所作所为会对幼儿产生的潜移默化的影响，就会自觉地为自己把好思想和德行的"关"，并在与幼儿的日常交往中做到衣着得体、言行得当、言行一致，为幼儿在方方面面作好表率和榜样。

讨论

让孩子成为你的镜子

最近我发现，班上出现了这么一个现象：当孩子们需要移动小椅子进行活动时，小瑾总是习惯用一只手拎着椅背拖行，或是把椅背夹在腋下，像挂拐杖一样一摇一晃地行走。这样很不安全，而且还有孩子跟她学。为此，我一方面在课堂教学中对这一行为习惯重新进行了指导，另一方面也在平时不断地进行强调和纠正，但收到的效果却差强人意，每次孩子们总是要在老师的提醒下才能改

---

① 刘济良. 幼儿教师职业道德 [M]. 上海：复旦大学出版社，2013：43.

变搬椅子的姿势。

在一次教学活动中,我要求孩子们把小椅子放在指定地点。有个别孩子的动作很慢,我担心影响教学时间,便伸手帮了一把。正当我一手一把地拎着小椅子时,小瑾突然开口说:"老师,要两只手搬椅子。"孩子们的目光一下子都集中到了我的身上,我一愣,马上把小椅子放了下来,用双手搬起了一把椅子。下课后,我在指导孩子们搬小椅子时,自己先用双手把小椅子搬了起来。不需要太多的语言,更没有平时的大喊大叫,孩子们安静地用规范的动作把小椅子搬到了指定地点,并且没有一个孩子拖椅子。

思考:这则案例对你有什么启示?你觉得幼儿教师还应该在哪些方面为幼儿作好表率和榜样?

(三) 怀着高度的责任心开展保教工作

幼儿教育是一项"良心"事业,需要从业人员怀着"良心",怀着高度的责任心去开展日常工作,并且要甘愿平凡,经得起时间和琐碎带来的倦怠。

提倡怀着高度的责任心去开展保教工作,不是要幼儿教师"不问三七二十一",只管一味地付出,而是主张幼儿教师应该更加理性地看待自己所从事的职业,从更深的层次上去认识自己所面对的教育对象的特殊性及其所具有的价值,以及自己所从事的保教工作的重要性及所担负的责任。

我们中国的传统文化是轻视"黄毛小儿"的,认为儿童不能劳作,没有智慧,又需要照顾,所以我们的文化提倡"快快长大",欣赏"少年老成"。但现代哲学、人类学、心理学等学科的研究都启示我们,幼儿并非"一无是处",并非就"低我们成人一等"。儿童有他自己的智慧,儿童口中问出的问题千奇百怪,几乎涉及所有的哲学领域,他们像哲学家那样思考。儿童具有强烈的求知欲和好奇心,而且喜欢动手动脑进行探究,这与科学家所具备的特质是一致的。儿童是艺术家,他们不受功利目的支配,他们的认识、想象、愿望和情感的表达,得到了众多世界著名艺术家的崇拜,比如瑞士画家保罗·克利、挪威音乐家布约克·沃尔德等。儿童心灵纯洁无瑕,他们对于生活、对于同伴、对于自然、对于社会的质朴的爱,恰恰是我们普通成人已经丧失了的东西,因而能够涤荡我们的灵魂。更有甚者,例如意大利著名教育家蒙台梭利,将儿童视为是"世界重建的力量"。蒙台梭利在其封笔之作《有吸收力的心灵》中就写道:"儿童具有一种未知的力量,这种力量可以引导我们进入美好的未来。"[①]由此可见,幼儿教师所面对的教育对象具有特殊性,且具有非比寻常的价值。

一个人的童年只有一次。童年期是人生发展最为迅速的阶段。童年期所拥有的诸多发展关键期,例如语言发展关键期、动作发展关键期等,一旦错过,想要弥补就需要付出加倍的时间和精力,因而需要牢牢把握。而早期兴趣的激发、习惯的培养、知识的启蒙等,都会对幼儿的未来发展产生巨大的益处。而幼儿教师凭借自己丰富的专业知识、技能和经验等开展的保教工作,就有可能帮助幼儿在关键期获得更好的发展,更好地激发他们的学习兴趣,培养他们的行为习惯,提升他们的知识和技能,从而对幼儿的一生有所裨益。此外,现代科学已经证明,童年期是如何度过的将会对人的一生产生重大的影响。例如,很多成年期的精神疾病、情绪障碍等都与童年期的某些经历、遭遇等有着重大的关联。美国 Head Start(开端计划)的相关研究进一步证明,只有高质量的学前教育才会产生长期效益,才能够对幼儿的当下和未来产生有益的影响,而以低质量运行的学前教育机构是不具有这一特征的。而从某种意义上说,幼儿教育机构的质量正是由幼儿教师日常保教工作的质量决定的,因而幼儿教师日常保教工作质量的高低对于幼儿的当下和长远发展有着重要的影响。这正如瑞典作家艾伦·凯所说的那样:"教育一个小孩,就等于把一个灵魂的生死之权握在手里。"由此可见,幼儿教师所从事的保教工作是重要的,其责任是巨大的。

---

① [意]玛利亚·蒙台梭利. 有吸收力的心灵[M]. 高潮,等,译. 北京:中国发展出版社,2003:1.

当幼儿教师明确了自己所面对的教育对象的特殊性及其所具备的价值,以及自己所从事的保教工作的重要性和所担负的责任,就会自然而然地形成对于保教工作的高度的责任心。而当幼儿教师具备了这种责任心之后,她或他就会自觉地在日常保教工作中倾注极大的爱心、耐心和细心;就会自觉地投入时间和精力,以追求更高的保教质量和更好的保教效果;也一定会自觉地进行学习、反思和研究,以谋求专业上的持续发展,"造福"于幼儿。也许,对于幼儿教师的职业道德我们并不需要提那么多的条条框框,只要幼儿教师拥有一颗敬畏生命、敬畏教育的心,一切也就水到渠成了。

课后练习

一、选择题

1. 1989 年第三十一届联合国大会通过的《儿童权利公约》将儿童所拥有基本权利概括为生存权、受保护权、发展权和( )。

A. 学习权 B. 娱乐权 C. 参与权 D. 优先权

2. 根据布朗芬·布伦纳的生态系统理论,对幼儿而言,幼儿园属于( )系统。

A. 微观系统 B. 中间系统 C. 外层系统 D. 子系统

3. 在新型的家园关系中,幼儿园教师扮演的角色不包括( )。

A. 合作者 B. 支配者 C. 引领者 D. 服务者

4. 规定"幼儿园的任务是实行保育与教育相结合的原则"的法规文件是( )。

A.《幼儿园管理条例》 B.《幼儿园教育指导纲要》

C.《幼儿园教师专业标准》 D.《幼儿园工作规程》

5. 保教工作中的学前教师职业道德实践不包括( )。

A. "懂"幼儿,并为幼儿提供适宜的保育和教育

B. 为人师表,以身作则

C. 怀着高度的责任心开展保教工作

D. 提高自身教师职业道德修养

二、判断题(对的打"√",错的打"×")

1. 良好的师幼关系对幼儿的社会性发展具有重要的促进作用。 ( )

2. 幼儿园教师是幼儿的基本教育者。 ( )

3. 教师职业道德的作用之一在于调整教师之间的关系。 ( )

4. 只有写进教学计划的集体教学活动、区域活动等才是幼儿园课程。 ( )

5. 对幼儿实施保育和教育是学前教师的主要工作内容。 ( )

三、简答题

1. 在与幼儿交往的过程中,学前教师应该践行哪些职业道德?为什么要践行这些职业道德?除了这些,你觉得还应该注意哪些问题?

2. 除了书中提到的内容,你觉得学龄前儿童还有哪些共同的心理特点、心理需求?面对他们的这些心理特点和心理需求,你觉得幼儿教师应该怎么做?

3. 你认为,幼儿教师为什么要怀着高度的责任心去从事日常保教工作?在未来的学习和工作中,你打算怎样培养自己的责任心?

四、实践与训练

假设你是一名小班幼儿教师。班级要在开学初召开一次家长会,这次家长会是家长在孩子进入幼儿园之后参加的第一个家长会。这次家长会由你负责,你打算怎样组织这场家长会?请写出你的设计方案,设计

方案需要涉及：

（1）家长会的时间、地点、人物等；

（2）家长会的具体环节和流程；

（3）重点需要向家长介绍班级的哪些情况；

（4）你这么设计的理由是什么；

（5）家长会上使用的 ppt。

第六章

幼儿教师职业道德修养

■ **学习目标**

1. 了解幼儿教师职业道德修养的内涵与意义。
2. 理解幼儿教师职业道德修养的原则与内容。
3. 掌握幼儿教师职业道德修养的基本方法。

案例

小陈老师的苦恼

我是小陈,是一名幼儿园教师,从教五六年了,本科专业是学前教育,应该懂得教育规律,且已过了而立之年,按说已不会年轻气盛了。可是,我仍然容易发脾气,见不得学生调皮捣蛋,发现那些在课堂上故意搞破坏或者课间行为不端的学生,我心中的无名之火就会不自觉地蹿上来。我知道面对这些幼小的孩子,我应该宽容,我也一直学习克制自己的情绪,但是看见那些上课不听讲、做小动作的学生,我就觉得很难受。教师的职业本能要求我必须管教他们,一句两句我还能保持语气平静,后来我就忍不住发脾气了,事后又很后悔,我知道发火既伤别人,也伤自己。有一次,一个小朋友在我的课堂上玩小剪刀,我几次走到他身边示意他,他都视而不见,我忍不住对他发了脾气,并且夺过他手中的小剪刀狠狠地摔在了地上。谁知道他竟然站了起来,大声说我不应该摔坏他的东西,并哇哇大哭。我更生气了,大声呵斥他,还将他赶出了教室。事后,我也觉得自己的行为有点过激,但是当时那种情景,我就是控制不住我自己。对于学生的不良表现,我没办法视而不见,也许这是教师责任心的体现,应该没什么不对吧。问题是碰到学生有不良的行为,我就心态不平静,愤怒的情绪就会发泄出来。请问,我该怎么办呢?

思考:小陈老师苦恼的根本原因是什么?如何解决这个问题?

教师职业道德修养是教师处理各种教育教学问题的内在条件。幼儿教师是否具备良好的教师职业道德修养对其能否顺利开展幼儿教育工作有着十分重大的影响。那么,幼儿教师职业道德修养包含哪些内容呢?幼儿教师职业道德修养的基本方法又包括哪些呢?本章即探讨这些问题。

第一节　幼儿教师职业道德修养的内涵与意义

中华民族历来注重道德品质的自我修养,《礼记·大学》把"修身"作为"齐家、治国、平天下"的先决条件。教师是培养人、教育人的人,更应该加强自我修养。明确幼儿教师职业道德修养的内涵与意义是提高幼儿教师道德觉悟水平,培养幼儿教师道德品质的基本前提。

一、道德修养

道德修养是人的道德活动形式之一,是个人自觉地将一定社会的道德要求转变为个人道德品质的内在过程。修,旨在学问和品行方面的学习和锻炼;养,即培养和培育。所谓道德修养,是指人们在道德方面进行的"自觉改造、自我陶冶和自我培养功夫"。① 它既指修养的过程,也指修养所达到的水平。中国先秦时期的儒家就十分重视道德修养,以后经过历代思想家的继承发挥和不断完善,形成了独具特色的道德修养理论。

二、教师职业道德修养

教师职业道德修养是指教师在职业活动中,根据我国社会主义道德原则和教师职业道德规范,通过自我锻炼、自我改造、自我陶冶、自我教育,不断达到新的道德境界的实践活动和过程,以及所达到的水平和精神境界。② 教师职业道德修养有两层含义:一层是动态的"下功夫",即依照教师职业道德规范和原则所进行的学习、体验、对照、检查、反省等心理活动和客观的实践活动;另一层含义是指静态的"已达到的功夫",即在经过长期的努力之后所形成的教师品质,教师情操和教师道德职业境界。教师职业道德能否真正为教师所掌握,主要在于它最终是否转化为教师自觉的职业道德修养。

加强教师职业道德修养,是完成教师职业使命的需要,也是适应新时代提高教师素质,改善社会风气,建设社会主义和谐社会的需要。

三、幼儿教师职业道德修养的内涵与意义

幼儿教师职业道德修养是将幼儿教师职业道德要求转化为自己的信念并付诸行动的活动,是一种自我锻炼、自我改造、自我陶冶、自我教育的过程。对于教师而言,教师的职业道德并不是顺其自然就能具备的。教师职业道德修养不是一蹴而就、一劳永逸的事情,需要教师依照教师职业道德规范,不断地进行学习、体验、检查和反思。

加强幼儿教师职业道德修养的意义主要在于以下两个方面。③

第一,加强幼儿教师职业道德修养是幼儿健康成长的需要。加强幼儿教师职业道德修养有助于幼儿道德品质的形成。幼儿教师是幼儿的启蒙老师,也是塑造幼儿心灵的工程师和艺术家。《幼儿园教育指导纲要(试行)》明确指出:"教师的言行举止应成为幼儿学习的好榜样。"《幼儿园教师专业标准(试行)》也指出,教师要"重视自身日常态度言行对幼儿发展的重要影响与作用"。幼儿正处于"染于苍则苍,染于黄则黄"的阶段。处于这个阶段的学生的道德人格尚未定型,对是非善恶等问题尚缺乏真实的感受和成熟的想法。学前教师的一言一行、一举一动都会对幼儿产生深刻的影响。有人曾比喻说,学生好比洁白无瑕的银幕,教师好似清晰的拷贝,拷贝上的各种形象总是要无可掩饰地投映到洁白无瑕的银幕上去。尤其是幼儿,幼儿教师在他们心目中是比父母还要重要的榜样,其言行举止对幼儿道德品质的形成有着直接的启蒙作用。

第二,加强幼儿教师职业道德修养是社会发展的需要。在全面建设社会主义和谐社会的宏大时代背景下,幼儿教师作为社会成员之一,理应承担起构建和谐人际关系、和谐育人环境的责任。而加强幼儿教师职业道德修养有助于幼儿教师正确认识和处理自己与其他教师、幼儿、幼儿园、家长和社区的利益关系。明确自己的权利以及责任义务;有助于幼儿教师依据自己掌握的幼儿教师职业道德原则、规范,调节自己的想法和行为,为处理教育活动中各种复杂矛盾提供正确导向。

---

① 罗国杰. 伦理学[M]. 北京:人民出版社,1989:456.
② 钱焕琦. 教师职业道德[M]. 上海:华东师范大学出版社,2008:201.
③ 黄正平,刘守旗. 教师职业道德新编[M]. 南京:南京大学出版社,2010:98.

第二节 幼儿教师职业道德修养的境界与内容

一、幼儿教师职业道德修养的境界

万事万物都具有发展不平衡的规律,幼儿教师职业道德修养同样具有不平衡和多层次的特点,不同幼儿教师所处的社会经济条件不同,所受教育和文化影响不同,自我修养的努力程度不同,各自职业道德修养的境界也必然不同。

(一) 幼儿教师职业道德修养境界的内涵

"境界"一词,在我国古代文献中,原指"疆界"、"地域"。后来引申为人们所处的境况,一些思想家把它用来说明人们的精神状态和涵养程度。在伦理学上,则主要用来说明人的道德品质状况和自我修养的程度。幼儿教师经过不同程度的主观努力和教育教学实践,使自己的道德品质达到不同的境界。幼儿教师职业道德修养的境界,是指幼儿教师进行职业道德修养过程中形成的觉悟水平以及所形成的道德品质状况和精神水平。

(二) 幼儿教师职业道德修养境界的层次

幼儿教师职业道德修养境界犹如阶梯,有着不同的层次和等级。所有进行职业道德修养的幼儿教师,都有一个教师职业道德上的起点。这个起点,可以称为初始幼儿教师职业道德修养境界。幼儿教师进行职业道德修养,总有一个最后的目的和最高的目标。这个最后的目的和最高的目标,就可以称为理想幼儿教师职业道德修养境界。从幼儿教师职业道德修养的起点到最高的目标,从初始境界到理想境界的过渡,不是跳跃式的,不是一下子就能实现的。两者之间的距离是漫长的,需要幼儿教师逐步地发展。每经过一段时间的努力,修养者的道德品质和道德人格就提高一步,就与理想境界的距离缩短一些。由初始境界到理想境界之间的一系列小的道德境界,我们可以称之为中间幼儿教师职业道德修养境界。任何成功的幼儿教师职业道德修养者所走过的路程,都是从初始境界出发,经过一系列中间境界,最后达到理想境界。师德修养境界的提升经由以下路径来实现:敬业——悟业——乐业。

1. 敬业

敬业是幼儿教师职业道德修养的初始境界。敬业,就是敬重幼儿教师职业,就是要求幼儿教师把幼儿教育事业当作自己的生命,对幼儿教师这一职业有发自内心的神圣感与尊严感,把教书育人看成自己的天职和使命,从而激发自己对幼儿教师职业的认同感和责任意识,在平凡的幼儿教师职业人生中实现生命的价值与尊严。

第一,敬业是自动自发的。敬重幼儿教师职业,首先是对这一职业的自动自发的热爱与激情。幼儿教师工作作为一种育人的职业,它需要的正是幼儿教师对学前教育事业的自动自发的投入和积极主动的创造。唯有如此,教育才真正成为育人的艺术,而不是按部就班、依葫芦画瓢的技术性工作,幼儿教师职业才可能充满乐趣。

第二,敬业是一种境界和使命。幼儿教师不仅是一个专业,一个人的职业和事业,也是一种境界和使命,一个人生命的意义所在。作为守望幼儿生命成长的天使,"爱岗敬业,教书育人",是每一位幼儿教师被赋予的神圣职责和使命。

第三,敬业是教育者的承诺。幼儿教育选择了我,我选择了幼儿教育。一个人能够主观为自己客观为他人而活着,是一种幸福,而幼儿教师是能够过上这种生活的人。爱岗敬业,做好本职工作,积极投身到幼儿教育教学实践中,求实、创新。它是幼儿教师于教育于社会许下的心灵诺言,是内心深处对幼儿教育事业的执著追求的承诺和希望。

2. 悟业

悟业是幼儿教师职业道德修养的中间境界。悟业,就是领悟幼儿教师职业的内在精神,主要包括爱生和为人师表。爱生是师德修养的灵魂,为人师表是师德修养的基础。

爱生是指幼儿教师要热爱自己的学生,它是学生成长的力量之源,是师德修养的灵魂,也是教育成功的根本前提。爱生是一种情感,是幼儿教师在教育实践过程中萌生的对幼儿的一种发自内心的爱的情感。

第一,爱生是幼儿教师职业特殊性的必然要求。幼儿教师的职业对象是幼儿,每个幼儿都是活生生的人,是与幼儿教师具有同等人格尊严的个体,是拥有活泼内心世界的个体,不是被灌输的机器,不是任意加工改造的对象。正因为幼儿教师职业对象的特殊性,决定了作为幼儿教师的职业投入所需要的不仅仅是教育的技术技巧,更是一种情感与人格的投入,是幼儿教师对幼儿的真诚的爱。

第二,爱生是育人的情感基础。幼儿教师工作的基本目标乃是精神成人,即引导幼儿个体精神世界的生长,启迪幼儿对于世界的美好情怀,诸如爱、希望、信心、善良、诚实、正直等,给他们的一生奠定良好的精神基础。然而,只有挚爱的心灵才能孕育、启迪幼儿心灵的挚爱,引导幼儿走向开阔、明朗的生活世界。

第三,爱生是师德的灵魂与内在依据。热爱一个幼儿就等于塑造一个幼儿,而放弃一个幼儿无异于毁坏一个幼儿。爱是教育行为的内在动因,爱是教育人生的基础。对教育对象的理解、认识与爱是幼儿教师职业的核心之一。把幼儿生命视作与自我生命息息相关的个体,这实际上也是甄别幼儿教师职业道德高下的核心依据。

为人师表,是指教师在人品和学问方面要作学生学习的榜样。从形式上说,为人师表是幼儿教师职业德性内涵的直接表达;从内容上说,为人师表是真善美的体现;从个性来说,为人师表表现为幼儿教师良好的个性修养。

第一,为人师表是幼儿教师职业德性内涵的直接表达。幼儿教师作为一项以促进幼儿精神成人为中心的职业,德性品格的交流与融合是幼儿教师职业的基本特征。正是幼儿教师德性的引导与人格的昭示,直接成为教育的基础,成为引导幼儿精神成人的起点与内在依据。因此,为人师表是幼儿教师职业德性的直接表达,是对幼儿教师最基本的道德要求。

第二,为人师表蕴含着真善美。中国现代漫画大师、教育家丰子恺先生曾经说过:圆满的人格就像一只鼎,真、善、美好比鼎的三足。为人师表作为一种幼儿教师职业德性的基本内涵,蕴含着丰富而深刻的道德内容,最突出地体现了幼儿教师对真善美理想人格的追求。

第三,为人师表还表现为良好的个性修养。一个好的幼儿教师具有健康的个性品质,有着广泛的兴趣、坚强的意志和开朗的性格、稳定的情绪,这本身就是给幼儿以熏陶和影响的教育资源,可以给幼儿提供良好的示范。因此,幼儿教师的良好个性修养是为人师表的重要体现。

3. 乐业

乐业是幼儿教师职业道德修养的理想境界。乐业,即以业为"乐",乐就是享受、快乐,即能够享受职业生活,从中获得人生的快乐。乐业指向的并不只是职业本身,而是幼儿教师自身的生命状态,即一种从幼儿教师职业中获得生命的充实、和谐、完满的生命状态。如果说"敬业"是师德建设的起点,"悟业"是师德修养的根本,那么,"乐业"就是师德修养的归宿。

之所以称乐业为幼儿教师职业道德修养的理想境界,是从道德利人、利己两个角度来讲的。从利人的角度讲,师德修养的理想境界指幼儿教师在师德修养的积极实践中,最大限度地促进幼儿的发展。乐业的幼儿教师能以一种积极的态度从事幼儿教育工作,能更深刻地认识和理解教育活动,把握教育活动过程和结果的意义,因而在同等的专业水平下,他们会用自己的生命去从事学前教育,用生命点燃生命,用生命启发生命,用人格感染人格。因而幼儿所获得的,将不仅仅是知识与能力;幼儿学习的过程将不仅仅是发展的过程,同时也是享受、感悟生命、欣赏生活的过程。

从利己的角度讲,乐业使幼儿教师的师德遵从成为一种自觉自愿的愉快行为,而不再是仅仅出于一种社会责任、良知和理性自觉。在这种愉快的教育行动中,幼儿教师将充分享受到自身生活的幸福与职业人生的圆满。

二、幼儿教师职业道德修养的内容

幼儿教师职业道德修养的内容主要包括:提高幼儿教师职业道德认识、陶冶幼儿教师职业道德情感、磨练幼儿教师职业道德意志、培养幼儿教师职业道德行为四个方面。此外,幼儿教师职业道德修养还需要保持心理健康,克服职业倦怠。

(一) 提高幼儿教师职业道德认识

第一,对幼儿教师职业道德价值的认识,是提高幼儿教师职业道德认知的前提。一名幼儿教师只有深刻意识到自己所从事的幼儿教育事业的重要性和特殊性,认识到提高师德修养对今后开展幼儿教育教学工作的意义和价值,才会产生将外在的教师职业道德要求转化为自身需要的意向,从而落实到职业道德修养的行动上。

第二,对幼儿教师职业道德原则和规范的认识,是幼儿教师职业道德认知的基础。目前的情况是,幼儿教师职业道德规范的缺失是制约幼儿教师职业道德修养的一大瓶颈。为此有学者从我国幼教的实际情况出发,尝试性地提出八条幼儿教师职业道德规范:学法守法,依法执教;爱岗敬业,忠于职守;尊重幼儿,热爱幼儿;严谨治学,锐意创新;团结协作,取长补短;尊重家长,热情服务;拒腐防变,廉洁从教;以身立教,为人师表。[1] 客观而言,幼儿教师的职业道德和原则比其他行业有着更严格的要求。所有幼儿教师都要学会调整自己的外在形象,在幼儿面前保持端庄、大方的模样,以期对幼儿产生良好的影响。此外,在教师与幼儿的关系上,教师应做到热爱幼儿、尊重幼儿,对待所有幼儿一视同仁;在幼儿教师与幼儿家长的关系上,要求教师与幼儿家长保持及时有效的沟通,尊重理解家长;在幼儿教师与社会的关系上,教师应做到热爱幼儿教育事业并积极投身于其中。

第三,幼儿教师的职业道德认识还包括对幼儿园教育教学规律的认识。只有那些能够正确认识教育教学规律,并且在实践工作中正确运用这些教育教学规律的教师,才有可能完成提升自身职业道德修养的目标。这就要求幼儿教师必须不断丰富自己的专业理论储备,精通相关的专业知识,在此基础上通过实践不断掌握教育、教学的内在规律。虽然幼儿教师业务水平的高低不能等同于其品质的高下,但是能折射出幼儿教师不同的工作态度和敬业精神。

虽说认识是行动的先导,但是一个幼儿教师具备了一定的职业道德认知,并不能直接证明他就具有了相应的职业道德品质。因为这还涉及幼儿教师个人意愿的问题,所以幼儿教师的职业道德情感也是不容忽视的因素之一。

(二) 陶冶幼儿教师职业道德情感

教师职业道德情感是教育工作者根据一定的教师职业道德观念,在处理相互关系、评价某种行为时所产生的内心体验。[2] 幼儿教师的职业道德情感主要包括正义感、自豪感、荣誉感和幸福感等。

人所面临的压力在某种程度上是不可避免的,尤其是职业女性所承载的压力,这种压力是由社会因素、历史因素、生理因素以及女性自身因素等四个方面造成的。幼儿园教师也一样,社会的急剧变化,幼教改革

---

① 王茵.幼儿教师职业道德规范初探[J].河南职业技术师范学院学报(职业教育版),2009(6).
② 钱焕琦.教师职业道德[M].上海:华东师范大学出版社,2008:211.

的盛行，各种复杂的内外部事物的变迁，都可能会对幼儿教师的心理产生冲击，如果不及时处理心理矛盾，排遣心理困惑，就会导致心理障碍，从而滋生职业倦怠。因此，作为幼儿教师必须学会如何保持自身身心健康，及时排解不良情绪，并且学会提升幸福感，做快乐的教师。

幼儿教师提升幸福感的途径主要包括：第一，在工作中，以欣赏的眼光看幼儿。幼儿教师往往会不自觉地以一种居高临下的眼光审视或者把幼儿仅仅当成自己的教育对象。幼儿教师应该用欣赏、审美的眼光看待幼儿身上的闪光点，以一种包容的态度去接纳幼儿。苏霍姆林斯基曾说，"幼儿内心生活时刻给我们带来满意和不满意、高兴和苦恼、忧愁和欢乐、疑惑和诧异、宽慰和愤怒。在儿童世界给我们带来的极广阔的情感领域内有愉快的和不愉快的、高兴的和伤心的曲调。善于认识这种和谐的乐声，是教育工作者精神饱满、心情愉悦和取得成功的最重要条件"。如果你把孩子看作是令自己心烦的人，那么你就会感到厌倦；如果你把孩子看作是可爱的天使，那么你就会变成快乐的天使。

第二，以平等的态度与幼儿交往。幼儿教师在与幼儿的交往过程中往往是戴着角色面具的。也就是说这种师幼交往更多的时候是建立在工作关系上的，这种交往是不平等的、没有感情的，目的就是为了完成预期的教育教学任务。长此以往，幼儿难免会对教师产生畏惧心理，对教师敬而远之，并封闭自己的心灵，不敢在教师面前自由地袒露自己的情感。与此同时，因为缺少与幼儿心与心的交流，教师原本丰富的内心世界最终也会变得干涸，自然也就没有什么幸福可言了。因此，在与幼儿的交往中教师只有放下自己的角色面具，以真实的自我与幼儿交往，和孩子打成一片，才会发现幸福和快乐就在自己身边。和孩子平等、真诚地交往，还会令教师体验到和孩子一起成长的幸福。师幼交往中，当教师给予孩子爱时，孩子也以一份真诚的爱来回报教师。对于教师的付出而言，孩子的爱是最大的安慰和补偿，也是她们在工作中体验到幸福的重要原因。孩子的爱是满足教师爱的需要的重要途径。与成人之爱相比，孩子的爱更显得真挚和纯洁，更接近爱的本质。这就是孩子的爱能有那么大的魅力的原因。

链接

为了保障孩子们的营养早餐，每周园里都会为孩子们准备一两次豆粥（近似八宝粥），可是，我们班的佳佳小朋友一见到是豆粥，就一口都不吃。开始我一直尝试用各种方法引导她，但始终不起作用，这让我有点气恼，并严肃告诫她豆粥是很有营养的，小朋友不应该像这样挑食，而且浪费粮食是一种可耻的行为。有几次佳佳都被我训哭了，那段时间她见到我也显得十分怯懦，对此我也觉得十分愧疚。后来，我进行了反思，认识到自己先前的处理方式太武断了，在没有弄清缘由的情况下就训斥孩子。为此，我决定换一种方式解决问题，先找出佳佳不吃豆粥的原因，再一步步解决问题。佳佳不吃豆粥是不良习惯还是心理原因，抑或是家庭环境造成的？考虑到豆粥的营养价值，也为了帮助佳佳养成良好的饮食习惯，我就这个问题耐心地询问佳佳。佳佳告诉我他们家里从来没有吃过这样的早餐，而且她也不喜欢吃很稠的粥。看来并非是心理原因，因此我更有信心解决这个问题了。于是我和家长商量，让家里面尝试做豆粥和吃豆粥，在家庭营造丰富的早餐环境；同时，让家长配合幼儿园解决孩子挑食的问题。而我针对这一问题，不仅在班里开展了专门的营养健康教育活动，还对佳佳采取了循序渐进的引导和教育。我耐心地鼓励佳佳从先尝一口，到多吃几勺，再到后来慢慢地增加饭量，每当佳佳取得一点进步，我都给予鼓励和支持。后来，有一天，佳佳竟然不需要我帮助就自觉地把粥喝完了，并高兴地捧着空空的碗向我展示。看到这一幕，我心里有一种说不出的喜悦和激动。

——摘自 S 老师的教育日志

面对有问题的孩子,S老师最初的方式是在不明就里的情况下,"惯例式"地讲大道理、指责和训话。显然这种交往方式是没有平等可言的,她的做法不但没有解决问题,还招致了孩子对自己的抵触。好在S老师及时发现了自己的问题,并且改用了一种更为平等、友爱的教育方式,最终顺利地解决了问题。

第三,幼儿教师还应创造性地开展工作。苏联著名教育家苏霍姆林斯基还曾说过:"如果你想让你的教师的劳动能给教师带来一些乐趣,使天天上课不至于成为一种单调乏味的义务,那你就应该引导每一位老师走上从事教育研究这条幸福的道路上来。"①通过教育研究,我们可以不断改进教育教学方式,改进教学手段,这既有助于幼儿的学习和生活,也有助于自身的成长发展。如此,我们当然会在工作中收获幸福。

当幼儿教师有了职业幸福感,进而有了荣誉感等体验,才会使幼儿教师的道德情感有了进一步的升华。

(三) 磨练幼儿教师职业道德意志

教师职业道德意志是教师在履行道德义务过程中,自觉地克服困难并作出行为抉择的毅力和坚持精神。它是形成在一定教师职业道德认识和教师职业道德情感的基础上,调节教师道德行为的重要精神力量。

幼儿教师所从事的幼儿教育事业,是一项光荣且艰巨的事业。在这一过程中,教师不仅要付出辛勤的劳动,有时甚至还需要作出一定的牺牲,同时还要面对来自外界的各种阻力和承担内在压力,比如物质条件的制约、错误舆论的责难等。这就需要教师有顽强的意志和坚持不懈的精神。

首先,幼儿教师的职业道德意志表现为其在道德实践中克服困难的勇气。一方面,幼儿教师在处理同事之间的竞争以及来自社会舆论的压力时,必须具备顽强的毅力和坚定的信念,否则将很有可能在竞争中迷失自我,在压力下违背初衷,从而无法战胜困难。另一方面,幼儿教师在解决主观方面的问题时,比如身体状况欠佳、教学能力欠缺、心理素质较差等,同样需要有坚忍不拔的道德意志,帮助其在克服困难的道路上前行,促进其专业的良好发展。

其次,幼儿教师的职业道德意志表现为其在道德实践中战胜诱惑的能力。就像困难无处不在,在幼儿教师的生活与工作中,诱惑也时常伴随。尤其是在当今发达的市场经济体制背景下,幼儿教师需要凭借自己的道德意志,抵制外界种种诱惑,坚守自身的道德底线,坚守这块暂时清贫却孕育着希望的教育阵地。

最后,幼儿教师道德意志还表现为其在道德生活中的自制力。自制力就是善于掌握和支配自己言行的意志品质。坚定的自制力是教师对自己的职业道德需要、动机、情感、行动的控制和调节能力。现实生活中,幼儿教师需要控制和调节自身品质中自私、懒惰等成分,注意自己的言行举止,保持良好的教师形象,为幼儿树立良好的榜样。此外,总有一些教师面对"恨铁不成钢"的幼儿时,会爆发出一种不能控制的激动情绪,出现打骂、讥讽幼儿的现象,给幼儿造成心理伤害。如果幼儿教师的自制力越强,其行为就越富有理性,不会因为教育行为受阻而情绪失控。同样,在面对失败和突发情况时也不会变得萎靡或不知所措。幼儿教师在任何情况下都应理智地控制自己的情绪,把握自己的言行。

在教师职业道德品质的构成要素中,教师职业道德认识、教师职业道德情感和教师职业道德意志均属于道德意识范畴,它们的作用在于指导和影响教师的行为抉择。但是教师职业道德修养如果仅仅停留在教师职业道德意识的修养上,不用实际行动去履行道德义务,这种教师职业道德修养就不是知行统一的职业道德修养。

(四) 培养幼儿教师职业道德行为

教师职业道德行为是指教师在职业道德认识、情感、信念的支配下,在教育活动中对他人、集体、社会做出的可以观察到的反应及所采取的实际行动,即在职业道德意识支配下表现出来的有利或有害于教育事业及他人、集体和社会方面的行为。②

---

① [苏]苏霍姆林斯基.给教师的建议[M].杜殿坤,译.北京:教育科学出版社,2000:494.
② 周德义,王嘉德,王容德.师德修养与教师专业成长[M].北京:科学出版社,2006:141.

张丽莉老师面对危险勇救学生的行为将幼儿教师职业道德行为诠释得淋漓尽致。2012 年 5 月 8 日晚，黑龙江省佳木斯市发生了一件感人的事：80 后青年女教师张丽莉，在失控汽车冲向学生时，一把推开了两个学生，自己却被车轮碾轧，造成全身多处骨折，双腿高位截瘫，经全力抢救才脱离生命危险。此事一经媒体曝光，无论是在网络上还是在媒体的报道中，"最美女教师"成为了张丽莉的代名词，她的人性光辉将成为每一位教师前行路上的明灯。张丽莉老师无疑是值得所有幼儿教师学习的道德楷模。

职业道德行为的养成是职业道德品质形成的关键。幼儿教师只有在不断反思自身道德行为的同时，在实践中贯彻道德原则和规范，并且始终坚持下去，经过长期的锤炼，才能培养出良好的职业道德行为，道德品质才算达到了比较完善的地步。

总之，幼儿教师职业道德修养的内容包含了职业道德认知、职业道德情感、职业道德意志和职业道德行为四方面，它们是有机统一的整体。

第三节 幼儿教师职业道德修养的原则与方法

一、幼儿教师职业道德修养的原则

对幼儿教师而言，教师职业道德的修养过程是一个多种因素相互作用的过程，包括个人因素、幼儿园因素和社会因素等。这一过程也是多种矛盾相互交织的过程，其中涉及幼儿教师的同事关系、各方利益等问题。在这一过程中，每一位幼儿教师要实现自身的职业道德品质从无到有、从低到高的转变，就必须注意理解和坚持以下基本原则。

（一）知行统一原则

知，即对教师职业道德的认识及其在这一基础上所形成的观念等。这是教师职业道德修养的前提。行，即行为，也就是教师把职业道德的理论认识付诸行动，这是教师职业道德修养的目的。知行统一即是劝诫幼儿教师要保持言行一致。

在教师职业道德修养中，知和行应当是统一的。一方面，作为一名幼儿教师，如果缺乏必要的道德知识，连基本的道德善恶是非也无法区分，是不可能形成正确师德观念的。"知之而不行，虽敦必困"，意思是说，你学得再好，掌握的知识再多，却不能指导自己的实践，就必定会陷入困境。因此，一个教师仅仅学习了教师职业道德理论也并不能说明他具备了某种道德品质，如果只学不用，只说不做或者言行不一，那也只能是"语言上的巨人，行动上的矮子"，培养高尚的师德品行只是一句空话。

另一方面，作为幼儿园教育活动中的教育者，幼儿教师的一言一行对幼儿来说都意味着学习的可能，幼儿在对教师的无限仰慕中习得了教师的诸多个人行为习惯，并进一步受到教师的态度和心理倾向的影响。幼儿教师在师德修养过程中的知行一致会对幼儿起到良好的示范作用，并且将会对幼儿产生深远的影响。

坚持知行统一的原则，就是要把学习道德理论、提高道德认识同自己的行动统一起来，使理论与实践相结合。幼儿教师在师德修养过程中更要注重品德实践，自觉培养道德行为习惯，努力成为道德的高尚者。同时，以自己的"言"为幼儿之师，"行"为幼儿之范，让自身成为促进幼儿发展的最有力的资源。总之，只有坚持知和行的统一，才能真正提高师德修养。

（二）动机与效果统一原则

所谓"动机"，就是趋向于一定的目的的主观意向和愿望。它是意识到了的行为的动因，即激励人们行动的主观原因。所谓"效果"，就是人们行动所产生的客观结果和后果，它是人的行为的客观结果。动机与效果统一原则就是告诫幼儿教师在师德修养过程中既要端正自身动机，同时也要把道德动机转化为自身道德行为，实现两者的有机统一。

动机和效果是人的行为互为存在，互为转化的两个要素。动机是人的行为的思想动力。离开动机，就不会有行为的发生，也就无法谈及什么效果，效果反映一定的动机，动机本身就包含着对一定效果的追求并指导行为达到一定的效果。动机体现在效果之中，并通过效果去检验。动机作为主观东西，只有转化为效果才能实现其作用，否则就成了一种毫无意义的空想或假象。效果又是不断产生新的动机的基础。

幼儿教师职业道德的修养过程同样是动机和效果相互依存、相互转化的过程。幼儿教师职业道德修养的动机来自于对社会、对职业、对幼儿所负的责任，来自于对幼儿教师职业道德修养意义和作用的把握。作为幼儿教师应时刻意识到自己的职业对象是单纯美好的幼儿，意识到自己不仅担负着向他们传授科学文化知识的重任，而且负有向幼儿进行思想品德教育的职责等等。当幼儿教师把这些认识转化为自身的迫切需要和强烈愿望时，就形成了加强师德修养的内在动机。幼儿教师要真正担负起为人师表、教书育人的职责，还必须把内在动机转化为行动，用教师道德的基本原则规范自己的言行，将它运用于自己的教育工作实践中，以提高实际效果。

坚持动机和效果的统一。幼儿教师要不断进行道德理论和知识的学习，加深对师德修养意义和作用的理解，不断增强修养的动力；同时要善于通过各种方式把良好的道德动机转化为实际行动。在动机和效果的统一上实现师德境界的升华，既重视动机，又重视效果。在动机和效果的统一上对自己提出比较全面的要求，是师德修养中必须坚持的。

（三）自律与他律原则

所谓"自律"，是指自我控制，是指幼儿教师依靠发自内心的信念对自己教育行为的选择和调节，自觉主动地内化道德的有关原则、规范和要求，并自觉地付诸行动。所谓"他律"，是指幼儿教师在接受职业道德的有关原则、规范和要求的过程中，其意志受到外在因素的干扰和驱使，凭借外在动力对行为进行的调节和控制。简言之，自律与他律原则就是要求幼儿教师在师德修养过程中既要接受外力的规范和监督，也要做到自我管理、自我要求、自我约束。

自律和他律的关系，实质上就是内因和外因的关系。在师德修养中，幼儿教师自身的内因，即内心信念是起决定作用的因素。一个幼儿教师只有真正懂得了师德要求的重要性，只有发自内心的对幼儿教师道德义务的真诚信服和具有强烈的责任感，才会在幼儿教育实践中恪守学前教师的道德要求，并会由于自己在教育活动中履行了某种道德义务感而感到一种精神上的愉悦和满足，形成一种信念和意志，在今后的教育工作中勇于坚持这种行为。有了内在的师德信念，幼儿教师一旦发现自己的行为不合乎师德要求，即使没有受到别人的指责和舆论的批评，也会受到自己"良心"的责备，感到羞愧不安，促使对自己的行为做出自我批评，从而尽力避免今后再发生类似的事件，纠正错误的行为。因此，内心信念是师德修养的内在基础，是任何其他力量都不能替代的。尽管师德修养的内心信念是从学前教师内心发生的道德观念、道德情感和道德意志的统一体，但是这种内心信念不是自发形成的。幼儿教师在长期的教育实践中，在职业道德修养中有效地运用外部力量，即他律形式，强化幼儿教师的道德意识，督促其坚持道德行为，也是必不可少的。

总之，幼儿教师职业道德修养既要用外在因素进行自我约束，又必须发挥主观能动性，做到自律和他律的结合。

（四）个人与社会统一原则

个人是指具有一定身体素质、思想道德和文化素质以及某种个性和特殊利益的社会一分子。社会是指以生产劳动为基础，按照各种社会关系结合在一起的人类生活共同体。社会中的每一个人都占有一席之地，都在以他的思想、道德、所作所为影响、作用于社会。在幼儿教师职业道德修养过程中,要把个人与社会结合起来。幼儿教师个人要了解社会、研究社会,以社会需要为目的,用社会对幼儿教师道德的要求检视自己,提高认识,付诸行动,在为社会作贡献中塑造自身人格,实现自身价值。社会要尊重幼儿教师的身份和地位,给每个幼儿教师提供道德行为选择的客观基础,并通过好的环境、舆论、评价等方式促使幼儿教师道德品质升华并达到崭新的道德境界。

在幼儿教师职业道德的修养中,个人与社会同样是相互作用的。幼儿教师职业道德修养首先是一种自觉意志的行为过程,是幼儿教师个体清楚意识到各种利益关系,遵循一定的道德准则,凭借自觉意志控制和处理感情和行为的结果,是幼儿教师个人意识的自觉凝结。同时,幼儿教师职业道德修养的每一步又都离不开社会,离不开社会舆论的评价和监督。社会在道德上对幼儿教师提出了很高的要求,这就为幼儿教师进行师德修养提供了外在的动力和努力方向。社会也通过教育实践为幼儿教师提供了师德修养的场所、机遇,有利于幼儿教师在精神上达到积极进取、美好和谐的境界,在幼儿教育事业中真正发挥个人的聪明才智,取得成就。在这过程中,离开社会,幼儿教师的职业道德修养就没有方向,就无法体现;而离开幼儿教师个人,社会提出的师德要求就没有接受者,没有践行者,也就会落空。

(五)继承与创新统一原则

继承与创新统一原则,是指师德修养既要继承和发扬传统师德,又根据时代这一新的社会环境和客观条件有所创新。

师德并不是一成不变的,它是随着社会经济关系的发展变化而不断发展变化的。在进行师德修养中,创新与继承必须同行。必须在当代社会主义经济政治的基础上,在新的教育实践中,借鉴传统的优秀师德,重建新的更符合时代精神的社会主义师德。社会主义教育事业是不同于以往旧教育的崭新事业,幼儿教师处于新的社会环境中,肩负着新的历史使命,会不断地遇到和提出新的问题,师德修养也就不能停留在一个水平上,而要不断创新。要对社会主义条件下幼儿教师职业活动中的利益关系、道德关系和行为规律加以认识,要保证幼儿教师工作的原则、方向,实现幼儿教师对社会发展、人类文明进步所担负的使命,就必须创造出新一代的幼儿教师职业道德规范体系和内容。

二、幼儿教师职业道德修养的方法

加强学习,是幼儿教师职业道德修养的基本前提。幼儿教师要加强职业道德修养,提高自身道德水平,就必须通过多种途径和方式进行学习。

(一)加强理论学习

1. 学习教育科学理论

教育科学理论是人类长期的教育教学实践经验的概括和总结,反映了教育科学过程的客观规律。幼儿教师的教育对象是年幼的儿童,他们正处于一个独特而脆弱的阶段,这就要求教育者必须掌握有关幼儿的教育科学理论。学习教育科学理论,有助于幼儿教师进一步了解教育的本质、目的和规律,树立正确的教育观念,掌握科学的教育方法,克服幼儿教育教学活动中的盲目性;同时还有助于幼儿教师自觉遵守幼儿教师职业道德规范,积极履行教师义务,做到敬业、乐业、勤业,把师德修养落实到具体的幼儿教育教学实践中。

2. 学习文化科学知识

古希腊著名教育学家苏格拉底曾提出"知识即美德"的重要命题,意思是说,只要一个人掌握了关于美德的知识,他就能自觉地实践美德,成为一个有德性的人。但是,后来的古希腊教育学家亚里士多德清楚地认识到,懂得道德知识的人不一定就是有道德的人,由此提出"知识"和"意志"的区别,因而明确知识不能和美德划等号。虽说文化科学知识并不能等同于美德。但我们要看到文化科学知识对道德品质的形成和发展所起的作用,尤其是现代科技的发展为幼儿教师的师德修养提供了认识的基础和便利条件。"学高为师",那些登上最高道德境界的人们,无一不是以科学知识为自己思想支撑的。作为人师的教育者,只有不断地学习文化科学知识,才能丰富幼儿教师道德修养的内涵,才能促进自身道德修养的提高。

3. 学习幼儿教育政策与法规

国家的教育政策指明了教育改革和发展的方向,是办好幼儿园、做好幼儿教育工作的重要依据。因此,学习国家的教育政策,了解其内容和要求,严格遵守和贯彻执行,例如国务院《关于当前发展学前教育的若干意见》和《国家中长期教育改革和发展规划纲要(2010—2020 年)》等,都是幼儿教师道德修养不可缺少的内容。

幼儿教师在学习、了解和贯彻执行国家的幼儿教育政策的同时,还必须学习、了解并贯彻执行国家的教育法律法规,做到依法执教,杜绝以教谋私、以罚代教等现象发生。

(二) 注重实践磨练

幼儿教师加强职业道德修养,既需要科学理论的指导,更离不开道德修养的实践。对幼儿教师来说,参加幼儿教育教学实践是提高自身职业道德修养的根本途径。

链接

有一位刚进入幼儿园参加工作的小李老师,一心想按照幼儿教师职业道德标准培养自己的师德品质。为此他还借阅了很多有关道德修养的书籍,终于,他发现宋朝理学家们所倡导的儒家"修养经"让自己很受启发,并决定按"修养经"的方法去进行师德修养。于是他在闲暇时间就独自冥想,思考自身的师德品质。每当发现自己有什么不符合幼儿教师职业道德标准的思想品质时,就立刻把它记在自己的反思笔记上。他想只要他长期坚持下去,就一定能够发现自己德性中的不足,继而用师德标准时时刻刻规范自己的道德行为,那么就必定可以提升师德修养。小李老师的修养之意不可谓不诚,心不可谓不切,但结果怎样呢? 他这样刻苦地做了很长时间,仍然觉得收效不大,有时候虽然可以使自己的行为得到约束,但心中的不正当念头却不能消去,渐渐地,小李老师也只好放弃了。

通过这件事情,我们可以看到封建社会中唯心主义思想家们所提倡的道德修养的主要特点,即由于唯心主义者认为道德是"圣人"制造的,或者是上天赋予的,所以在他们看来,进行道德修养,只要闭门思过、读圣贤书就可以了,根本无需与实践相联系。这也正是封建思想家们所提倡的道德修养方式的根本缺陷所在,即脱离社会实践。幼儿教师的道德品质不是先天形成的,也不是仅仅靠"闭门思过"就能造就的,正如"玉不琢,不成器"一样,幼儿教师必须把获得的理论知识和掌握的师德要求,通过自身的教育教学实践活动转化为自觉的行为,才能完成修养的全过程。幼儿教师在教育教学实践活动中能否做到为人师表,能否关爱幼儿,能否处理好师幼关系、同事关系等,都必须在教育实践中躬行。只有通过教育实践,幼儿教师才能将所学的理论知识应用于实践,也只有在自己的教育实践活动中,才能发现个人师德方面的某些不足,并努力在实践中克服和纠正,使自身更加趋于完善。幼儿教师只有在自己的教育实践活动中,才能更好地运用师德理论、原则和规范,把其逐渐变为自己的思想和行为。这种实践坚持越久,良好的道德品质就越巩固。

总之,加强师德修养,关键在实践。它是检验师德修养的标准,是推动师德修养水平不断提高的动力,也是幼儿教师师德修养的目的和归宿。

（三）严格自我解剖

严格自我解剖作为一种道德修养途径，是对古人道德修养"内省"、"慎独"方法的借鉴。内省是指幼儿教师严格按照幼儿教师职业道德规范的要求，经常对自己在教育幼儿过程中的思想和行为进行自查，并对不符合要求的思想和行为进行严肃的反思和及时的纠正。内省的实质是要求幼儿教师在进行职业道德修养中，必须经常反思自己的行为，检点自己的作风，坚持对的，改正错的，使自己的思想和行为符合幼儿教师职业道德规范的高标准、高要求。

内省作为师德修养的有效途径，对于当今幼儿教师加强修养尤为重要。一方面，在市场经济体制下，其固有的负面效应，会不可避免地对幼儿教师队伍产生影响。另一方面，在幼儿教师职业道德修养中总是充满着新旧道德观的斗争，这种斗争又在同一个人的头脑中进行，幼儿教师要以师德的原则和规范去消除消极影响，进行自我解剖，自我批评。

慎独是人对自律意识的培养，是道德修养的又一重要途径，也是个人道德修养的最高境界。慎独要求一个人在单独活动、无人监督的时候，也能坚持自己的道德信念，自觉地按照一定的道德原则和道德规范去行动，而不做任何不道德的事情。

慎独贵在自觉，贵在坚持。当一个幼儿教师处于幼儿园组织、幼儿教师集体和幼儿群体的监督之下时，往往都比较注重自己行为的影响。但是，当一个幼儿教师处于周围无人知晓其幼儿教师身份的环境中时，要做到为人师表，就必须有高度的"慎独"自觉性。幼儿教师在职业道德修养中要达到这一最高境界，应着重从三方面下功夫：

第一，坚定崇高的职业道德信念。幼儿教师只有牢固树立了崇高的职业道德信念，才能在即使别人看不见，听不到的情况下，也仍然自觉地以幼儿教师职业道德规范要求自己的言行。

第二，从小事做起，持之以恒，坚持不懈。我国古代哲学家荀况早就指出："故不积跬步，无以至千里，不积小流，无以成江河。"在他看来，只要不断努力，不惜从一点一滴做起，循序渐进，坚持量的积累，就有质变的可能。在师德修养过程中，幼儿教师只有用坚持的"积"的方法，才能逐步具备高尚的幼儿教师道德品质。

第三，要"防微杜渐"。在幼儿教师道德修养领域中，善恶的区分是十分明确的。善虽小，仍然不失其为善；恶虽小，也终究是恶。所以，一个幼儿教师对自己的任何不符合幼儿教师道德要求的言行，都必须注意克服，将其消灭在萌芽状态之中。三国时代的刘备在他的遗嘱里叮嘱儿子"勿以恶小而为之，勿以善小而不为"，指的就是这种防微杜渐的修养方法。在错误中，人们最易疏于防范的便是"小恶"。一般说来，当一种错误言行在微小或萌芽状态时，比发展到严重程度时要容易纠正；但小的错误又往往不易纠正，因为它容易被人忽视，或不易察。因此，修养的大忌是放纵自己，而放纵自己往往是从"小事"开始，正如常言所说，"千里之堤，溃于蚁穴"。

（四）学习师德模范

学习道德模范，即幼儿教师通过了解师德模范的先进事迹来提升自身道德品质，是一种实际、生动、形象的师德修养方法。特别是青年教师在自身的成长过程中，总是喜欢敬仰、崇拜和模仿英雄模范人物，这些榜样对他们具有很大的吸引力和感染力。人们常说："榜样的力量是无穷的。"因为，榜样是一面镜子，对照它可以看到自己的不足，从而及时矫正自己的缺点。同时也可以看到自己的成绩和优点，增强自己前进的信心。在向师德模范学习的过程中，幼儿教师要注意以下几点：首先，为自己树立的榜样应是一个多种模式的榜样群，而不是单一的模式。它包括古今中外教育界的典范人物及其职业道德实践中的典型事例。其次，幼儿教师为自己树立的榜样应有可操作性。只有全国的先进典型还不够，还应关注本地区，甚至是身边的榜样。

幼儿园在以正面师德教育为主时，也不排斥使用反面典型。反面典型反映落后的、错误的教师道德思想和行为，在幼儿教师中会产生消极影响。反曲典型人物也叫反面教员，反面典型事例，也叫反面教材。当幼儿教育工作中反面典型的人或事出现的时候，如果让其自由放任，它会对幼儿教师职业道德建设起破坏作用。如果不加以制止,其消极影响不仅会逐步扩大,甚至会抵消师德建设的积极成果。因此,必要时应用反面典型开展幼儿教师职业道德教育,防止反面典型的道德思想自发蔓延,这是十分有意义的。

师德修养实际上是一个幼儿教师道德认识、情感、意志和行为诸要素从无到有、从低到高的运动变化过程,这也决定了它是一个长期的、艰苦的过程,需要幼儿教师做到长期、坚持不懈地努力。

课后练习

一、选择题

1. 幼儿教师职业道德修养的境界不包括( )。

    A. 敬业   B. 爱业   C. 悟业   D. 乐业

2. 下列阐述有误的是( )。

    A. 爱生是幼儿教师职业特殊性的必然要求

    B. 爱生是育人的情感基础

    C. 爱生是师德的灵魂与内在依据

    D. 爱生是幼儿教师职业德性内涵的直接表达

3. 幼儿教师提升职业道德修养的基础是( )。

    A. 提高幼儿教师职业道德认识   B. 陶冶幼儿教师职业道德情感

    C. 磨练幼儿教师职业道德意志   D. 培养幼儿教师职业道德行为

4. 加强学习,是幼儿教师职业道德修养的基本前提。幼儿教师理论学习的内容不包括( )。

    A. 教育科学理论   B. 自然科学知识

    C. 学前教育政策与法规   D. 网络流行文化

5. 幼儿教师在职业道德修养中要达到慎独的最高境界,应着重从多个方面下功夫,其中不包含( )。

    A. 坚定崇高的职业道德信念   B. 要"闻过则喜"

    C. 从小事做起,持之以恒,坚持不懈   D. 要"防微杜渐"

二、判断题(对的打"√",错的打"×")

1. 加强幼儿教师职业道德修养就是为了满足幼儿成长的需要。 ( )

2. 幼儿教师职业道德修养是可以一气呵成的。 ( )

3. 要求幼儿教师乐业就是要求幼儿教师喜欢幼儿教师这个职业。 ( )

4. 幼儿教师职业道德修养的内容主要包括:提高幼儿教师职业道德认识、陶冶幼儿教师职业道德情感、培养幼儿教师职业道德行为三个方面。 ( )

5. 幼儿教师职业道德修养的知行统一原则即是劝诫幼儿教师要保持言行一致。 ( )

三、简答题

1. 幼儿教师职业道德修养的含义是什么?

2. 幼儿教师职业道德修养的内容包含哪几个方面?请详细阐述。

3. 幼儿教师职业道德修养的方法有哪些?请举例说明。

四、案例与实训

阅读如下案例,并回答问题。

江西信丰苗苗幼儿园园长李小兰车轮前勇救幼儿①

一个4岁男孩突然横穿马路,一辆轿车疾驰而来。就在轿车要撞上小孩的瞬间,一位幼儿园园长飞身冲

---

① 余书福,等. 江西信丰苗苗幼儿园园长李小兰车轮前勇敢救幼儿[N]. 中国教育报,2014-1-12.

了上去,小孩得救了,园长被撞飞了数米远……

这事发生在江西省信丰县,救人的幼儿园园长叫李小兰。

2013年11月22日下午4时10分,江西省信丰县新田镇苗苗幼儿园园长李小兰和往常一样,手持绳子,牵着从幼儿园放学的小朋友们走在回家的路上。当经过圩镇新金大道时,路队中的4岁男孩文文(化名),看到公路对面的外婆向他挥了挥手,于是马上放开绳子冲了过去。就在这时,一辆轿车疾驰而来。就在轿车即将撞上文文的瞬间,李小兰飞身冲了上去,伸出双手将文文揽在身前,轿车刹车不及,将李小兰撞飞数米远。

事发后,李小兰随即被送往信丰县人民医院治疗,经诊断为骨盆骨折、头皮血肿,被救男孩文文额头轻微擦伤。

"看到轿车冲过来的一刹那,根本没有考虑是不是有危险,就想第一时间去救孩子,这可能是老师的一种本能吧。"躺在病床上,虽然伤处仍会隐隐作痛,但面对记者的采访,李小兰一直面带微笑,展示了一名幼儿教师温柔、细腻的一面。

1987年出生的李小兰,6岁时母亲就去世了,两个姐姐为了照顾她和弟弟便在家办起了苗苗幼儿园,至今已有13年。前几年,幼师毕业的李小兰接过姐姐手中教鞭,成了苗苗幼儿园的园长。

苗苗幼儿园共有140多名孩子,且大部分是留守儿童,李小兰将他们当作自己的孩子一样悉心呵护。正常上学时间,她几乎不离开幼儿园半步,在操持整个园里工作的同时,时常协助老师,为孩子们把屎把尿、端水喂饭、穿衣盖被。小朋友也亲切地称李小兰为"园长妈妈"。在幼儿园孩子们的心目中,李小兰是一位好老师、好"妈妈",但对自己的亲生儿子,李小兰却充满了愧疚。为了全身心投入到园里的工作,儿子出生后才48天,李小兰便将儿子交由公公婆婆照看。一家三口各分三地,聚少离多。

日前,获救男孩文文的家人将一面绣有"救人之恩铭记一生"的锦旗送到了病房。文文的父亲说:"要让儿子铭记李园长的救命恩情,学会和懂得感恩。"

李小兰挺身勇救学生的消息传开后,网友纷纷夸赞李小兰为"橙乡最美幼儿老师"。面对当地各级政府的关爱和众人的夸赞,李小兰显得很淡定:"没有什么,只是我遇上了,当时换了谁看到都会去做的。"

1. 思考

 (1) 李小兰老师如果不冲上去救孩子,就不会受重伤,但是她为何不顾危险飞身冲上去保护孩子?

 (2) 李小兰老师在危急时刻,用生命护卫生命,展现了无私无畏的伟大风范和爱生如子的朴素师德。这体现了幼儿教师职业道德修养的什么原则?

2. 实训

查找阅读有关幼儿教师职业道德修养的先进事迹,并写下自己的心得体会,不少于1000字。

第七章

幼儿教师职业道德评价

■ **学习目标**

1. 了解幼儿教师职业道德评价的内涵。
2. 理解幼儿教师职业道德评价标准的制定及其含义。
3. 掌握幼儿教师职业道德评价的原则和方法。

案例

2012年9月江苏省表彰了第二届"十佳师德模范",当选的十佳师德模范全部来自教学第一线。他们中既有普通中小学、幼儿园教师,也有从事特殊教育的教师;既有走上讲台时间不长的年轻人,又有从教55年、坚持任职的老教师;既有自身残疾、家庭亲人屡遭不幸、坚守岗位20多年的感人教师,又有身体力行诠释"博爱教育"真谛的爱心教师;既有常年坚守山村小学、任劳任怨、教学成绩突出的山村教师,又有经过三次大手术毅然回到课堂,毫无懈怠的爱岗教师。省教育厅和省教科文卫体工会联合组织了师德模范先进事迹报告团进行巡回演讲,报告团受到了各地教师和教育工作者的热烈欢迎和高度评价,选先进、学先进、赶先进的氛围浓郁,反响强烈。

思考:俗话说,"学高为师,身正为范"。你是如何理解和评价这句话的?

教师职业道德评价作为一种无形的精神力量,对教师的行为起到了调节和引导作用。它是教师职业道德活动的重要组成部分,在教师职业道德体系中占有突出的地位。本章通过对幼儿教师职业道德评价内涵、功能、标准、原则和方法等的学习,使每一个准教师都能明确:幼儿教师职业道德规范的遵守、幼儿教师职业品德的形成以及幼儿教师职业风尚的改善,都需要依靠职业道德评价来实现。

第一节 幼儿教师职业道德评价的内涵与功能

教师职业道德评价是社会道德评价体系中的重要组成部分,是一种特殊的道德评价。它是社会成员凭借舆论、习俗、信念等方式,采用一定的道德标准,以动机和效果的统一为依据,去判断教师行为道德价值的一种活动。在幼儿教师职业道德建设中,道德评价发挥着极其重要的作用。要正确运用幼儿教师职业道德评价来提高幼儿教师的职业道德素质,必须首先弄清楚幼儿教师职业道德评价的内涵及其作用。

一、幼儿教师职业道德评价的内涵

(一) 幼儿教师职业道德评价的内涵

幼儿教师职业道德评价是指幼儿教师自己、他人或社会,根据社会主义的教师职业道德准则、规范和科学的标准,在系统广泛地搜集各方面信息,充分占有资料的基础上,运用现代技术手段,对幼儿教师的职业道德意识、道德情感、道德意志和道德行为进行考察和价值判断。我们可以从以下三个方面来理解这一概念：其一,社会主义的教师职业道德准则、规范是幼儿教师职业道德评价的根据和标准。其二,现代评价技术手段是幼儿教师职业道德评价科学性的有效保证。其三,幼儿教师职业道德评价主体具有多元性。

（二）幼儿教师职业道德评价的内容

幼儿教师职业道德评价的内容,主要包括两大方面：一方面是幼儿教师的职业行为。概括来说,幼儿教师的行为必须符合教育活动的规律,遵循教育目的和原则,同时在教育教学过程中,幼儿教师应当努力促进幼儿智力、能力和品德的发展,使自己的职业行为合乎学前教师职业道德规范的要求。对幼儿教师职业行为的评价也就是对其行为是否达到规范所要求的状态的考察。另一方面是幼儿教师的职业道德品质。幼儿教师的道德品质是由幼儿教师在长期职业道德活动中养成的比较稳定的特征和倾向,由道德认识、道德情感、道德意志和道德行为四个基本方面组成。

（三）幼儿教师职业道德评价的目的

幼儿教师职业道德评价的目的是在对幼儿教师的道德全面考察、判断和论证的基础上,探索和掌握幼儿教师职业道德形成和发展的客观规律,以便更加有效地指导广大幼儿教师提高自己的职业道德素质,完善自己的职业道德品质。对幼儿教师来说,教师职业道德评价可以使他们了解自己道德的实际情况,知道自己的优点与不足,明确自己今后的努力方向,提高自我评价的能力并使他们能够根据社会主义社会人民教师应当具有的正确的职业道德观念、职业道德标准去分析、判断和评价各种思想行为。对幼儿园来讲,教师职业道德评价的主要目的是让幼儿园对本园全体幼儿教师的职业道德面貌有一个全面的了解和认识,正确评价幼儿园整体的职业道德建设工作的得与失,成绩与缺点,以便更好地改进工作。

（四）幼儿教师职业道德评价的作用

教师职业道德评价是教师行为的道德价值的仲裁者,通过对教师教育行为的道德价值进行善恶裁决、判断,特别是当个人的内心信念成为教师强烈的责任感时,往往会对被评价者即教师本人产生巨大而深刻的影响。

第一,幼儿教师职业道德评价是维护和实现幼儿教师职业道德原则和规范的前提与保障。教师职业道德活动中,教师职业道德规范与原则能否贯彻,很大程度上取决于教师职业道德评价这个环节的组织能否得到有效实施。幼儿教师职业道德评价通过社会舆论、教育传统习俗和内心信念等方式对幼儿教师在幼儿教育活动中的言行、举止、思想观念等实施道德监督,并通过道德评价不断向幼儿教师传递关于他们职业道德行为的道德价值的信息,使他们及时了解什么样的教育行为是善的,什么样的教育行为是恶的,从而选择正确的教育行为,接受职业道德规范的约束和职业道德原则的指导。通过幼儿教师职业道德评价,一方面可以深化和细化幼儿教师对职业道德规范和原则的认识,使得职业道德规范和原则对他们的教育行为起到更大的指导和约束作用；另一方面,也有助于良好的、健康的教师职业道德氛围的形成。

第二,幼儿教师职业道德评价是教师职业道德认知转化为职业道德行为的中介。教师的职业道德行为不是天生就有的,而是要在长期的道德教育和道德修养中反复学习和磨练才能逐渐形成。通过幼儿教师职业道德评价活动,不仅可以对幼儿教师职业行为的善恶、是非、荣辱、好坏进行判断和裁决,使幼儿教师提高道德认识,确立职业行为,而且可以深入到幼儿教师的精神世界,作用于幼儿教师的感情和职业良心,激发他们的职业责任感和道德荣誉感。不道德者会在舆论谴责中感到良心的不安、羞愧和痛苦；讲道德的人会在褒奖和舆论支持下感到内心的安慰、喜悦和鼓舞,从而有效地唤起幼儿教师实践道德规范的主动性和积极性,使他们在教育教学过程中不断校正自己的言行,实现知与行的统一。

第三,幼儿教师职业道德评价是调节人际关系的杠杆。在幼儿教育活动中,幼儿教师面临着众多的人际关系,如师幼关系、同事关系、与幼儿家长的关系、与领导的关系等等。同时,教育本身还是一个开放系统,在教育活动之外,幼儿教师作为一个社会主体,还要处理好家庭关系、亲友关系、与社会其他成员的关系。特别是在社会主义市场经济条件下,随着社会竞争的加剧,教育领域的社会关系和利益关系日趋复杂,迫切需要道德来规范和调节。

道德评价的调节作用主要有三个方面,即褒扬善行、排除隔阂、斥责恶行。从作用方式上看,道德评价当然不具备法律诉讼那样的强制性,它是一种软调节,因此,不能靠这种调节瞬间就能解决问题,但是一旦它发挥作用,那么,它对人们的行为的影响则要比法律手段久远、广泛得多。归根到底,道德评价是一种持久的精神调节,它能唤起幼儿教师内心良好的道德信念,促进幼儿教师道德人格的升华,从而使幼儿教师不断地超越琐碎的人事纠纷、短暂的生活痛苦和其他不愉快,克服挫折心理,一心一意地献身于自己所认定的幼儿教育事业。同时,幼儿教师职业道德评价具有一定的辐射性。广大幼儿教师在社会生活中良好的修养和文明的举止,不仅可以优化教育环境,提高人才培养的质量,而且可以影响到社会其他行业的人们,净化社会风气,促进社会道德的全面提高。

二、幼儿教师职业道德评价的功能

教师职业道德评价的功能是指教师职业道德评价对教师道德建设工作的发展和改进所能起到的基本功效。幼儿教师职业道德评价是幼儿园领导加强教师职业道德建设工作的业务指导和进行科学管理的重要途径,同时,也是幼儿教师提高和完善自身职业道德品质的主要依据之一。概括起来讲,幼儿教师职业道德评价的功能包括指挥定向、教育发展、评价判定、督促激励等几个方面。

(一) 指挥定向功能

教师职业道德评价的指挥定向功能主要体现在幼儿教师个体和学前教师群体两个方面。对于幼儿教师个体,教师职业道德评价往往通过舆论的力量来规范、约束和指导幼儿教师的道德行为。近年来社会各界,尤其是网络媒体对幼儿教师职业道德缺失现象的口诛笔伐,必定会为幼儿教师敲响警钟,让他们明确什么可为,什么不可为,并以幼儿教师职业道德规范来严格要求自身的言行。

对于幼儿教师群体,正确而科学的评价对幼儿教师的职业道德建设同样具有指挥和导向作用。教师职业道德评价能够引导幼儿教师群体正确认识教师职业道德修养的重要意义,了解和掌握职业道德修养的标准,也认准职业道德修养的社会主义方向。

(二) 教育发展功能

人的道德素质,是人们从事一定的道德活动的内在准备状态。幼儿教师的道德素质水平的高低,不仅影响着幼儿教师对学前教育事业的忠诚和献身程度,影响着幼儿教师对国家、集体和个人三者利益关系的处理方式,而且制约着幼儿教师对待幼儿的态度,进而制约着教学活动方式。幼儿教师工作的突出特点是,既要保育也要保教。很难想象,一个道德败坏或道德素质水平不高的幼儿教师能有效地开展教育工作,会培养出有理想、有道德、有知识、守纪律的一代新人。师德素质当然不是天生就有的,要在长期的道德教育和道德修养中反复学习和磨练才能逐渐形成。而道德评价中所包括的社会评价和自我评价两种方式,既是道德教育和道德修养的重要组成部分,又是道德教育和道德修养的手段。社会评价是社会上大多数人对幼儿教师的教育行为的道德判断,它构成幼儿教师的道德素质形成和发展的外在环境;自我评价则是幼儿教师个人对自身行为的道德价值的反思,它是幼儿教师的道德素质形成和发展的内在环节。一个不断地对自身的教育行为进行反思的人,才有可能造就良好的道德素质,才是一个合格的人类灵魂工程师。总之,教师职业道德评价正是通过多种评价方式使幼儿教师受到教育,促使他们的道德品质得到发展。

链接

　　在一次主题为"卫生习惯"的公开课上,王老师用生动的表情和柔和的语言描绘着"卫生小标兵"的标准,边说边用眼睛观察小朋友的手指、耳朵。王老师点名表扬了几个卫生习惯好的小朋友,当她的眼睛瞄到班上的一个小男孩时,她脱口而出:"大家看,洋洋的耳朵多脏,不洗干净耳朵是不能当卫生小标兵的。"洋洋的脸一下子就红了。王老师说完就继续讲其他的内容了。第二天上午洋洋没来,下午来上幼儿园时,王老师注意到他的头发剪得短短的,耳朵后面洗得干干净净的,但是她没注意到洋洋紧张的神情。上课时,全班小朋友背儿歌,只有洋洋一动不动地站着,头垂得很低。下午放学时,洋洋妈妈和王老师交流,说:"今天早上孩子说肚子疼,我就把他送到奶奶那里。中午他一定要我带他去理发,还问了我几遍耳朵洗干净了没有。他好像有点不开心,我最近太忙了,没顾得上他。"王老师恍然大悟,她这才意识到自己在无意中竟然给一个幼小的心灵带来了伤害。她对前一天上课时的冒失行为感到非常自责。她赶紧向洋洋妈妈解释了情况,诚恳地道歉。她把洋洋叫到身边,对他说:"老师那天没了解情况就批评你,让你难为情了,是老师不对,希望洋洋原谅老师,老师现在知道了,你是一个很讲究卫生的好孩子,明天老师在全班表扬你!"洋洋抬起眼睛,点了点头,脸上表情轻松了许多。王老师也由这件事情认识到保护幼儿的尊严和信心对于一位学前教师而言是十分必要的。

　　案例中的王老师是以自我评价的方式发现了自身职业道德行为中存在的问题,即没有做到保护幼儿的尊严。王老师意识到自己的问题所在正是自我职业道德评价的结果,而自责则是伴随自我评价产生的情绪体验。在作出评价后,王老师及时采取措施为自己对洋洋造成的不良影响予以了补救,并也由此意识到了尊重幼儿的重要性,使自身的道德品质得到了提升。促进学前教师在知识、能力和思想品德等方面的发展,这是幼儿教师职业道德评价最基本的功能。

(三) 评价判定功能

　　教师职业道德评价的结果是通过评价区别出好坏、优劣,进而判定某一教师职业道德水平的高低,也体现了其职业道德与社会主义社会教师职业道德规范相符合的程度。

　　在社会主义市场经济体制下,少数幼儿教师在思想上滋生了按酬付劳,"钱多多干,钱少少干"的单纯雇佣观点,在工作中斤斤计较个人利益,有了一点本领就摆资格,追求高收益。通过幼儿教师职业道德评价,将幼儿教师个体的职业行为与幼儿教师职业道德规范进行比较,对幼儿教师的职业道德水平的高低进行评价和鉴定,对幼儿教师的正确行为进行褒扬和鼓励,对那些不良的行为加以谴责,帮助幼儿教师明辨各种师德现象的是非,判断教师行为的道德价值,促使幼儿教师去矫正或强化自己的道德行为,起到对幼儿教师行为的监督作用。幼儿教师职业道德评价可以帮助幼儿教师对自身的道德水平有更清晰的了解,明确自身职业道德与幼儿教师职业道德规范要求的差距,从而使其在幼儿教育活动中自觉践行职业道德规范。

(四) 督促激励功能

　　教师职业道德评价的督促激励功能是评价判定功能的必然结果。教师职业道德评价的督促激励功能表现在两个方面。一方面是来自被评对象内部的压力,这是评价的必然反应。另一方面是来自社会各界的外部动力。如果幼儿教师因为道德行为"失当"而遭到谴责和责罚,那么其内心必然会产生一定的压力,从而促使其调节自身的道德行为以期获得更好的职业道德评价。与此同时,来自外界的动力也是不容忽视的。试想两名地位、各方面条件相类似的学前教师,其中一名教师因能在工作中很好地践行幼儿教师职业道德规范而得到了精神上的满足和物质上的利益,那么另一名教师也将会被激发出更强的创造热情和工作动机。职业道德评价通过对幼儿教师职业道德水平的判定,可以不断传送关于幼儿教师道德行为价值的信息,一方面迫使幼儿教师接受幼儿教师职业道德规范的约束而不逾矩行动,从而保证幼儿教师的职业行为不偏离正确方向。另一方面也通过保护幼儿教师的正当利益,即"奖励先进,得所当得",激励所有幼儿教师自觉遵守幼儿教师职业道德规范。

讨论

彭丽英:一颗爱心可以拴住几十颗童心[①]

初见常熟市实验小学幼儿园的彭丽英老师,她那双温柔的眼睛仿佛透着说不出的善意,让人不由得愿意和她亲近。26年来,她怀揣一颗赤诚的童心,追求"至人、至爱、至诚、至善"的育人目标,默默地在幼教园地耕耘。

1986年,不满18岁的彭丽英从苏州幼儿师范学校毕业,来到常熟大义中心幼儿园。一年后她被选送参加市里的演讲比赛,题目是《爱的心曲》。从此,《爱的心曲》成为了彭丽英幼教乐章的主旋律。

幼教工作整天面对的是一群稚嫩的孩子,由于年龄小、自理能力差,幼儿教师便担当了教师与妈妈的双重角色,工作繁重,付出的精力自然也多,可彭丽英从未言过苦、说过累。她带过身患急性淋巴细胞白血病的孪生兄弟,带过天性胆怯、近乎自闭的孩子,还带过缺乏家教、散漫无羁的特殊儿童。一双眼睛看不住几十个孩子,而"一颗爱心却可以拴住几十颗童心",彭丽英说。

2010苏州教育十大年度人物、苏州市第二届双十佳青年教师……纷至沓来的荣誉验证着彭丽英的努力与付出。岁月流逝,不变的是她那颗眷念孩子的心,还有那双离不开孩子的眼睛。这双眼睛,从年轻时的清澈明亮,到如今积蓄、沉淀,散发出慈爱和智慧的光芒。在这双眼睛里,我们读懂了"没有爱就没有教育"。

思考:你认为是什么力量和信念让彭丽英老师在幼儿教师工作岗位上辛勤耕耘二十多年?

第二节 幼儿教师职业道德评价的主体与客体

幼儿教师职业道德评价的主体是多元的、开放的。它既可以是上级主管部门、同行、社会各界等,也可以是评价对象自己(如自我评价)。同样,幼儿教师职业道德评价的客体即评价对象也不是单一的,它既可以是幼儿教师个体的职业行为,也可以是幼儿教师群体的职业行为。

一、幼儿教师职业道德评价的主体

道德评价主体确定的科学性与否关系到道德评价的公平性和实效性,传统的道德评价主体往往忽略了被评价的对象,其实评价对象在很多情况下比其他评价主体更能对自身的道德行为做出准确的判断。由此,

---

① 彭丽英.一颗爱心可以拴住几十颗童心[N].江苏教育报,2012-9-7.(有删减)

我们认为幼儿教师职业道德评价的主体主要可以分为社会、管理者和教师自身三类。

(一) 社会

社会评价是指行为当事人之外的个人或组织对当事人的行为进行的评价。对幼儿教师职业道德的社会评价主要是来自校内外各方面的评价。评价者可以是个人，也可以是团体或组织。常见的评价主体有：幼儿家长、社区管理人员、社区内一般成员、教育协作单位人员、教师进行社会服务单位的人员等。从广义上讲，幼儿教师所在幼儿园之外的所有成员都有权对幼儿教师的行为进行道德监督。俗话说，当局者迷，旁观者清，评价主体可以超越评价客体的主观局限性，多角度、多层次地观察和判断评价客体，使评价更为真实、客观、准确。但是，如果评价主体对评价客体怀有偏见，或者出于某种个人目的，不能正确地运用评价标准，也会出现评价结果失真的情况。

因此，在幼儿教师职业道德评价过程中，一方面要做好评价主体的思想工作和心理指导，防止评价主体受到思维定势、盲目从众、畏惧权威等心理因素的影响和干扰，出现认知偏差，影响评价的客观性和准确性；另一方面，不能完全依赖他人的评价结果。首先，对于来自外界的评价结果也要进行认真客观的分析；其次，要将深入细致的调研工作和他人评价结合起来，经过去伪存真的过程，使他人评价建立在客观、公正的基础之上。

链接

教师好不好，家长来评价。月山中心幼儿园尝试采用社会评价的方法，让家长唱主角，教师风貌出现了可喜的变化。为促进教职员工更好地服务幼儿，教育幼儿，让孩子快乐健康地成长，幼儿园向家长发放了《月山中心幼儿园家长对教师评价调查表》，希望家长对教师的各方面行为给予客观评价。评价的内容涉及教师工作时的衣着打扮、举止言谈、专业技能水平、人品修养等方面，评价等级分为很满意、满意、基本满意、不满意四个等级。与此同时，幼儿园还配套执行了《月山中心幼儿园幼儿家长满意度奖惩制度》。根据这一制度，家长满意度与教师的月工资挂钩。家长满意度达到90％以上的给予物质奖励以及荣誉积分。家长满意度低于60％的给予现金处罚，并给予口头、书面批评，直至开除或申请调离本单位。此外，制度规定经多方调查取证，如果幼儿及家长所遭受的伤害确实是教师道德素质低下，思想懈怠，行为懒散，态度不端所致，将对有关教师实行最大限度的经济处罚。

社会评价的典型形式是社会舆论评价和传统习俗评价。

1. 社会舆论评价

社会舆论就是众人的议论，即一定社会的人们，从某种信仰、经验出发，对其所关心的社会生活中的事件或对象所表达的某种倾向性意见和态度。这里的社会舆论评价，是指人们以幼儿教师职业道德的原则和规范为标准，对幼儿教师的职业道德所进行的评议和判断。可以分为园内舆论和园外舆论。园内舆论主要指幼儿教师、幼儿和幼儿园管理人员等对教育现象和教育行为的看法和态度；园外舆论主要指幼儿家长、社会组织和团体以及新闻媒介等对教育现象和行为的看法和态度。社会舆论通常有借助于报纸、电视、网络等手段加以传播的正式舆论和借助于口头传播形式的非正式舆论两种。

社会舆论既反映出现实中的幼儿教师与幼儿、幼儿教师与他人之间的道德关系，对幼儿教师的道德行为起着不容忽视的调节作用，同时，社会舆论还是一种重要的监督形式，可以有效监督每一位幼儿教师的道德行为。除此以外，社会舆论更是以一定的价值观念为依据，对幼儿教师的教育行为进行是非对错、善恶美丑的评价。但是从性质上看,社会舆论又有正确与错误,先进与落后,建设性与破坏性之分。社会舆论的复杂性质给幼儿教师职业道德评价带来一定的困难,这就要求有关部门对社会舆论进行严格的区分,对其加以引导,批评和抵制错误舆论,弘扬和扶植正确舆论。

2. 传统习俗评价

传统习俗是一定社会、一定民族在长期的共同生活中所形成的、习以为常的社会倾向、行为习惯和道德心理沉淀等。传统习俗具有较强的民族性、地域性和直接性特点,因而常常左右着人们对某种行为的态度。比如中华民族由来已久的"尊师重教"、"一日为师,终生为父"等优良传统,都会对今天的幼儿教师产生积极的影响。然而,跟社会舆论一样,传统习俗也具有两重性。由于种种原因,社会上仍有一些人轻视幼儿教师工作,幼儿教师的专业性常常得不到外界的理解甚至被质疑。传统的"学而优则仕"的思想至今仍得到不少人的肯定,这是令人忧虑的。

(二) 管理者

管理者评价是指从管理的角度提高幼儿教师职业道德素质,由管理者组织进行的幼儿教师职业道德评价。常见的评价主体有教师和领导。

1. 教师

幼儿教师之间的互评既是师德评价的重要方法,也是幼儿教师相互学习的有效途径,可以是以教研组或年级组为单位,每位幼儿教师根据承诺内容进行自查自评后,幼儿教师间再进行互讲互评,也可以实行定性评议和定量打分相结合的方式,得出评价结果。教师同行的评价是基于个人类似的经验,能体会到同行的情感、态度和问题。一般来说,幼儿教师对同行的职业道德评价更具专业性,也更能提出中肯意见,然而,在同行评价中也容易出现"同行是冤家"或"同病相怜"的心理,导致评价的失真。

2. 领导

领导评价是一种自上而下的由幼儿园或教研室、年级组领导实施的评价。领导一般都是较为优秀的幼儿教师,能从更高的视点、更广的范围对评价对象的职业道德作出评价,与其他评价主体相比更具有权威性和专业性,其意见和建议往往更全面,对教师改进的帮助也就更大。

(三) 自我

幼儿教师自身也是职业道德评价的重要主体之一。幼儿教师职业道德的自我评价,是指幼儿教师根据一定的道德评价标准,通过内心信念来对自己行为的善恶进行鉴别、评判的方式。这是一种重要的职业道德评价方式,意味着管理者对幼儿教师的尊重和信任,有助于增强幼儿教师的主人翁意识,鼓励幼儿教师积极参与评价过程,提高师德评价结果的可信度和有效性,使得师德评价过程成为一个自我改进、自我教育的过程。

跟所有教师一样,幼儿教师的劳动具有特殊性,即在实际生活中大多数是个人独处或独立开展教育教学工作,在这种无人监督的情况下,如果幼儿教师做出了不道德的事,可能不被他人察觉和谴责,但是,作为教师,自己却无法逃脱内心"道德法庭"的审判。这时幼儿教师的教育良心既是"原告",又是"法官大人",它就会在内心道德法庭中起诉并审判自己,使自己感到内疚和不安,通过"良心谴责"来调节自身的思想行为,保障幼儿教师的道德品质趋于高尚。就道德评价的深度而言,自我道德评价能够深入到幼儿教师自己内心世界最隐秘的部分,对自己的欲望、意图、动机和信念等师德观念进行评价。当幼儿教师向自己发出"我应该这样做"或"不能这么做"的道德指令时,往往同时又会向自己提出"我这么做对吗?""这是一个幼儿教师应该做的吗?"的疑问,而对这些问题的回答,就是在进行自我道德评价。

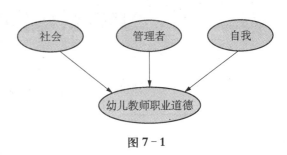

图 7 - 1

二、幼儿教师职业道德评价的客体

幼儿教师职业道德评价的客体即评价对象,既可以是幼儿教师个体的职业行为,也可以是幼儿教师群体的职业行为。具体来说,幼儿教师个体和群体的道德状况、道德行为和道德品质都可以成为幼儿教师职业道德评价的对象。在广义上,可以从教育与其外部世界的实例中把握幼儿职业行为的伦理意义;从狭义上,主要从教育内部(特别是幼儿园教育内部)认识和评价教师的道德行为和品质的伦理意义。教师在教育活动中的道德品质和行为,则可以反映在幼儿园组织结构、幼儿园制度建设、幼儿园管理过程和质量、幼儿园办学条件和办学效果、校风等方面。在某种意义上说,对教师职业道德的评价实质就是对幼儿园各方面工作的评价。①

讨论

个人师德师风自查报告②

一、师德师风方面存在问题

1. 在爱岗敬业方面,我能够做到热爱教育、教书育人,注意培养学生具有良好的思想品德。但有时候我对待工作还不够尽职尽责;在批改作业、考试阅卷等方面,偶尔有敷衍现象。

2. 在关爱学生方面,我关心爱护学生,尊重其人格。但在平等、公平对待学生,特别是在严格要求学生方面,做得还不够。

3. 在教书育人方面,我注意严谨治学,提高业务水平。但探索教育教学规律缺乏长期性,教育教学方法还缺灵活性和改进力度。

4. 在为人师表方面,我基本上能够做到谦虚谨慎、尊重同事。但是在相互学习、相互帮助方面还不够理想,对如何更好地共创文明校风,还缺乏智慧的协作。

二、存在以上问题的主要原因

1. 现代教育理论、政策法规学习不够深入,没有重视依法执教这个准则。

2. 爱心没有很好地培养和树立,因为爱心的激发不够而出现敷衍塞责现象。

3. 缺乏刻苦耐劳的精神和态度,因而提高教育、教学和科研水平还不够快。

4. 降低了自我要求的标准,缺乏对为人师表是教育事业对教师人格提出的特殊要求的理解。

三、就以上存在的问题的改进措施

对照幼儿教师职业道德规范、良好的师德师风和对优秀教师的要求,我拟定如下 4 项整改措施:1. 坚持理想,坚定教书育人、为人师表信念;2. 完善幼儿园教育管理,增强制度的严肃性;3. 转变作风,积极工作;4. 加强业务知识学习,努力提高综合素质。

思考:幼儿教师职业道德自我评价的优缺点有哪些?

第三节　幼儿教师职业道德评价的标准

幼儿教师职业道德评价标准,是对幼儿教师教育过程中的行为进行评判衡量的尺度或准则。在我国现

---

① 钱焕琦. 教师职业道德[M]. 上海:华东师范大学出版社,2008:248.

② 摘自中国幼儿教师网. http://www.yejs.com.cn/jswa/article/id/47747.htm,有删减。

阶段,幼儿教师职业道德评价的根本标准是忠于人民教育事业,具体标准是幼儿教师职业道德规范。

道德评价是对人的行为及其品质的衡量或判定,简单地说,就是一种善恶评价,它从某种既定的或为某一社会、群体(集团)所认同的道德价值准则出发,对人们行为作出正当与否的评估。由此可以说,幼儿教师职业道德评价就是对幼儿教师的行为及其品质的衡量或判定。善恶就是幼儿教师道德评价的一般标准。

一、幼儿教师职业道德评价标准的制定

制定幼儿教师职业道德评价的标准,在内容上必须要考虑幼儿教师职业的性质和教育发展的需要,要体现幼儿教师道德的特定内涵和时代要求。这样才能使评价标准成为内容合理、形式完善的可操作的指标体系,增强可信度和说服力,避免随意性和盲目性。

链接

教师职业道德评价标准的两个层面:道德行为标准和道德心理标准。

道德行为标准是衡量教师行为善恶的外在尺度和准绳,在评价时应遵循一定的教师职业道德原则和规范,必须反映出一定社会或阶级的利益。只有符合一定社会或阶级的需要和利益,才是善的或道德的。

道德心理标准是衡量教师行为善恶的内在尺度和准绳,它要求教师的职业行为必须与教育规律相符合,有助于幼儿的健康成长。凡是符合幼儿个性心理、人才成长规律和教学规律开展的教育活动,才是善的或道德的。

(一) 忠于人民教育事业是幼儿教师职业道德评价的根本标准

1. 忠于人民教育事业的具体涵义

社会主义道德建设的核心是为人民服务。因而,幼儿教师职业道德的基本原则就是忠于人民教育事业。所谓忠于人民教育事业,就是把人民的教育事业看成是中国特色社会主义事业的重要组成部分,积极主动地把自己从事的具体工作与整个社会主义事业联系起来,对祖国的前途、人民的幸福具有高度的使命感和责任感,并将其转化为献身幼儿教育事业的坚定信念和为幼儿教育事业努力奋斗的实际行动。忠于人民教育事业,是社会主义时期对幼儿教师提出的根本要求,也是进行幼儿教师道德评价的根本标准。

2. 幼儿教师道德评价根本标准的确立依据

第一,忠于人民教育事业是我国教育社会主义性质的必然要求。在社会主义制度下,人民成为社会的主人,这就要求幼儿教师必须忠于人民的教育事业,为社会主义事业培养人才。忠于人民教育事业是社会主义教师道德区别于其他社会教师道德的根本标志。

第二,忠于人民教育事业是社会主义现代化建设的客观需要。首先,社会主义现代化建设急需教育培养合格人才。我国的教育搞上去了,人才资源的巨大优势是任何国家比不了的。这就要求幼儿教师忠于人民教育事业,为现代化建设培养大批生力军。其次,教育能够促进社会精神文明建设。教育本身就是社会精神文明的重要组成部分,教育的发展又相应地推动精神文明建设的发展,它对人民的思想觉悟、道德风貌、民主意识、法制观念都有重要影响。教育在现代化建设中的地位和作用,决定了幼儿教师必须忠于人民的教育事业。

第三,忠于人民教育事业是人民教师道德的实质和核心。人民教师道德各项规范的实质,都是忠于人民教育事业这一基本原则的具体展开。教师遵循各项具体的职业道德规范,最终都体现在忠于人民教育事业

上。从这个意义上说,幼儿教师道德评价的根本标准也应是忠于人民教育事业。

(二) 幼儿园发展利益是幼儿教师职业道德评价的基本标准

幼儿教育事业的发展要依靠幼儿园的发展来实现,幼儿和幼儿教师的成长也需要以幼儿园为依托。著名教育家陶行知说:"幼儿园无小事,事事皆育人;教师无小节,处处皆楷模。"对于每一个幼儿的成长而言,任何幼儿教师的劳动都只是浇了有限的一瓢水,培了有限的一铲土,所有幼儿教师的个体活动终究要融汇于幼儿教师集体的共同劳动之中。幼儿教师职业道德必须反映出幼儿园发展的需要,要把幼儿教师的教育行为能否有利于幼儿园,能否完成应当承担的教学任务和教育职责,作为幼儿教师职业道德评价的基本标准。作为幼儿教师,应该在幼儿园中履行义务,发挥作用。凡是完成了应该承担的教育职责,有利于实现幼儿园发展利益和需要的行为,就是道德的教育行为,应予以肯定、鼓励和宣传;反之,则是不道德的教育行为,应予以否定、抵制和反对。当然,这里所说的幼儿园发展利益与幼儿的发展利益及整个社会的教育发展利益是一致的,不是指违背教育方针的片面、狭隘的幼儿园小集团利益。

(三) 职业道德规范是幼儿教师职业道德评价的具体标准

教师道德评价的根本标准具有概括性、抽象性,而教师在教育过程中的行为又总是具体的。因此,在根本标准的基础上必须有与具体行为相适应的具体标准。

教师职业道德规范是教师从事职业活动时所应遵循的共同行为准则,它从各方面对教师的行为进行了界定,凡是符合教师职业道德规范的行为就是善的、道德的,否则,就是恶的、不道德的。因此,幼儿教师道德评价的具体标准就是幼儿教师职业道德规范。

教师职业道德规范集中反映了社会和幼儿园对教师的职业要求,具有较强的指导性和操作性。因此,幼儿教师职业道德规范作为评价幼儿教师职业道德的具体标准,包括了对幼儿教师的思想、素质、作风、学识、行为和仪表等多方面的具体要求。凡是符合幼儿教师职业道德的行为品质就是善的,就应该获得肯定性的评价;反之就是恶的,就应给予否定性的评价。从这个意义上说,评价标准的制定过程就是幼儿教师职业道德规范的制定过程。当然,人们制定的幼儿教师职业道德规范常常具有一定的局限性,要不断根据社会和教育发展的需要,逐步加以丰富和完善。

幼儿教师道德评价的根本标准、基本标准和具体标准是相辅相成、相互一致的。一名幼儿教师要真正做到忠于人民教育事业,兼顾幼儿园发展利益,就必须在各方面严格要求自己,使自己的一切言行都符合幼儿教师职业道德规范的各项要求;反过来,一名幼儿教师的品德和行为达到了幼儿教师职业道德规范的各项要求,其表现就自然符合了忠于人民教育事业这一根本标准,也必定不会有损幼儿园发展的正当利益。根本标准和基本标准是从整体上对幼儿教师的品德和行为进行衡量,具体标准是从具体方面对幼儿教师的品德和行为进行评判。

二、幼儿教师职业道德评价应注意的问题

(一) 坚持用动机与效果相统一的观点来评价幼儿教师的道德行为

在实际评价中,对于动机与效果一致的情况,容易作出评价,即动机好、效果好的行为,自然是善行;动机不好、效果也不好的行为,自然是恶行。但是,当动机与效果不一致时,会导致"好心办坏事"。首先要看动机,因为动机存在于行为者的内心,反映和体现了行为者的精神境界和行为本质。同时,还应做到具体问题具体分析,不能片面强调动机或片面强调效果,而应通过实践来评价。对"好心办坏事"的现象,要分析原因,是事先对客观情况认识不全面,考虑不周到,还是因为客观事物在发展过程中发生了始料不及的变化。这样才能修正下一步的意图和方法,使动机与效果统一起来。实践能够不断检验和完善动机,在实践中逐渐使得良好的愿望和良好的效果统一起来。

那么,如何才能正确判断动机的好坏呢? 这就需要依据效果和一贯的行为。即使效果不好,但能从幼儿教师一贯的行为中证明动机是好的,也应当判定行为具有善的道德价值,这样体现了动机在行为中的重要意义,也体现了道德行为评价不同于其他评价的特殊性。

总之,在对幼儿教师的职业道德进行评价时,应遵循动机与效果相统一的原则,联系动机看效果,透过效果看动机,坚持运用全面的观点,对幼儿教师职业道德作出适当的评价。那种只看幼儿学习成绩,不看教师教书育人全过程的评价方式是不可取的。

(二) 坚持用目的与手段相统一的观点来评价幼儿教师的道德行为

目的与手段是相统一的。一方面,目的决定手段,目的的性质决定手段的性质;另一方面,手段也影响目的,手段的性质也影响目的的性质。因此,在评价行为的道德价值时,应当具体分析目的与手段的联系情况,作出正确的评价。当目的与手段一致时,是容易评价的,即目的是好的,手段合理的行为就是善行;反正就是恶行。但是,如果目的是卑劣的,即使手段是正当的行为也不能称之为善行,应该给与否定评价。如果目的是好的,采取的手段是不正当的,则必须予以深入分析,才能作出恰当的评价。

> ### 链接
>
> 一天,朵朵把隔壁班的门锁了,幼儿园杨老师严厉批评了孩子,在孩子情绪不能控制的情况下,将孩子拖拽到幼儿园厕所边。第二天中午,因为在午休期间与别的小孩说话,该幼儿园另一位老师姜老师把孩子亮亮叫到鞋柜处罚站。杨老师称朵朵比较调皮,经常不听老师的话,因此她心里比较着急,遇到孩子锁门时就把孩子拖到厕所边;而姜老师也称,自己是为孩子好,为了孩子改正错误才这样做的。[①]

不难发现,案例中朵朵和亮亮两个孩子的违纪行为或不礼貌行为是引发杨老师和姜老师两位老师体罚行为的直接原因。就目的而言,这两位老师的行为似乎是为了教育孩子要遵守班级纪律,尊敬师长,然而他们的手段却给孩子造成了严重的身心伤害,是不可取的。在对他们的行为进行道德评价时就要兼顾目的与手段,不能因为道德目的的正当性而忽视其道德手段的不正当。

可见,如果割裂了道德目的和道德手段的有机联系,无论是把目的作用绝对化还是把手段作用绝对化,都无法使我们正确理解目的和手段在道德评价中的地位和联系。这就要求我们在幼儿教师职业道德评价中,以教育活动为参照,以幼儿教育的客观规律为准绳。

(三) 坚持用动态性与发展性相统一的观点来评价幼儿教师的道德行为

从教师专业发展的角度来看,每位幼儿教师都有自身不断发展、不断完善的空间,这需要每个人在自己的工作中不断地反思并总结。教师职业道德评价就是为了帮助幼儿教师找到自己在职业道德修养方面的薄弱之处,发现自己的师德缺陷和人格弱点。因此,在对幼儿教师进行师德评价时,不能用静止的、一成不变的观点来评价变化和发展着的道德现象。教师职业道德评价的结论最终不在于判断幼儿教师过去怎么样,而在于指明其进一步发展的方向。

坚持发展性道德评价的理念有两层含义:一是师德评价过程中幼儿教师必须用发展的眼光看待师德行

---

① 中国日报中文网 http://world. chinadaily. com. cn/2014-10/17/content 18758510. htm? f=360,引用时有删减。

为;二是师德评价必须立足于促进幼儿教师道德的发展,以发展为出发点,考察幼儿教师的道德行为。

现有的师德评价往往以总结性评价的方式呈现,比如幼儿教师的年终总结。这种评价方式的弊端在于:偏重于对幼儿教师道德品质的静态评价而忽视品质形式的动态评价;关注对幼儿教师已有品质的鉴定,却轻视了师德评价的导向、激励作用;注重师德评价的功利性作用,忽略师德评价对幼儿教师职业道德修养的反馈、调节作用。其实,道德评价应该是一个"反馈—矫正"的系统。将幼儿教师的道德行为与师德规范做比较,通过分析,作出判断,进行反思,从而明确努力的方向,调节自身的师德行为。所以,幼儿教师职业道德评价应注重过程性评价,应该把幼儿教师的道德品质形成看作连续的过程,时刻关注并评价教师的道德表现,及时地反馈、矫正幼儿教师的道德行为,以确保幼儿教师良好职业道德的形成与发展。

讨论

幼师师德标兵评选标准①

(1)关爱幼儿好:对幼儿循循善诱,耐心教育,不讽刺,不歧视,不训斥,不体罚和变相体罚,公平对待身边的每一位幼儿。

(2)为人师表好:同事之间真诚相待,互相尊重、互相理解、互相关心,做到言行一致,处处事事作学生的表率。能文明善待家长。

(3)关心集体好:热爱幼儿园,关心集体,积极参加各项公益劳动,尽力为集体做好事。

(4)团结协作好:老师之间互相关心,互相帮助,互相学习,互相支持,做到大事讲原则,小事讲风格,不犯自由主义。

(5)诚信待人好:园内外为人处事诚信,社会反响好。

(6)遵守纪律好:遵守纪律,服从领导,勇于接受并保质保量地完成幼儿园交给的各项任务。

(7)满意度要好:家长、同行测评满意度好。

(8)家庭关系好:孝敬和赡养父母,夫妻和睦相处,子女管教好,邻里关系融洽。

(9)钻研业务好:刻苦钻研教学业务,积极进取,勇于创新,群众威信高,在工作中起模范带头作用。

思考:以上幼师师德标兵评选标准确立的依据是什么?你心目中的幼师师德标兵标准是什么?

第四节　幼儿教师职业道德评价的原则与方法

在幼儿教师职业道德建设中,评价发挥着极其重要的作用。作为社会调控手段之一,职业道德评价发挥着抑恶扬善的作用,而这种作用的发挥是以正确的评价原则和适宜的评价方法为前提的。制订正确的评价原则、使用合理的评价方法对幼儿教师职业道德的建设具有重要的激励作用。反之,缺乏正确评价原则的引导或者评价方式不当将会对幼儿教师职业道德的建设造成难以预计的负面影响。

一、幼儿教师职业道德评价的原则

幼儿教师职业道德评价的原则是在进行幼儿教师职业道德评价的过程中必须遵循的基本要求。只有在

---

① 幼师师德标兵评选:模范评选实施方案. 中国幼儿教师网 http://www.yejs.com.cn/jswa/article/id/47129. htm.

幼儿教师职业道德评价过程中严格遵守评价的方向性、客观性、科学性、发展性、民主性原则,才能将幼儿教师职业道德评价引上正轨,发挥评价的积极作用。

(一) 方向性原则

方向性原则是指对幼儿教师职业道德评价一定要坚持正确的方向。从根本上讲,方向性原则是指教师职业道德评价要体现社会主义的性质,坚持社会主义方向,有利于广大幼儿教师提高社会主义的思想觉悟和道德水平。社会主义方向性是我们开展幼儿教师职业道德评价的最根本的指导思想和工作原则。在幼儿教师职业道德评价中,贯彻方向性原则应注意做到以下几点:首先,必须坚持社会主义的办学方向。其次,要体现社会主义的教育价值取向。最后,要坚持评价过程中的社会主义方向。在教师职业道德评价的整个过程中,我们始终都应坚持社会主义方向。具体而言,即师德评价要与先进文化的发展方向保持一致,要有利于幼儿园实现教育目标,有明确的办学方向,有利于树立正确的教育质量观和人才观。由此,在对幼儿教师进行职业道德评价时,只有对幼儿教师的思想品质、工作态度、教书育人和业务能力能作出公正、准确而又全面的价值判断,才能充分发挥评价应有的导向作用。

(二) 客观性原则

评价的客观性原则是指在进行幼儿教师职业道德评价的过程中,必须采取实事求是的态度,真实、客观地反映幼儿教师职业道德的实际情况。尊重客观事实,实事求是地反映事物的本来面目是做好一切工作的基础。

贯彻评价的客观性原则,首先,要求评价主体要对评价对象进行广泛调查、全面收集资料,并严肃、认真地整理资料,按照客观、统一的标准进行评价。对幼儿教师的师德评价依据必须是客观真实的资料,比如幼儿园的日常师德考核数据、同事的评价、幼儿家长的评价以及评价对象的自我总结材料等。在大量搜集材料的基础上,还要对资料的客观性、科学性做出评判,去伪存真。其次,要求评价者注意评价对象的个体差异性,从实际出发。长期以来,幼儿教师师德评价受我国传统一元价值观影响,在评价标准的制定上过多地强调共性和一致性,忽视了幼儿教师个体间所存在着的差异,抹杀了幼儿教师的个性。此外,同教师的自然生命一样,教师作为一项职业也有着符合自身发展规律的生涯周期。职业生命周期理论是以人的生命自然的老化过程与周期来看待教师的职业发展过程与周期。[①] 幼儿教师同样也有职业生命周期,分为不同的职业生涯阶段,每个阶段具有相应的特点。对处于不同阶段的幼儿教师,也需要差异对待,给予不同的师德评价。由此,构建幼儿教师差异性师德评价体系显得尤为重要。最后,评价主体在评价时要做到公正、客观。评价主体在师德评价过程中,应当以客观资料为依据,给出公正、客观的评价结果,不可夹带个人情绪,更不能挟私报复。

(三) 科学性原则

评价的科学性评价原则是指在幼儿教师职业道德评价的过程中,评价主体要以客观事实为基础,严格遵守评价科学和教育科学的客观规律,恰当运用现代科学技术手段去设计评价标准、评价方法、处理评价结果。只有遵循科学性评价原则,才能得出科学的评价结果,这样的结果才有意义和价值。

贯彻评价的科学性原则,首先就是要构建科学合理的师德评价指标体系。在师德评价指标体系的构建过程中需明确构建的原则,具体包括:客观性原则,即编制师德评价指标时要以师德内涵为特征和依据;明确性原则,编制的指标要明确具体,对工作数量和质量的要求、责任的轻重、效果的好坏作出明确的界定和具体的要求,最大限度地降低评价者对指标理解上的模糊不清或误解;普遍认可原则,把师生评价作为师德评价

---

① 张晓峰. 对现行教师评价三个基本问题的批判:后现代主义视角[J]. 教育理论与实践,2004(10).

的根本,在指标中真正体现师德的需求。[①] 其次,要遵照评价的科学程序。科学的评价是有程序的,幼儿教师职业道德评价亦是如此,所以,评价的过程中要严格按照计划、组织、考察、评定、总结五个环节进行。最后,要运用科学的评价方法和手段。在师德评价方法的选择上综合运用过程性评价和总结性评价,即既要关注幼儿教师师德品质形成的过程,也要重视师德修养的结果。与此同时,评价主体可以大胆尝试新型的师德评价方法,比如学习评价法,很多幼儿教师对师德评价认识模糊,缺少对师德评价知识的整体性把握,是导致幼儿教师不懂师德评价、不会师德评价的根源所在。可以组织幼儿教师进行系统学习,在参与师德评价的过程中学习师德评价。

(四)发展性原则

评价的发展性原则是指幼儿教师职业道德评价要符合发展的要求,充分发挥评价的发展教育的作用,充分体现"发展是评价的基础,评价过程是发展过程"这一宗旨,通过评价使广大幼儿教师在评价中发扬优点,改正缺点,不断地提升自身的职业道德修养。

发展性评价的核心是强调注重过程性评价,杜绝"以点概面、以偏概全"、用静止的观点看问题的错误倾向。传统的师德评价方式往往过于强调评价的终结性结论,这就很容易导致幼儿教师职业道德评价流于形式。尤其值得注意的是要恰当地处理师德评价结果。师德评价结果通常会严格地与幼儿教师的奖惩挂钩,这就使得现行的幼儿教师职业道德评价体系在很大程度上成为了幼儿教师头上的"紧箍咒",让幼儿教师对评价产生畏惧和不信任感。所以,对师德评价结果的处理要打破"奖惩"的怪圈,这样才能顺利发挥其对幼儿教师的教育发展作用。

(五)民主性原则

民主性原则是指幼儿教师职业道德评价要坚持走群众路线,要相信、尊重、依靠教育行政部门、幼儿园领导、教职员工和社会各界,调动各方面的积极性,充分发扬民主,共同搞好幼儿教师职业道德评价工作。发扬民主,走群众路线是我们党的优良传统和作风,也是我们进行幼儿教师职业道德评价必须坚持的根本路线。

贯彻民主性原则,首先要求在制定评价方案与指标时广泛征求广大幼儿教师的意见,通过反复酝酿讨论,充分发扬民主。其次,在评价过程中,评价主体要具有民主思想和民主作风,要本着与广大幼儿教师合作共事的态度,充分尊重他们的意见和人格。再次,要调动幼儿教师进行自我职业道德评价的积极性。最后,要充分重视社会各界对幼儿教师职业道德评价的意见。

二、幼儿教师职业道德评价的方法

(一)教师职业道德评价的具体方法

在幼儿教师职业道德评价过程中具体的方法是多种多样的,总的来说有定量的和定性的方法。定量和定性相结合的原则,在幼儿教师职业道德评价中尤为重要。采用定量分析能比较准确地反映客观实际,增强客观性和可信度,然而也有许多指标较难用数据来表现,特别是关系到人的思想、情感、意志等主观性较强的指标,如果强求用精确的数字去表示本身具有主观性和不确定性的事物,反而不客观也不科学。

1. 定性方法

由于幼儿教师职业道德的特殊性,作为评价依据的行为动机、行为效果、行为目的和行为手段等难以进行量化,在这样的情况下可以运用定性的分析方法,主要操作步骤包括:第一,对幼儿教师的行为进行描述性的分析,指出其错误所在以及危害,制定矫正行为的具体方案,即有针对性地提出改进性意见与建议。第二,根据幼儿教师的不良行为在其职业道德品质中所占的地位,就该行为对其职业道德品质的影响作定性评估。

---

① 董彦旭.构建新时期师德评价指标体系[J].天津教育,2011(1).

第三,对该幼儿教师的总体职业道德品质确定一定的等第。应当说明的是,确定其职业道德水平所达到的具体等第并不总是必要的,如果不是为了评比或奖惩准备依据,这一环节可以略去。

对教师职业道德进行定性分析,其具体方法包括活动观察法、典型行为分析法、座谈(访谈)法,开放式问卷调查法,听课考察法、情境测试法、意见征询法以及非正式交流等等。[①]

2. 定量方法

对幼儿教师职业行为和职业道德品质不仅需要进行定性的分析和评价,同时需要在定性评价的基础上,再进一步给予定量的分析和判断,仔细地分析其行为中所包含的"善行"和"恶德"孰大孰小,孰重孰轻,孰主孰次。一般而言,量化的过程只要具有客观性和科学性,往往更具有说服力和教育意义。运用定量方法的关键在于考核指标体系的确立与指标的细化,各项指标所占权重的分配应尽量合理。尽管幼儿教师职业道德评价应当遵循全面性的原则,但这并不意味着要把各评价要素不分主次、不区分重点与非重点地简单相加。因此,哪些指标占据更高的权重是必须谨慎选择的,同时考核指标的数据采集也应做到恰当合理。

链接

幼儿教师职业道德考核办法

1. 热爱幼教事业、热爱幼儿,不讽刺、不威吓、不挖苦、不歧视、不体罚和变相体罚幼儿,保护幼儿的合法权益,促进幼儿身心健康和谐发展。违反一次扣考核分2—5分,造成恶劣影响的另作严肃处理。

2. 尊重家长,耐心细致地听取意见和建议,取得支持配合,不训斥、指责家长。如家长投诉造成不良影响者一次扣考核分1—2分。

3. 不向家长索取财物。造成不良影响者一次扣考核分2—5分。

4. 幼儿大小便弄脏衣裤未洗换的一次扣班主任和科任老师考核分2分。

5. 上班时间不穿高跟鞋、不留披肩发、不穿过紧、过短、过长、过透、过露的衣裙、不浓妆艳抹、不留长指甲。违反一项一次扣考核分1—5分。

6. 上班时间不擅自离开工作岗位,不带孩子上班、不做私事、不聚众闲谈,不会客。违反一项一次扣考核分1—5分。

7. 上班、学习时间不接、不打私人电话。违反者一次扣50元,两次加倍扣。

8. 教室内不能放与教学业务无关的书籍。违反一次一本扣10元。

9. 上班时间不能吸烟。违反者一次扣50元,两次加倍扣。

10. 不利用工作之便私自拿取任何公物。违者一次扣考核分1—5分,影响恶劣者另作严肃处理。

......

(二) 教师职业道德评价的具体方法

1. 参照法

参照法是以别人对自己的评价为参照点的方法。例如,由于自身的行为符合教师职业道德规范,常受到同事、领导及幼儿家长的肯定和赞扬,幼儿教师就可以通过赞扬的来源、广度和连续性,获知他人对自己的评价是比较好的、好的或是很好的;反之,如果幼儿教师听到的多为外界的批评或者不满,那么就能够推知别人对自己的评价是一般的、不好的或坏的。参照法以别人对自己的评价为一面镜子,从他人对自己的评价中看

---

① 朱平.高等学校教师职业道德概论[M].合肥:合肥工业大学出版社,2009:177—178.

到自己的形象,为自己分析自己和评价自己提供了基础。

2. 量表自评法

由幼儿教师自行设计一张听取意见的表格,主动要求幼儿园领导、同事或学生对自己的师德评出等级,并根据不同的等级所得的分数进行比较,然后得出他人对自己师德修养情况的评价。听取意见表的样式如下:

表 7-1

项目	很好	好	一般	较差	差
热爱幼儿					
献身教育				·	
教书育人					
……		°			

3. 水平对比法

这种方法是通过将同一幼儿园里与自己的地位、条件相类似的幼儿教师相比较(比如职称和教龄相同),来认识他人对自己的评价和他人对某人(与自身条件相当)评价之间的关系与差异。

4. 期望比较法

师德修养的自我评价最终取决于幼儿教师本人的自我期望。因为只有幼儿教师对自己的师德行为和品德提升有期望时,才能有突出的师德表现。高期望,高突出;中期望,中突出;低期望,低表现。所以期望比较法是幼儿教师完善师德评价和师德修养的重要方法。

总之,幼儿教师职业道德评价关系到教师成长、幼儿园建设和未来幼儿教育事业的发展。因此,建立系统、科学规范的幼儿教师职业道德的评价体系势在必行。要建立多层面、全方位和立体式的评价方式,使评价成为幼儿教师、管理者、幼儿以及社会共同参与的交互行为。

课后练习

一、选择题

1. 道德评价的调节作用主要有三个方面,其中不包括(   )。

　　A. 趋利避害　　　　　　B. 褒扬善行　　　　　C. 排除隔阂　　　　　D. 斥责恶行

2. 教师职业道德评价的督促激励功能是(   )的必然结果。

　　A. 教育发展功能　　　　B. 指挥定向功能　　　C. 评价判定功能　　　D. 问题诊断功能

3. 幼儿教师道德评价根本标准的确立依据中不包括(   )。

　　A. 我国教育社会主义性质的必然要求　　　　　B. 社会主义现代化建设的客观需要

　　C. 人民教师道德的实质和核心　　　　　　　　D. 社会主义和谐社会建设的必然要求

4. (   )是幼儿教师职业道德评价的基本标准。

　　A. 忠于人民教育事业　　　　　　　　　　　　B. 幼儿园发展利益

　　C. 幼儿教师职业道德规范　　　　　　　　　　D. 幼儿发展利益

5. (   )是以别人对自己的评价为参照点的方法。

　　A. 量表自评法　　　　B. 水平对比法　　　　C. 期望比较法　　　D. 参照法

二、判断题(对的打"√",错的打"×")

1. 从作用方式上看,道德评价是一种硬调节。　　　　　　　　　　　　　　　　　　　(   )

2. 教师职业道德评价的指挥定向功能主要体现在学前教师个体方面。 （　　）

3. 幼儿教师职业道德评价的主体主要可以分为社会、管理者和教师自身三类。 （　　）

4. 在我国现阶段,幼儿教师职业道德评价的根本标准是幼儿教师职业道德规范,具体标准是忠于人民教育事业。 （　　）

5. 幼儿教师职业道德评价的原则是在进行教师职业道德评价的过程中必须遵循的基本要求。 （　　）

三、简答题

1. 如何理解幼儿教师职业道德评价的主体和客体?

2. 当代我国幼儿教师职业道德评价的具体标准是什么?

3. 幼儿教师职业道德评价应该遵循哪些原则?

四、案例与实训

1. 阅读以下材料,分析和思考下列问题。

情系新疆南疆教育的"校长妈妈"蔡秀梅①

放弃优越的生活条件,动员丈夫将原本投资铜矿的 600 万元资金投向学前教育,筹建新疆伽师县友好中心幼儿园。如今,"校长妈妈"蔡秀梅和她的幼儿园已经成为当地双语教育的标杆。

"蔡妈妈好",2014 年 7 月 23 号,幼儿湖马尔·热夏提特地来到新疆伽师县友好中心幼儿园,给"校长妈妈"蔡秀梅报喜。在今年总分 300 分的新疆区内初中班考试中,湖马尔·热夏提以 291 分的高分被录取。

上幼儿园时,湖马尔·热夏提因为性格内向,与周围的小朋友并不合群,在蔡秀梅的关心和鼓励下,湖马尔·热夏提变得活泼起来。而她原来口中的蔡老师也悄悄变成了蔡妈妈,从此"蔡妈妈"成了幼儿园里孩子们对蔡秀梅的称呼。湖马尔·热夏提说:"她像我的妈妈一样,不仅关心我的成绩还关心我的成长,我把蔡妈妈看得跟我亲生妈妈一样重要。"

2005 年年底,从山西运城陪着丈夫李义海到新疆伽师县考察投资铜矿的蔡秀梅,出于从事 20 多年教育工作的习惯,她考察了当地的幼儿园、小学、中学。而眼前的真实情况让她很不好受:"当时县上是 37 万人口,可是全县农村、县城只有一所幼儿园,只有 78 个孩子。"

蔡秀梅最终说服丈夫将原本计划投资铜矿的 600 万元办起了新疆伽师县友好中心幼儿园。蔡秀梅在老家有一所宽敞的大别墅,而来新疆 9 年,夫妇俩蜗居在幼儿园一间不到 10 平米的平房里,蔡秀梅说她不怕辛苦:"我觉得就是需要,当地孩子的需要,老百姓的需要,看到那些娃娃长得漂亮,眼睛大大的,睫毛长长的,从心里面喜欢这些孩子,我不会什么,就是个老师,帮着学一学这也没啥。"

9 年来,蔡秀梅最大的安慰除了孩子们的茁壮成长,就是丈夫李义海的默默支持。当初蔡秀梅决定要来新疆,可是给李义海出了个难题:来新疆,家里生意怎么办? 老人谁来赡养? 不来,老蔡一个人怎么能扛起一座幼儿园? 李义海咬牙想了想,还是决定放弃生意和媳妇一起来新疆。现在,不仅夫妻俩在新疆扎下了根。儿子、儿媳、孙女现在也全部落户新疆,李义海说:"人常说'嫁鸡随鸡嫁狗随狗',我娶了这么个热爱教育的老婆,只有义不容辞地支持人家,人家愿意干到多会,我就支持多会,尽我们最大的可能让更多孩子受益。"

思考:如何评价"校长妈妈"蔡秀梅的教师职业道德? 根据哪些评价标准?

2. 实训:你一言我一语

现实生活中,有的老师相信"棍棒底下出人才"、"严师出高徒",经常体罚或变相体罚幼儿,幼儿是敢怒不敢言,老师则认为自己是凭良心工作,甚至认为这是对幼儿严格要求,是自己责任心强的表现。对此你是如何认识的? 请组织小组讨论交流。

---

① 情系新疆南疆教育的"校长妈妈"蔡秀梅. http://edu. sina. com. cn/zxx/2014-07-25/1123428567. shtml.

第八章

幼儿教育名家与职业道德

■ **学习目标**

1. 了解中外幼儿教师职业道德思想发展概况。
2. 理解与掌握中外幼儿教育名家关于幼儿教师职业道德的基本观点。
3. 理解与掌握中外幼儿教育名家的职业道德特征及其模范作用。

案例

关于师德,古今中外有大量论述,正如孔子所说"不能正其身,如正人何?"(《论语·子路》);孟子强调"教者必以正"(《孟子·离娄上》);墨子说"有道者劝以教人";陶行知认为"如果全国教师对于儿童教育都有鞠躬尽瘁死而后已的决心,那必能为我们民族创造一个伟大的新生命";蔡元培说"怎么叫做师范? 师范就是模范,可为人的榜样,自己的行为要做别人的模范";布鲁纳明确提出"教师不仅是知识的传播者,而且是模范";夸美纽斯则感慨"太阳底下再也没有比教师这个职务更高尚的了"。

思考:从上述著名教育家的言语中,你是如何认识教师职业道德的?

在东西方教育史上,有许多杰出的教育家,他们结合自己所处的年代和亲身经历,在教育教学理论包括师德方面都有许多深刻而独到的见解。这些理论和思想穿越时空的隧道,历久弥新,直到今天仍然有许多值得我们去继承、学习和借鉴的地方。如,在本章的案例导入中,上述教育家们关于师德论述,你认为包含了哪些师德思想? 它们之间有什么共同特征吗? 这些师德思想对于我们幼儿教育教师职业道德又有何借鉴作用? 学完本章,相信同学们就会有自己理想的答案了。

第一节 中国幼儿教育名家与职业道德

我国是一个具有五千多年历史的文明古国。在这漫长的历史发展中,涌现出了许多杰出的幼儿教育名家,他们的理论博大精深,他们的思想令人叹服。在这宏阔的思想宝库中,孕育着丰富的幼儿教师职业道德思想。了解我国从古代、近代到现代的幼儿教师职业道德思想发展概况,以及对幼儿教育名家的思想进行深入系统的研究既是对历史的总结,也是现实的需要。尤其是对于我们目前加强幼儿教师职业道德,更具有很好的借鉴作用和深刻的意义。

一、中国幼儿教师职业道德思想发展

教育是一种极其古老的社会现象。教师职业道德是社会道德的一部分,由社会经济关系所决定。一般说来,伴随着人类社会的形成和发展,教师职业道德的内涵和外延也在不断地丰富和发展并具有明显的时代

特征。①

(一) 古代幼儿教师职业道德思想

中国自汉代"独尊儒术"以来,孔子所创立的儒家思想便成为占统治地位的思想,儒家的教育观也就成为古代正统的教育观,影响了整个封建时代。这里,我们就以儒家的教育思想为代表,就中国古代教师的职业道德思想进行简要陈述。以孔子为代表的先秦儒家倡人本、主仁义、重育人,在诸子百家中形成了自己的独特个性。② 虽然儒家的许多师德思想并不是专门针对幼儿教育提出的,但它对幼儿教师职业道德有很好的借鉴促进作用。

1. 重视人生,以人为本

《论语》中云:"厩焚。子退朝,曰:'伤人乎?'不问马。"③意思是马厩失火了,孔子问有无伤亡人员而不问马。在"匹马束丝"换五个奴隶的时代,孔子关心的是人不是马,这说明人(包括奴隶)在他心目中的地位提高了。孔子反对苛政,主张德治,认为"为政以德,譬如北辰,居其所而众星共之"。统治者如果用道德来治理国家,那么他就会像北极星有众星环绕那样,受到民众的爱戴。孟子提出:"民为贵,社稷次之,君为轻。"意思是说,人民放在第一位,国家次之,君最后。虽然孔孟的人本思想是以巩固统治为归宿的,但在那个时代,人本思想的提出确实是一大进步。

2. 重视道德,仁义并举

"仁"是孔子的创造,而仁的核心内涵是"爱人"。尽管孔子的"爱人"是有别、有等级的,但他的"泛众爱"已将关爱之心投向了广大民众,其中也包括奴隶,这实在是了不起的进步。孔子认为,任何人都要爱别人,也就是说,每个人都具有道德义务。孟子继承了孔子"仁"的思想,并发展成为仁义学说。他说:"亲亲,仁也;敬长,义也。"仁就是爱亲,义就是敬长。他以仁义思想作为处理各种人际关系的标尺,提出了"父子有亲,君臣有义,夫妇有别,长幼有序,朋友有信"的道德准则,对整个封建社会产生了深远的影响。

3. 重视教育,诲人不倦

孔子说:"性相近也,习相远也。"因为人们"性相近",天赋平等,所以人人可以受教育,于是便有"有教无类"主张的提出。孔子说:"爱之,能勿劳乎? 忠焉,能勿诲乎?"爱一个人能不为他付出辛劳吗? 对一个人尽心,能不教诲他吗? 又因为"习相远",绝大多数人是学而知之者,所以孔子在教育上最为用心着力。他重视传统文化,主张"述而不作,信而好古",以诗、书、礼、乐为主要教育内容。他以身作则,因材施教,启发引导,循循善诱,使学生欲罢不能。孟子强调"明人伦",而要达到这一目的,只有通过教育的途径。他"教亦多术",循序渐进,主张专心致志、持之以恒地"深造自得"。荀子主"性恶",认为人性中"固无礼仪"。因此,教育就显得更重要。他要人们"强学而求有之也"。他重闻见知之,以感性认识为出发点,强调隆师亲友,强学力行,锲而不舍,以达到"化性起伪"的目标。

总之,先秦儒家思想从以人为本思想出发,主张尊重人,爱护人,以仁义道德协调人际关系,通过教育来培养人、完善人,以实现其"修身、齐家、治国、平天下"的人生追求。他们的教育思想对整个封建社会的教育,包括幼儿教育,产生了极大的影响。④

(二) 近现代幼儿教师职业道德思想

1840 年,西方列强用坚船利炮打开了中国的大门,中西两种不同文化的冲突便不可避免地发生了。在西方文化的冲击下,中国传统的价值观念产生了一系列变化,这些变化对于近代中国教育思想的发展具有重要

① 黄正平,刘守旗. 教师职业道德新编[M]. 南京:南京大学出版社,2010:157.

② 唐淑,王雯. 学前教育思想史[M]. 苏州:苏州大学出版社,2004:3.

③ 引自《论语·乡党篇》.

④ 唐淑,王雯. 学前教育思想史[M]. 苏州:苏州大学出版社,2004:3—5.

的影响,对幼儿教育师德思想的发展也有了很大的推动作用。

1. 树立"独立"、"自由"精神

鸦片战争以后,中国沦为半封建半殖民地社会,文化教育的性质发生了深刻的变化。一方面是摇摇欲坠的清政府为维护其腐朽的统治,顽固地传授封建道德,同西学思想进行着势不两立的斗争,教师的职业道德受到封建思想的影响,显现出其腐朽、落后的一面;另一方面,一批资产阶级教育家兴办学校,提倡新学,反对旧学,对教育和教师有了新的理解和要求,教师职业道德融入了"自由"、"民主"、"博爱"等一些西方的思想与内容;特别是五四运动之后,共产主义运动的先驱者和早期无产阶级教育家从马克思列宁主义思想出发,将热爱人民、追求真理和振兴中华等无产阶级思想纳入到教师职业道德要求中来,进一步丰富和发展了教师职业道德的内涵。

2. 尊重学生人格,发展自然个性

在近代中国,个体的发展越来越受到人们的重视,五四时期许多教育家在批判传统教育时指出:长期以来,中国一向重视协调人际关系,突出伦理道德,从表面上看似乎是最重视人的教育,而实际上它所重视的是整体的人,而不是个体的人。这种以社会为本位的价值观抹杀了个性发展的价值,因而传统教育培养的是只有共识而无个性的人。于是许多有识之士纷纷主张改革教育,学习西方,认为教师要尊重学生人格,发展自然个性。

3. 掌握教育规律,全面教育学生

为了提高国民素质,提升中国人作为人的价值,许多思想家和教育家在思考、在探索。王国维提出了培养"完全之人物"的教育宗旨,以培养身体和精神"无不发达且调和"的人。蔡元培主张以"养成健全人格"作为普通教育的目的,即培养德、智、体、美和谐发展的人。陶行知则强调实施"知情意合一"的教育,使受教育者的身心协调发展,从而促进其自身的不断完善。杨贤江则倡导"全人生的指导",使学生能够全面地健康成长,成为一个"完整的人"。总之,他们都将关注的焦点指向了个体的人,强调个性的发展和能力的培养,重视开发每个受教育者的内在潜能,通过发展个人以提高整体的国民素质。

综上所述,这种以人为本、发展个性、完善人格的个人本位教育思想,改变了长期以来以社会为本位的所谓"无人教育"的严重弊端,使受教育者以大写的人的姿态进入教育者的视野之中,从而引发了一场教育大变革,即按照儿童的身心发展水平确定教育内容,制定教育计划,依据学生不同的个性心理特点选择不同的教育方法,因材施教。这场变革推动了我国近现代幼儿教育逐步朝着科学化、民主化、平等化的方向发展。①

二、中国幼儿教育名家

在中国幼儿教育史上,许多教育家提出过不少有价值的师德思想和观点。如孔子的教学相长、为人师表;孟子的以身作则、因材施教;荀子的"尊严而惮";颜之推的家庭教育思想。以及近现代的张之洞的"中体西用"学前教育主张;蔡元培的"养成健全人格"的普通教育目的;陶行知的"知情意合一"的教育思想等等。他们对师德的理论和要求,虽然有些并不全是针对学前教育,也受着时代和阶级的局限,但也包含着许多有利于学前儿童发展,有利于幼儿教育事业发展的积极有益的因素。下面将着重介绍几位中国幼儿教育名家的教师职业道德思想。

图 8 - 1　颜之推

(一) 颜之推

颜之推(531—约595),字介,梁朝建业(今江苏南京)人,南北朝时期著名的教

---

① 唐淑,王雯.学前教育思想史[M].苏州:苏州大学出版社,2004:56—58.(引用时编者有所改动)

育家、文学家。出生于士族家庭，其家学渊源世代相承，这奠定了他一生的儒学基础。而当时的儒学衰微，玄学、佛学并兴，又对其思想多有影响。他经历了几十年改朝换代的风波，"三为亡国之人"，却四朝为官，历任梁朝散骑侍郎、北齐黄门侍郎、北周御史上士以及隋学士等职。他根据自己一生的曲折经历，写成《颜氏家训》20 篇，用以"整齐门内，提撕子孙"。这是我国古代第一部系统完整的家庭教科书，在社会上产生了广泛的影响，其意义已远远超出对颜氏家族子弟的训诫，被人们视为家训的鼻祖和家教的典范。

1. 颜之推的教育思想

颜之推的教育思想主要有以下几点：首先是婴孩施教。颜之推认为"教儿婴孩，勿失良机"，即一个人的发展，幼年时期是奠定基础的重要阶段，不能错过这个机会。所以，家庭教育应当抓住时机，及早进行，有条件的可从胎教开始。其次是德艺双修。颜之推认为，家庭教育的目的在于培养对国家有用的人才，这种人才需德行与学艺两者兼备。他提出要重视对儿童进行道德思想和道德情操的教育，但同时也要对儿童进行广泛的"艺"教，即"修以学艺"。颜之推所指的"艺"包括"文艺"和"杂艺"。所谓"文艺"，主要是指"六经"以及百家之书。而所谓"杂艺"，包括琴、棋、书、画、医、数、射、卜等，甚至连儒家并不重视的农业生产也包括其中。再次是主张爱教结合。颜之推主张对子女不可"无教而有爱"。也就是说父母对待子女时，既要威严而又不失慈爱，但也不能偏爱溺爱他们，父母要均爱。然后是家长要以身作则。颜之推认为在家庭教育中，长辈不能只是说教，更重要的是要以身作则，这有利于良好的家风的建立，而且这也会影响到家庭教育能否取得成功。最后是闻见结合。颜之推认为闻见结合是一种重要的学习方法。他提倡"眼学"，重视亲身直接观察以获取知识。所谓"眼学"，包括书本知识的学习和实践经验的积累，既强调认真阅读典籍又重视亲身实践。做到"目能视而见之，耳能听而闻之"，只有这样，方能获得真正的学问。

2. 颜之推的师德思想

颜之推的教育思想主要是家庭教育思想。由于当时颜之推所处的年代，幼儿教育并未像现在这样受到重视和完善，更没有专门提供幼儿学习的场所。因此，当时幼儿的教育只能通过父母的家庭式教育来实现，所以父母就充当了幼儿教师的职责。颜之推的家庭教育思想中所涉及的儿童教育的价值、内容、原则方法以及对父母的要求等，随着我国幼儿教育由家庭走向社会，由学校幼儿教师教育逐渐取代家庭父母教育，他对父母教育儿童的要求，从侧面也反映了他对幼儿教师的要求，主要体现在以下几个方面：

(1) 重视并热爱幼儿教育事业

颜之推的教儿婴孩的思想，虽然强调的是及早施以家庭教育，每个做家长的不可错失良机。但随着我国幼儿教育由家庭走向社会，学校幼儿教师教育逐渐取代家庭父母教育，他的这种关于幼年时期是奠定基础的重要阶段并且只有及早实施教育才能取得最佳效果的思想，从侧面反映出，作为一个幼儿教师要重视自己所从事的幼儿教育事业。当然也只有热爱自己的事业才能更好地意识到它的重要性，才能更积极地投身到幼儿教育之中。

(2) 关爱学生

颜之推主张爱教结合，认为父母对待子女时，既要威严而又不失慈爱，但也不能偏爱溺爱他们。而当幼儿教师取代父母教育幼儿的职责后，也就意味着，幼儿教师对待自己的学生既要威严不失慈爱，又要不偏爱溺爱。此外，颜之推关爱学生的思想还体现在他所倡导的"闻见结合"以及"德艺双修"上。一方面，颜之推所推崇的"闻见结合"的学习方法反映出幼儿教师在对幼儿进行教育时，除了书本上的知识外，还要通过活动和游戏让幼儿来获得知识，强调幼儿的亲身经历和体验的观点符合幼儿的身心发展规律，对幼儿教师职业道德具有重要的启发和借鉴意义。另一方面，颜之推主张德艺双修，认为家庭教育的目的在于培养对国家有用的人才，这种人才需德行与学艺两者兼备。用现在的角度理解，也就是说我们的幼儿教育目的在于"培养德智体美劳全面发展的学生"，幼儿教师要根据孩子不同的特征，对他们进行全面发展的教育和素质教育，促进孩子德智体美劳的全面发展。

(3) 为人师表

颜之推认为在家庭教育中，长辈不能只是说教，更重要的是要以身作则，这有利于良好的家风的建立，而且这也会影响到家庭教育能否取得成功。换言之,当幼儿学校教育逐步发展之后,在学校教育之中,儿童经常接触到的就是幼儿教师,教师对孩子的影响是时时刻刻的,因此,为了使教育起到更好的作用,幼儿教师要以身作则,为人师表,以自己的行动和人格作好学生的榜样。

颜之推的家庭教育思想是他整个教育思想的精华。他关于家庭教育的地位、作用、原则和方法的论述,虽是基于使后代"立身扬名"、"光宗耀祖"的宗旨而发出的一家之训,但由于他涉及了古今教育中普遍存在的问题,包含了一定合理的因素,对今天的幼儿教育以及幼儿教师职业道德思想都有非常好的影响和借鉴作用。

(二) 王守仁

王守仁(1472—1528),字伯安,号阳明,浙江余姚人,明代中叶著名的思想家、教育家。因筑室故乡阳明洞,世称阳明先生。王阳明出生于官宦家庭,自幼饱读经书。21岁中举人,28岁登进士第,任刑部主事等职。因反对宦官刘瑾,被贬为贵州龙场驿臣,后以镇压农民起义和平定宁王叛乱有功,封"新建伯",官至南京兵部尚书。王守仁是一位理学家,在学术思想上继承并发展了陆九渊的"心学",提出"心即理"、"致良知"和"知行合一"说,主张自求自得,提倡独立思考。他十分重视教育,34岁开始收徒讲学。他居官时热心办学,先后创建和修复龙岗、贵阳、濂溪、稽山等书院,又在南赣、广西等地兴办社学,从学者遍布各地。由于他积极倡导和大力推动,明中叶的书院有了很大的发展。他不仅热心于大学教育,而且对童蒙教育亦十分关注,提

图8-2 王守仁

出许多有价值的儿童主张。[①] 王守仁在总结前人经验的基础上,根据自己的教育理论与实践,对儿童教育的原则与方法提出了不少富有启发性的观点,对我国当时及后来儿童教育的理论和实践产生了深远的影响。

1. 王守仁的教育思想

王守仁的教育思想主要体现在以下三个方面:第一个方面,是"致良知"的学说。王守仁的教育思想是以他的主观唯心主义的"心学"为基础的。他认为万事万物都是靠心的认识而存在。万事万物不在心外,而在心中。所以他不承认有客观存在的"理",认为"心即理",万事万物及其运行规律,以至道德规范,都是由心派生出来的。心的本体就是"良知"。良知就是天理。圣人之所以为圣人,是因为天理纯全,良知常在。而一般人的良知常被物欲、邪念所蒙蔽。除掉物欲、邪念,为善去恶,从而恢复本心,这就是"致良知",也就是教育的作用。王阳明不同意朱熹"格物穷理"的主张,认为认识"理",从本质上说,不是外求的过程,而是体验"吾心之良知"。第二个方面,是儿童教育要顺其性情、寓教于乐。顺其性情,换言之,就是儿童教育要注意其身心发展特点,否则就会影响孩子的正常发育。他认为儿童天性活泼好动,喜欢无拘无束、自由自在地玩耍嬉戏。所以,若按照儿童的特点,顺其性情,就能促进他们发展;否则,便会阻碍他们发展。寓教于乐,也就意味着教育者要激发孩子的学习兴趣,使其喜欢学习。儿童只有乐学,才能极大地发挥其学习的积极性,才能真正理解学习内容,从而达到预期的效果。第三个方面,是儿童教育要随人分限,因材循序。所谓"随人分限,因材循序",意思是对于不同的儿童来说,要因材施教;对于同一个儿童来说,就是要循序渐进地施教。

2. 王守仁的师德思想

王守仁的师德思想主要体现在他的儿童教育思想之中。他的教育观念和师德思想,富于实用理性的特点,他的"致良知"、"顺其性情"、"寓教于乐"、"因材施教"以及重视儿童教育的观念,是有重要价值的见解,值得我们在践行幼儿教师职业道德实际中学习和借鉴。总体而言,王守仁的师德思想主要体现在以下几个方面。

---

① 唐淑,王雯. 学前教育思想史[M]. 苏州:苏州大学出版社,2004:24—25.

（1）关爱学生，尊重学生身心发展

王守仁关爱学生的思想主要体现在他重视儿童身心发展的特点。他认真研究观察儿童，认为儿童天性活泼好动，喜欢无拘无束、自由自在地玩耍嬉戏。所以，作为幼儿教师，在教育儿童时，必须"长存童子之心"，顺应他们的性情，"使其趋向鼓舞，中心喜悦，则其进自不能已"。王守仁认为作为儿童教育者要采用适合儿童的特点，采用儿童所乐于接受的教育形式、教育内容和教育方法，以提高他们的学习兴趣，在快乐的气氛中和愉悦的情境下，教育效果才能明显地提高。①

（2）尊重幼儿个性，因材施教

王守仁提倡幼儿教师应循循善诱，因材施教。他主张教师采用诱导、培养、有趣的教育方法使学生在愉悦的学习情境中受到潜移默化的作用。他强调儿童的发展就是一个循序渐进的过程。儿童教育不但要符合其身体发育水平，还要符合其认识发展水平。因此，他要求儿童教育要量力施教，留有余地。当然这也并不意味着儿童教育越简单、容易越好，例如让一个能独立行走的儿童去"扶墙傍壁"学步，那也达不到教育的效果。总之，一切都要"随人分限所及"②。

王守仁关于儿童教育的论述，是其整个教育思想的精华，不仅当时在反对传统教育方面具有明显的积极意义，而且在很大程度上符合儿童教育的规律，与近代进步的教育学说多有一致的地方，并且为幼儿教师职业道德也提供了许多值得借鉴的思想。

图 8-3　陶行知

（三）陶行知

陶行知（1891.10—1946.7），本名陶文濬，安徽歙县人。他是五四前后中国教育改造的旗手，他坚持从中国国情出发，创办中国人民所需要的教育。他用毕生精力践行着"捧着一颗心来，不带半根草去"的诺言，矢志为中国教育"寻觅曙光"，他的"生活即教育"、"社会即学校"、"教学做合一"的理论，构成了中国生活教育思想体系，极大地推动了我国幼儿教育事业的发展，为中国人民的教育事业作出了突出的贡献。

1. 陶行知的教育思想

陶行知的教育思想主要体现在以下几个方面：首先，是普及教育思想。普及教育第一要打破学生关，消除儿童与成人、男子与妇女的界限，让所有男女老幼都成为普及教育的对象。第二，要打破先生关。利用"小先生制"，发动全国的小学生和识字成人来开展普及大众教育。第三，要打破课堂关，适应群众生产生活的需要，工学结合，时间安排和教学组织应灵活多样，一定不能妨碍群众生产。第四要攻破课本、纸笔关。其次，是生活教育思想。生活教育思想包括三个有机联系的部分：生活即教育，社会即学校，教学做合一。"生活即教育"是生活教育的本体论。最后，是创造教育思想。陶行知强调培养人的创造能力，他主张创造教育应从儿童抓起。因此，他提出培养儿童的创造能力需要"六大解放"，即解放儿童的眼睛、解放儿童的头脑、解放儿童的双手、解放儿童的嘴、解放儿童的空间、解放儿童的时间。

2. 陶行知的师德思想

陶行知先生不但以自己一生的教育实践，树立起高尚师德的典范，而且对师德也很有研究。他的师德主要体现在以下几个方面：

（1）对教育事业要有赤诚之心

首先，教师要有奉献精神。教师要把教育事业看成一件大事来做，要认定教育是大有可为的事情，是永

---

① 唐淑，王雯.学前教育思想史[M].苏州：苏州大学出版社，2004：30.

② 唐淑，王雯.学前教育思想史[M].苏州：苏州大学出版社，2004：30—33.（引用时编者有所改动）

久有益于世的。故此，教师要热爱教育事业，有为教育事业献身的精神。其次，教师要有乐业精神。陶行知在《新教育》一文中指出："一定要看教育是大事业，有大快乐，那无论是做小学教员，做中学教员或做大学教员，都是一样的。"虽然教育工作辛苦而薪水少，但是，看到小学生天天长大，由没有知识变为有知识，像一颗种子萌芽而生叶，开花而结果，这里有极大的快乐。最后，教师要有强烈的责任心。无论什么样的孩子，教师都要同样负责，就像对待自己的孩子一样。

（2）热爱学生，爱满天下

"爱满天下"是陶行知奉行的格言，也是他所提倡的师德规范。"师爱"是陶行知师德思想的核心。热爱学生就要对学生一视同仁，无论家庭地位高低、财富多寡、相貌丑俊，都一样看待，不可偏爱，不抱成见，不徇私情。热爱学生就要尊重学生。在这一点上，陶行知为我们树立了典范。在办学实践中，陶行知十分注意尊重学生意见。热爱学生就要对学生严格要求。他要求教师不仅上课对学生负责，课余时间也要严格要求学生，以免他们在闲暇时间做错事。对已经犯错误的学生，陶行知主张要用爱心去感召他们，让学生勇于改正错误。陶行知强调热爱学生要用真心、真情，因为"真教育是心心相印的活动。唯独从心里发出来，才能达到心的深处"。

（3）友爱同事，团结合作

"通力合作"、"同心协力"是陶行知反复倡导的团结协作的师德规范。在1941年拟定的《育才创造年计划大纲》里，陶行知明确地把"以互助合作精神相待"作为一项重要的师德规范。陶行知坚决反对教师之间的"知识封锁"，将教师"不能放弃争斗"而不能"谋充分之合作"视为"最可耻的行为"，他真诚希望在教师间创造出"精诚团结"、"同心协力"的境界。

（4）以身作则，为人师表

以身作则、为人师表是陶行知师德思想的重要内容。陶行知认为，教师的任务就是"自化化人的"。因此，"教师应当以身作则"，强调"身教重于言教"。陶行知从培养人才的高度，将"教人做人"作为教育的根本任务，将塑造能服务于大众的"真人"作为教育培养目标，将"真教师"作为教师学习的楷模。陶行知认为：首先，教师要严格要求自己。教师的"一举一动，一言一行，都要修养到为人师表的地步"，要求学生做到的，教师首先自己应能做到。其次，教师要有民主作风，建立民主的师生关系。教师要以身作则，发扬民主作风，在师生之间形成民主平等关系，共同合作，这样才能收到良好的效果。其体现在教师要与学生"共学、共事、共修养"，用这种方法就能渐渐地培养心心相印的师生关系。

陶行知留给我国的学前教育的遗产是全面、丰富的，他重视儿童生活力和创造力的培养，注重"生活教育"的精神以及采用教学做合一的方法，对现在从事幼儿教育工作的老师仍有非常好的启示和借鉴作用。

（四）陈鹤琴

陈鹤琴（1892.3—1982.12），儿童教育家、儿童心理学家。陈鹤琴是中国现代儿童心理学和幼儿教育学研究的开创者，浙江上虞县人。早年毕业于国立清华大学，留学美国五年，1919年获得哥伦比亚大学硕士学位。五四运动期间回国后，最初担任南京高等师范学校教授，讲授儿童心理学课程。东南大学成立后，任教授和教务主任。为丰富儿童的知识，编辑出版了不少儿童课外读物，如《中国历史故事丛书》、《小学自然故事丛书》等。1982年12月30日逝世，熊式辉将陈鹤琴称为"中国教育界的四位圣人之一"。

图 8-4　陈鹤琴

1. 陈鹤琴的教育思想

陈鹤琴的教育思想主要体现在以下几点：首先，是"活教育"的思想体系。"活教育"是陈鹤琴教育思想的核心。"活教育"的内容十分丰富，主要包括目的论、课程论、教学论三大部分。陈鹤琴认为"活教育"的目的论在于培养受教育者要有建设能力、创造能力、合作态度和服务精神。他所倡导的"活教育"的课程也就是"五指活动"，包括儿童的健康活动、社会活动、自然活动、艺术活动和文学活动。活教育的教学方法注重学生的生活体验，以实物为研究对象，以书籍为辅佐的参考。其次，是科学的儿童观。陈鹤琴认为，对儿童的培养和成人的培养不同，不能给他们成人化的东西，而是要适应他们的生理、心理特点，做到儿童化。他还对儿童各个不同阶段的心理活动特征做了科学阐述，并将幼儿儿童分为四个发展阶段，还确定了与各发展阶段相适应的教育重点。最后，是家庭教育思想。陈鹤琴认为科学的儿童观是进行家庭教育的前提条件，科学地了解儿童是实施家庭教育的基础。并且他强调家庭教育功能应渗透到儿童体、智、德、美、劳等活动的各个环节。

2. 陈鹤琴的师德思想

陈鹤琴的"活教育"的思想体系、科学的儿童观、家庭教育思想等都对幼儿教师的师德思想有着一定的影响，但陈鹤琴对幼儿教师职业道德最突出的贡献主要在于他明确提出了"怎样做幼儿教师"。陈鹤琴认为，中国化的幼稚教育必须由中国化的幼儿教师来实现，同样，解决幼教师资问题是办好中国幼教事业、普及幼教工作的关键。在旧中国，帝国主义几乎垄断了幼儿教育师资的培养，他多次呼吁社会要重视幼稚园师资的培养。新中国成立以后，他对幼稚园教师们寄予厚望，褒奖教师是最伟大而又最辛勤的雕塑匠，是人类灵魂的工程师。1950 年，他在《怎样做人民的幼稚园教师》一文中指出，要做好一名人民满意的幼稚园教师就应在政治思想与道德品质等方面具备相应的条件。

（1）思想方面。他认为，作为幼教教师，首先要了解自身的任务是伟大而艰巨的，他们肩负着培养祖国幼苗的重任。所以，幼稚园教师应在思想上明了中华人民共和国的文化教育建设方针，牢记所担负的培养儿童爱祖国、爱人民、爱劳动、爱科学、爱护公共财物等，使儿童健康成长并成为国家有用之人的使命。

（2）品质方面。要求对待别人要和蔼可亲，乐于助人；对待自己要多作自我批评，谦虚谨慎；对待儿童要热爱、公平；对待工作要有高度的热情，全心全意，富有创造性。[①]

综上所述，陈鹤琴不仅重视新教师的培养，也重视在职教师的继续提高。他对幼稚园教师所提出的要求，也正是他本人所履行的，他是幼教工作者的光辉榜样，是我国儿童教育和儿童心理研究的开拓者和奠基人。陈鹤琴无愧为对我国幼儿教育事业作出杰出贡献的教育家，我们应当学习其学习精神和创新精神，继承和发展其教育思想，为创建具有中国特色的幼儿教育体系而努力。

（五）张雪门

图 8-5　张雪门

张雪门是我国著名的幼儿教育专家，浙江省宁波人，生于 1891 年 3 月 10 日。早在 20 世纪 30 年代，他就与我国另一位著名的幼儿教育专家陈鹤琴先生有"南陈北张"之称。张雪门幼年研读四书五经，后毕业于浙江省立第四中学（现宁波一中），1912 年就任鄞县私立星荫小学校长。1918 年，他与几位志趣相投者创立了当地第一所中国人自办的幼稚园——星荫幼稚园，并任园长。1920 年 4 月，又与人合办两年制的幼稚师范。同年，应邀到北平任孔德学校小学部主任，并考察平津幼稚教育。1924 年去北平大学任职员，同时在教育系学习。在学习期间，他得到教育系主任、中共党员高仁山先生的悉心指导，并译著了《福禄培尔母亲游戏辑要》和《蒙台梭利及其教育》两本书。1926 年拟定了"幼稚园第一季度课程"，并在新教育评论上发表。同年秋，返回孔德学校任小学部主任。1928 年秋，孔德学校开办了幼稚师范，由他主其事。他受"骑马者应从马背上学"的影响，采取半日授课半日实习的措施。1930 年应北平香山慈幼院院长熊希龄之聘，编辑《幼稚师范丛书》，并在香山见心斋开办了幼稚师范学校，任校长。张雪门一生为幼儿教育留下了 200 多万字的著作，其主要的专著和论文已收入《张雪门幼儿教育文集》，分上、下两卷，由北京少年儿童出版社于 1994 年出版，为我国幼儿教育理论的建设作出了重要的贡献。

① 周玉衡，范喜庆. 学前教育史［M］. 上海：复旦大学出版社，2009：78.

1. 张雪门的教育思想

张雪门的教育思想主要体现在以下几点:首先,是幼稚园的"行为课程"。行为课程是张雪门课程理论的核心,他认为,幼稚园课程是为幼稚园的儿童所设计和准备的,必须适合儿童的年龄特点,应能促进儿童健康活泼的发展。因此,他指出幼稚园课程应强调直接经验。行为课程首先应注意的是实际行为,是从行动中所得的认识,从行动中所发生的困难,从行动中所获得的胜利。其次,是幼儿园的教材与教法的思想。关于教材,他认为,一方面教材的功能在满足儿童的需要,应该在儿童生活里取材;另一方面,教材还要适应社会的生活。对此,他提出了教材的四条标准,分别是教材必须合于现实社会生活的需要、教材必须合于社会普遍生活的标准、教材必须合于儿童目前生长阶段的需要、教材必须合于儿童目前的学习能力。对于幼儿园的教法,他明确地提出"做学教合一"的方法。他认为,在幼稚园的教学里,"在做上教的是教师,在做上学的是学生。教师能在做上教,拿做来教,做的就是教的,那才是真正的教,学生能在做上学,拿做来学,做的就是学的,那才是真正的学。最后,是幼稚师范的见习与实习。幼稚师范教育思想是张雪门幼稚教育思想的重要组成部分。在幼稚师范教育的实践中,他特别重视见习和实习。他利用"骑马者应从马背上学来"这一思想,强调实习的重要性和必要性,认为幼儿教师只有亲自参与到真实的幼儿情景中,去实地观察去尝试,才能够获得有效经验并提升能力。为此,他还对幼儿教师三年的实习计划从内容到方法都进行了比较完整的规划。

2. 张雪门的师德思想

张雪门没有明确提出幼儿教师的职业道德思想,但是从他教育思想中所包含的主张幼稚园的"行为课程"、强调幼儿园的教材与教法以及重视幼稚师范的见习与实习的观点中,我们仍然可以解读出他背后所隐含的对教师职业道德的要求,主要体现在以下几个方面:

(1) 尊重儿童、热爱儿童

从张雪门关于幼稚园行为课程的论述,我们可以看出,他的行为课程的基本思想就是"生活即教育"、"行为即课程",他强烈反对以教材为中心,反对成人以教材向儿童灌输现成的熟料,主张尊重儿童的特点,必须联系儿童的生活,引导儿童在自然和社会的环境中学习,培养儿童的生活力。这就要求幼儿教师在教育过程中,要始终明确儿童的特殊性,要将儿童的特征与成人加以区别,并从儿童生活中取材,让儿童从行动中得到认识,从而促进儿童的健康发展。

张雪门一生不为名利,热爱幼教事业,热爱儿童,为幼教事业鞠躬尽瘁的献身精神和他注重实践,几十年如一日在幼稚园、幼稚师范最基层的岗位上辛勤工作,孜孜不倦地进行学习和研究的严谨、求实的治学态度和工作作风,也都是很值得我们学习的。

(2) 强调实践精神,注重终身学习

张雪门利用"骑马者应从马背上学来"这一思想,强调实习的重要性和必要性,认为幼儿教师只有亲自参与到真实的幼儿情景中,去实地观察去尝试,才能够获得有效经验并提升能力。借鉴张雪门的幼儿师范教育思想,我们认为不管是幼儿师范生还是幼儿教师都需要转变观念,树立正确的教育实习观。幼儿师范生的实习过程应贯穿于在校学习的始终,实习的内容与形式应多样化,涉及幼儿园教育的方方面面。而幼儿教师,也要利用已有的教书的条件,在实际幼儿教学过程中总结经验、思考不足,不断在实践中完善自己的知识结构以及教学经验,实现教师职前职后教育一体化以及教师的终身教育的目标。

讨论

陶行知向小学生认错

1932年,国民党查封了南京晓庄师范学校,师范附属小学被迫停课。附小的同学们自发办起了

"儿童自动学校"，由学习好的学生当老师，连校长、工友也由学生担任。整个学校秩序井然，书声朗朗。消息传出，教育家陶行知写了一首诗称赞说："有个学校真奇怪，大孩自动教小孩；七十二行皆先生，先生不在学生在。"

受到赞扬，同学们都很高兴。可是有个年仅八九岁的小同学却找到陶行知，毫不客气提意见："照先生的写法，我们学校算不上'真奇怪'。"

陶行知一点都不生气，反而和颜悦色地问："小朋友你只管说，我的诗错在哪里呀？"那孩子指着第二行说："小孩就不能教大孩吗？我们学校里，就有年小的成绩好，做大龄同学老师的。要是像先生写的只是'大孩自动教小孩'，有什么'真奇怪？'。"

"说得对，说得对。"陶行知诚恳地认错检讨说："小朋友，非常感谢你的指正，我马上就改。"说完，把"大"字改作"小"字，成了"小孩自动教小孩"。然后又问："这样改行不行？"

小孩咧嘴笑了："先生改得真快真好！"

思考：以上案例主要体现了幼儿教育家陶行知怎样的教师职业道德思想？这一思想对如今从事幼儿教育事业的教师来说有何借鉴作用？

第二节　外国幼儿教育名家与职业道德

在人类社会发展的童年时代，世界各民族发展的途径大体上是一致的。但是在跨入文明的门槛之后，西方文明就走上了和东方文明不同的发展道路。在文化教育上也形成了与中国文化相映成辉的西方文化教育。了解外国幼儿教师职业道德思想的发展状况以及著名幼儿教育名家关于师德思想对于现在我们建设幼儿教师职业道德有着非常好的借鉴之处。

一、外国学前教师职业道德思想发展

在外国教育发展中，从古代希腊的雅典、斯巴达开始，经过中世纪到近现代资本主义社会的长期历史发展，产生了众多的著名幼儿教育家。在他们浩瀚的教育理论中，孕育了丰富的师德思想，给我们进行社会主义师德的研究提供了宝贵的资料。

（一）外国古代幼儿教师职业道德思想

外国古代幼儿教育思想的发端可以到古希腊、古罗马时期的思想家的教育论著中去寻觅。

柏拉图的幼儿教育思想在历史上具有开创性意义。他根据自己的哲学思想和教育实践，提出了教育在治国中的职能，强调了幼儿教育的重要性；最早提出并系统论证了公共的幼儿教育体系，指出了故事、唱歌、游戏在幼儿教育中的重要地位。

亚里士多德的幼儿教育思想把古代幼儿教育理论推向了一个新的高度，对后世产生很大的影响。他总结了斯巴达和雅典的幼儿教育经验，对 0—7 岁的儿童教育进行了论述：依据教育适应自然的思想，首次把 0—7 岁这一教育阶段列入教育机制，使幼儿教育成为青少年整个教育中不可缺少的一环；强调幼儿时期应以养育为主，对游戏在幼儿身心发展中的作用作了高度评价，并意识到了环境对于幼儿的巨大感染作用，要求为儿童创设一个合乎教育理想的环境。

昆体良的教育思想代表了欧洲古代教育理论发展的最高成就。他重视早期教育,对幼儿学习抱有充分的信心,认识到了家庭环境在早期教育中的重要意义,提出注意幼儿语言的纯洁性、慎选保育人员、反对体罚、采取适当的教学方法等观点。[①]

(二)外国近现代幼儿教师职业道德思想

在西方,17世纪到19世纪末出现了许多教育家,主要有夸美纽斯、洛克、裴斯泰洛齐、卢梭、赫尔巴特、福禄培尔等,他们都对教育理论的发展作出了重要的贡献。这些教育家具有不同的教育理念,形成了不同的教育观点,其中比较大的分歧是在教育目的和作用的论述上。这一时期的教育理论都是在对封建教育、经院主义教育批判的基础上产生的,反映了新兴资产阶级的要求,是为了培养资产阶级所需要的"新人"。这一时期的教育理论中提出了不少具有创造性的有价值的教育教学方法。近代著名的资产阶级教育家及其教育理论,不仅对学龄儿童的教育问题进行了研究和探讨,而且都不同程度地论述了学龄前儿童的教育问题。夸美纽斯1633年出版《母育学校》是世界上第一部论述幼儿教育的专著,对幼儿教育提出了许多宝贵的意见。洛克、卢梭、裴斯泰洛齐、赫尔巴特等的儿童教育思想中,也提出了很多对近代幼儿教育理论和实践有积极影响的主张和观点。福禄培尔创立了以"幼儿园"为名的幼儿教育机构,同时创立了一整套幼儿教育理论,推动了世界幼儿教育的发展。

进入现代,西方幼儿教育思想非常丰富,许多现代幼儿教育学家对幼儿儿童的教育问题都有过较深入的研究,其中比较有代表性的人物是杜威、蒙台梭利、克鲁普斯卡娅。他们的幼儿教育理论对其本国乃至世界幼儿教育实践的发展都起过积极的指导和推动作用。现代幼儿教育思想同前一时期比较起来,不仅有着深厚的理论基础,而且更加注重对儿童身心发展方面的研究。[②]

二、外国幼儿教育名家

在外国幼儿教育史上,许多教育家提出过不少有价值的师德思想和观点。如苏格拉底认为渊博的知识和具有超高的智慧是教师道德高尚的主要表现;第斯多惠也认为,教师只有喜爱自己的职业才会"以全部精力来施教";卢梭强调尊重儿童,按照儿童成长的自然规律进行教育等等。虽然他们对师德的理论和要求有着一定的差异之处,但都包含着许多有利于儿童发展,有利于幼儿教育事业发展的积极有益的因素,值得我们深思和借鉴。下面将着重介绍几位外国幼儿教育名家的职业道德思想。

(一)裴斯泰洛齐

裴斯泰洛齐(1746—1827)是18世纪末、19世纪初瑞士著名的资产阶级民主教育家。一生致力于发展贫民教育,希望通过教育来改变人民的贫困状况。裴斯泰洛齐是一个伟大的人道主义者,将其毕生精力奉献给贫儿的教育,树立了世界教育史上的楷模。裴斯泰洛齐在教育理论和实践上均作出了杰出的贡献,他是近代教育史上提倡和实施爱的教育的杰出代表,有评价者说,在外国教育史上,对儿童发挥无比爱心的教育家中,裴斯泰洛齐应排名第一。裴斯泰洛齐教育思想对后世如赫尔巴特、福禄培尔等教育家的思想起着重要影响,欧文在他的幼儿学校中也运用裴斯泰洛齐的教学方法。

图8-6 裴斯泰洛齐

1. 裴斯泰洛齐的教育思想

裴斯泰洛齐的教育思想主要体现在他的爱的教育和要素教育之中。首先,关于爱的教育。爱的教育贯穿在裴斯泰洛齐的全部教育观点和教育活动之中,他热爱儿童,尊重儿童,并且在总结自己的教育实践经验

---

① 唐淑,王雯.学前教育思想史[M].苏州:苏州大学出版社,2004:253.

② 唐淑,王雯.学前教育思想史[M].苏州:苏州大学出版社,2004:330.

的基础上,他强调指出:"教育的主要的原则是爱。"另外,是要素教育。有关要素教育理论是裴斯泰洛齐教育理论的精华所在,是他的教学理论的核心。要素教育的基本含义是,教育过程要从一些最简单的、为儿童所接受的"要素"开始,再逐步过渡到更加复杂的要素,促使儿童各种天赋能力的全面和谐发展。而他所指的全面发展则包括儿童的德育、智育、体育和劳动教育。也就是说,德育、智育、体育和劳动教育不同教育有不同的要素,各育都能找到一定的最简单的要素作为实施教育的起点。[①]

2. 裴斯泰洛齐的师德思想

裴斯泰洛齐在教育理论和实践上均作出了杰出的贡献,他是近代教育史上提倡和实施爱的教育的杰出代表。裴斯泰洛齐对教师职业道德并没有进行确切地阐述,但是纵观他的一生,他将毕生精力奉献给贫困儿童的教育,他用实际行动将教师的职业道德展现得淋漓尽致。他是所有幼儿教师应该学习的楷模。裴斯泰洛齐关于教师职业道德的思想主要是通过以下两方面来体现的:

(1)从裴斯泰洛齐的一生看师德

裴斯泰洛齐是卓越的资产阶级民主主义教育理论家和实践家。由于他爱人民、爱儿童,由于想改善劳动者生活的愿望,由于他为儿童、为人民谋福利的活动,曾获得了世世代代人们对他的纪念。他的一生充满着困苦,充满着劳动,充满着为儿童、为人民的幸福而进行的斗争。他热爱儿童,热爱教育事业。在50年中他以顽强的毅力、不屈不挠的精神进行了艰苦的教育实验工作,把自己的全部精力贡献给贫苦儿童的教育事业。虽然他企图通过教育来改善劳动人民生活的这条道路是行不通的,但他献身于人民教育事业的精神是极为可贵的,是今天所有的幼儿教育工作者的榜样。

(2)"爱的教育"理念对师德之要求

在教育史上,裴斯泰洛齐是提倡爱的教育的和实施爱的教育的典范。他热爱儿童,尊重儿童,并且在总结自己的教育实践经验的基础上,他强调指出:"教育的主要的原则是爱。"他认为无论哪种形式的教育,只要是以爱的思想为前提,并把这种爱的情感贯穿始终,那么这种教育一定能够顺利进行。爱的教育贯穿在裴斯泰洛齐的全部教育观点和教育活动之中。他还提出了在家庭教育和学校教育中如何实施爱的教育问题,在家庭中父母要给予孩子充分的母爱和父爱,而且从孩子刚出生时就要体现出来。在学校里,教师要像慈祥的母亲一样热爱儿童,教导儿童,教师应当与儿童共同生活,产生深厚的感情,并通过良好的示范作用,全心全意地以母爱精神去感化儿童。裴斯泰洛齐非常强调家庭教育,主张其他形式的教育都要以家庭教育为榜样,以至设想以家庭教育取代学校教育。虽然他的这种思想是片面的,但是他对于儿童爱的教育的思想却为如今我们思考幼儿教师关爱学生这一职业道德提供了非常好的借鉴。[②]

裴斯泰洛齐对教育的贡献是明显的,他提倡爱的教育、家庭教育,他为贫苦儿童的教育奉献出了他毕生的精力。他努力探求教学的原则和方法,初步形成了完整、系统的教学原则体系和各科教学法体系,为教学理论的发展奠定了坚实的基础,其自身是良好师德实践者的楷模,同时其理论也对我们加强教师职业道德建设有很好的启示作用。

图8-7　卢梭

(二)卢梭

卢梭(1712—1778)是18世纪法国杰出的启蒙思想家和教育家,18世纪法国大革命的思想先驱,启蒙运动最卓越的代表人物之一。卢梭出生在瑞士日内瓦一个贫穷的钟表匠家庭。一生坎坷不平,从小寄人篱下,曾经当过学徒、店员、仆役、家庭教师等,这使他对下层社会人民的生活有深入的了解。从1732年起,他学习音乐,成为音乐教师,他特别喜欢伏尔泰的《哲学通讯》。后来他结识了伏尔泰、狄

---

① 周玉衡,范喜庆.学前教育史[M].上海:复旦大学出版社,2009:150.

② 周玉衡,范喜庆.学前教育史[M].上海:复旦大学出版社,2009:149—150.(引用时编者有所改动)

德罗,并参加了《百科全书》的撰写工作。1749 年,他看到第戎学院的征文"科学艺术的复兴对改良风俗是否有益",卢梭的应征论文《论科学与艺术》得了头等奖而一举成名。1775 年,第戎学院又以"人类不平等的起源"为题公开征文,卢梭又写了《论人类不平等的起源和基础》一文。在这篇文章里,卢梭明确指出,私有财产是人类不平等的根源。虽然这篇文章因观点前卫而没有得奖,但它所表现出来的思想的深刻性超过了第一篇。

卢梭没有受过正规的教育,全靠坚持不懈地自学成为知识渊博的学者。1762 年,卢梭出版《社会契约论》,在这部不朽的社会名著中,他深入阐明了自己的民主主义政治思想。同年,长篇教育哲理小说《爱弥儿》问世。《爱弥儿》一书集中反映了卢梭的自然教育思想。他提出培养真正符合社会需要的新人的构想,描绘了一幅培养新人的蓝图。这部讨伐传统教育的长篇檄文,刚一发表,就轰动了整个法国和西欧。因为将矛头指向教会和封建专制统治,卢梭遭受迫害而流亡国外,晚年才得以回国。

1. 卢梭的教育思想

卢梭的教育思想主要体现在以下三点:第一,是自然教育论。卢梭的自然教育论主要包含两个方面,分别是教育顺应自然原则和自然教育的目的是培养自然人。针对传统封建戕害人性和违背自然的特点,卢梭提出教育要"归于自然",适应自然。继夸美纽斯后,卢梭再次提出和强调了教育的自然适应性原则。他认为必须通过自然教育使人的本性得到自然发展,最好的方法是到远离城市的乡村中去接受教育,即在大自然的怀抱中接受教育。另外,卢梭强调自然教育的目的是培养自然天性充分得到发展的"自然人"。卢梭所说的自然人,并不是原始社会的野蛮人,而是身心和谐发展的人。自然人体魄健康,心智发达,道德高尚,处事干练;完全可以适应发展变化的客观环境,不必固定于某一特定的地位、阶级或职业;绝不是寄生坐食而行为邪恶的暴君和歹徒,而是一个消除传统偏见,能够从事生产劳动而自食其力的人;他动手像个农民,而思考则如思想家。总之,他是一个全新的人,一个资产阶级社会的新士绅。要培养这种"自然人",教育必须顺应儿童天性发展的自然历程,即遵循儿童身心发展的特点,同时还要尊重儿童的个性特点。第二,是教育年龄分期。卢梭猛烈抨击传统的封建教育不顾儿童天性,抹杀了儿童与成人的区别,强调应当根据儿童的特点来进行教育。他根据对于儿童发展的自然进程的理解,将儿童教育划分为四个阶段,分别是婴儿期(0—2 岁)、儿童期(2—12 岁)、少年期(12—15 岁)和青春期(15—20 岁),同时他根据各个时段的儿童特点提出了各个阶段身心发展的特征及相应的教育任务和方法。第三,是幼儿教育的原则和方法。在幼儿教育的原则上,卢梭教育理论体系中的一个最基本的思想就是把儿童当作儿童看待,把儿童看作教育中的一个积极因素;教育要适合于儿童的天性的发展,保持儿童的天性。这正是他所强调的教育要遵循自然的法则。在幼儿教育方法中,他从自然教育理论出发,具体阐述了幼儿教育方法,认为幼儿教育者要给予儿童行动自由、要合理地养护和锻炼儿童、要注意语言的发展、要注重感觉教育、要善于运用儿童的模仿以及自然后果法。

2. 卢梭的师德思想

卢梭的自然教育思想主要体现在《爱弥儿》一书中。卢梭没有具体阐述有关教师职业道德的思想,只是在他的著作《爱弥儿》中,通过叙述爱弥儿从出生到成人的受教育过程,塑造了一个独特的教师形象。透过这个独特的教师形象,我们可以看到卢梭对于教师的要求。主要体现在下面几个方面:

(1) 赤子之心、陪伴之情

在《爱弥儿》一书中,卢梭认为教师要与婴儿期的爱弥儿平等相处和交流,促进他成长,由此表达出婴幼儿的教师角色主要是陪伴者。教师作为陪伴者,应该是年轻的、聪慧的,还要有一颗赤子之心,这些素质都帮助教师更好地胜任婴幼儿的教学工作。从教师作为陪伴者的角色中,我们可以看出,卢梭认为教师应该热爱学生,要和学生平等相处以及交流,用一颗赤子之心去关心爱护学生。

(2) 树立榜样、学习做人

根据儿童期爱弥儿善于模仿的心理特点,卢梭认为教师应该主要扮演榜样的角色。他还提出,教师作为榜样,应该先成人。也就是说,作为教师应该首先自己成人,在成人的前提下树立榜样,进而让儿童在情感上认可教师、心灵上归依教师、行动上自动追随和效仿教师,这样的教学不但能从本质上对学生进行教育,更能达到事半功倍的教育效果。卢梭认为,教师在做好自身的榜样树立以外,更要帮助孩子养成好的习惯。这一习惯从总体上看分为生活上的习惯和心灵上的习惯两部分。第一,在帮助孩子养成生活习惯的同时,卢梭强调教师不单纯是要做言辞及行为上的巨人,而是应该"谨言慎行"。第二,在心灵的习惯上,卢梭侧重的是一种思想道德上的习惯,以此与道德的实践区分开来,可见他更强调教师作为榜样,首先应帮助儿童养成心灵的道德,而非一味地促发他们实践道德。

（3）把握关键期、疏导好奇心

少年时期是爱弥儿发展智力的时期,此时教师扮演的角色主要是引导者。教师的主要任务是指导孩子选择知识,采用问答交流的方式引导学生思考。卢梭认为这一阶段中的学生心理上的发展也属于转折期,好奇心的强大动力需要教师给予及时且有效的启发和疏导,培养学生对各种知识的兴趣,以及教授研究知识和学习知识的方法。

（4）平等坦诚、倾心沟通

青春期的爱弥儿是一个脱离少年状态的男子,卢梭明确指出教师此阶段主要需要扮演朋友的角色,教师应具备的条件是要全心全意地鼓舞其信心,适时地提出建议,并在合适的情况下与学生共同去体验某一经历某一过程。此外,教师应该通过谈话来倾听学生的心声,更应以一个朋友的身份来了解青少年心中的所想所爱所思。

总的来说,《爱弥儿》对教师在学生不同成长期四种主要角色的描述,蕴含着丰富的师德思想。它是全程式的教师角色观,因为它是从一个学生全程式的培养中生发出来的;它是变化的教师角色观,因为它的四种角色对应不同阶段学生的需要,当学生的状态改变时,教师的角色也随之改变。而这四个阶段的教师观中,对幼儿教师有直接影响作用的就是前两个阶段的思想,它不仅对 18 世纪的教育思想具有革命创新的意义,对现代的幼儿教师师德定位及确立仍有着深刻的影响和启发。[①]

图 8-8　福禄培尔

（三）福禄培尔

弗里德里奇·福禄培尔（1782—1852）是德国 19 世纪著名的幼儿教育家,出身于德国图林根的一个牧师家庭,从小受到浓厚的宗教影响。福禄培尔幼年丧母,这使他深刻体会到母爱和家庭对儿童发展的重要意义。福禄培尔的主要贡献是创立了以"幼儿园"命名的学前教育机构,同时创立了一整套学前教育理论,确立了游戏与作业在儿童发展中的重要作用和地位,推动了德国以及世界学前教育的发展,因此后人称他为"幼儿教育之父"。福禄培尔所倡导的"幼儿园"作为学前教育机构,在世界各国一直沿用至今。

1. 福禄培尔的教育思想

福禄培尔教育思想主要体现在下面几个方面:第一,自然发展的原则。福禄培尔认为宇宙万物都是在无限发展着的,因此人也是在连续不断地发展的。而人的发展会经历各个不同的阶段,他反对把各个发展阶段孤立起来看待,而主张应看到各个阶段之间的联系。他进一步指出,人类的教育活动就应当按照儿童的本性,连续、协调地促使他们在各个方面得到发展。这也正是他所倡导的教育须适应儿童自然发展的原则。第二,教育分期以及各时期任务。福禄培尔接受了卢梭关于儿童是分阶段发展的设想,但他认为发展是渐进连续的,每一阶段的完成是下一阶段发展的必然前提。他以人类某些要求和兴趣为依据,将儿童发展分为婴儿期、幼儿期以及少年期这三个阶段,并且针对每个阶段的特征提出了各个时期不同的任务。第三,幼儿园课程。福禄培尔重视儿童的本性,认为教育要遵循儿童

① 周阳,杨旭娇. 从《爱弥儿》看卢梭的师德观[J]. 吉林省教育学院学报,2011(9).

的特征连续协调地促使他们在各方面得到发展。他崇尚儿童游戏,要求幼儿园课程要通过各种游戏和活动,培养儿童的社会态度和民族美德,使他们认识自然和人类,发展他们的智力和体力以及做事和生产的技能和技巧,尤其是运用知识和实践能力,从而为下一个阶段的发展作好准备。为此,他还发明了"恩物"来帮助儿童更好地学习。"恩物"是福禄培尔为幼儿设计的一系列玩具,供幼儿游戏时使用。

2. 福禄培尔的师德思想

福禄培尔是近代系统的幼儿教育理论的奠基者,也是近代影响最大的幼儿教育家。福禄培尔的师德思想主要是通过"顺应自然"这一教育思想体现出来的。他认为作为幼儿教师,首先要认识到人是在连续不断地发展的,并且要用联系的眼光看待各个阶段的发展。其次,作为幼儿教师,要了解幼儿阶段儿童的特征,教师除了对幼儿身体的保育外,还应多注意儿童心智的发展。幼儿教师要顺应儿童内在需要,顺应自然地采取游戏的方式教育儿童,培养儿童游戏的能力,使儿童成长为完全的人。最后,他还认为发展儿童教育的方法是让儿童参与社会活动,教师应配合社会实际情境设计各种戏剧化的游戏及系统化的活动,使儿童在自我活动中,学习并培养互助互敬和团结合作的精神。福禄培尔的这一思想对现在我们要求教师要关爱学生,要从儿童的本性出发,遵循儿童发展的规律实施教育的教师职业道德有非常好的借鉴的作用。

福禄培尔首创了幼儿园教育体系,使幼儿教育成为教育领域中的一个重要分支和独立部门,标志着学前机构的作用开始由"看管"转向"教育"。他在借鉴前人经验的基础上,详细论述幼儿园工作的体系、内容和方法,为幼儿园创造教学材料、玩具,设计一整套作业体系的思想和方法,这在整个幼儿教育史上是首创,具有重大的历史意义。虽然他并没有阐述幼儿教师职业道德思想,但是他的顺应自然的教育原则以及他积极投身于幼儿教育事业的亲身实践很好地诠释了爱岗敬业、热爱关心学生的教师的职业道德,他的精神将鞭策着我们今天的幼儿教育工作者不断进取。

(四) 蒙台梭利

玛利亚·蒙台梭利(1870—1952)意大利幼儿教育学家,蒙台梭利教育法的创始人。她所创立的、独特的幼儿教育法,风靡整个西方世界,深刻地影响着世界各国,特别是欧美先进国家的教育水平和社会发展。蒙特梭利教育法的特点在于十分重视儿童的早期教育,她为此从事了半个多世纪的教育实验与研究;她的教学方法从智力训练、感觉训练到运动训练,从尊重自由到培养意志,从平民教育到贵族教育,为西方工业化社会的持续发展奠定了几代优秀的人才基础。1952 年 5 月 6 日逝世于阿姆斯特丹,享年 82 岁。

图 8-9 蒙台梭利

1. 蒙台梭利的教育思想

蒙台梭利教育思想主要体现在下面几点:第一,是儿童发展观。蒙台梭利的儿童观和儿童发展观在很大程度上是接受了卢梭、裴斯泰洛齐、福禄培尔的自然教育和自由教育的观点,然而她根据自己的实际观察和实验研究以及生物学、遗传学、生理学、心理学和生命哲学的理论加以阐述和发挥。蒙台梭利认为,儿童存在着与生俱来的"内在的生命力"。这种生命力是一种积极的、活动的、发展着的存在,它具有无穷无尽的力量。她认为教育的任务是激发和促进儿童的"内在潜力"的发现,并按其自身规律获得自然的和自由的发展。教育家、教师和父母应该仔细地观察儿童,研究儿童,了解儿童的内心世界,发现"童年的秘密",遵循儿童的自然发展进程及规律性;热爱儿童,尊重儿童个性,在儿童自由和自发的活动中帮助儿童智力的、精神的和身体的、个性的自然发展。[①] 第二,是教育的功能和目的。蒙台梭利指出,教育有双重目的:一是生物学目的,教育可以帮助个体自然地发展;二是社会学目的,教育的目的是培养个人适应环境。第三,是儿童的教学内容和教学方法。蒙台梭利认为儿童的教学内容应包括实际生活练习、肌肉训练、自然

---

① 周玉衡,范喜庆.学前教育史[M].上海:复旦大学出版社,2009:186.

教育和体力劳动、感觉训练以及读、写、算练习等。对于课程采用齐头并进的方式,各种不同练习大部分都同时进行,而且审慎地分级推进,可以自我矫正。

2. 蒙台梭利的师德思想

蒙台梭利认为教育不是教师自上而下地传授,而是教师协助儿童自下而上地发展。在蒙台梭利幼儿教育体系中,师德的思想主要是通过论述教师所扮演的角色来展现的,主要包括以下几个要点:

(1) 关心了解儿童

教师应作为观察者。蒙台梭利认为教师要经常与儿童一起生活、工作,与儿童保持亲密友好的合作。这样才能把握儿童的内心世界、揭示儿童的需要、洞察儿童的个性。值得注意的是,蒙台梭利要求教师作观察时应更多的是一个被动的观察者,而不是主动施加影响的观察者,因为只有教师将自己定位于一位"被动"的观察者,他才能不会去干涉儿童的自由活动,才能观察儿童在活动中真实表现。蒙台梭利正是通过教师应作为观察者这一角度,来达到对儿童的关心和了解。

(2) 示范榜样作用

蒙台梭利认为虽然儿童发展受其本性的引导,但外部环境为儿童发展提供了必要的媒介。儿童的发展是个体与环境交互作用的结果。而环境必须由理解、了解儿童的教师来准备。教师要为儿童创设具有兴趣性、探索性、可供儿童与之相互作用的环境。为此,她提出教师应参与儿童生长与成长的环境。教师本人就是儿童生活环境的一部分,是儿童世界的最重要部分。因此,"教师本身在仪容上应有吸引力、令人喜爱,并保持整齐、清洁、沉稳而有庄严感","教师应留心自己的举止,要尽力轻盈和文雅"。教师还应是"有准备环境"的维护者与管理者,尽量使这个环境舒适、有秩序、安全、清洁。教师就是要通过改变自己的言行举止从而对学生起到较好的示范榜样作用。

(3) 促进家园联系

蒙台梭利认为幼儿教师应该是家园合作的联络者。蒙台梭利指出,"家庭不仅与教育进步密切联系,而且也与社会进步密切联系";教育的一个重要原则就是要求学校教育和家庭教育的目标协调一致。由此可见,教师不仅要研究、观察儿童本身,还需要与家庭合作形成发展的合力,共同促进儿童身心健康发展。[①]

总体来讲,蒙台梭利认为教师的首要任务是用科学的态度、科学的方式去观察、研究"自然的儿童",真正了解儿童的本来面目,从而揭开生命发展的"秘密面纱",探讨生命的"深刻真理"。其次,在真正了解和认识儿童的前提下,教师应成为儿童自我发展的"援助者"、优异环境的"创造者"。也就是说,教师的工作除了消极地观察,还应该积极地引导儿童。但这种引导并不是那种直接教给儿童方法和观念的传统做法,而是给儿童提供活动的环境和作业的教具,使儿童通过自己的作业达到自我发现和发展,同时,教师应该阻止儿童的不良行为,免得危及儿童本人和其他儿童的发展。再次,教师应无限热爱儿童,献身教育事业,不断完善自己,以自己的完美形象作为儿童自我教育的榜样。

蒙台梭利的儿童发展观和对教师的要求为幼儿教师职业道德提供了非常好的理论和实践基础,值得幼儿教师学习和借鉴。

(五) 杜威

约翰·杜威(John Dewey,1859—1952)是美国哲学家和教育家,被誉为现代教育之父。杜威反对传统的灌输和机械训练的教育方法,主张从实践中学习,提出教育即生活,学校即社会的口号。其教育理论强调个人的发展、对外界事物的理解以及通过实验获得知识。1896年他创立一所实验中学作为他教育理论的实验基地,并任该校校长。我国的教育名家,诸如胡适、陶行知、郭秉文、张伯苓、蒋梦麟等均曾在

图8-10　杜威

① 周玉衡,范喜庆.学前教育史[M].上海:复旦大学出版社,2009:189—191.(引用时编者有改动)

美国哥伦比亚大学留学,都曾是杜威的学生。1919年4月30日,杜威应中国五所学术机构的联合邀请,由日本乘船抵达上海,开始了在中国的访问和讲学活动,并一直持续到1921年7月11日。这样,杜威在中国待了两年零两个月之久,因此对我国的教育发展也有着广泛的影响。

1. 杜威的教育思想

杜威的教育思想主要体现在下面几点:第一,教育即"生活"、"生长"和"经验改造"。教育能传递人类积累的经验,丰富人类经验的内容,增强经验指导生活和适应社会的能力,从而把社会生活维系起来和发展起来。广义地讲,个人在社会生活中与人接触、相互影响、逐步扩大和改进经验,养成道德品质和习得知识技能,就是教育。由于改造经验必须紧密地和生活结为一体,而且改造经验能够促使个人成长,杜威便总结说"教育即生活"、"教育即生长",教育即为"经验改造"。第二,教育无目的论。在杜威的心中,在不民主、不平等的社会中,教育只是外力强加于受教育者的。在民主的社会中就不同了,应当奉行无目的论。其实,在阶级斗争和无产阶级革命日益激化的年代,杜威很强调教育在改进社会方面的效用,杜威教育目的论的资产阶级性是显而易见的。第三,"学校即社会"。杜威认为人们在社会中参加真实的生活,才是身心成长和改造经验的正当途径。所以教师要把教授知识的课堂变成儿童活动的乐园,引导儿童积极自愿地投入活动,从活动中不知不觉地养成品德和获得知识,实现生活、生长和经验的改造。第四,教学论。杜威以教育是生活、生长和经验改造的理论为基础,对教材和教法等课题做出和传统观念不同的论述。在教材的选择上,杜威建议"学校科目的相互联系的真正中心,不是科学而是儿童本身的社会活动"。具体地讲是学校安排种种作业,把基本的人类事务引进学校里来,作为学校的教材。在教学方法上,杜威主张"从做中学",他认为儿童不从活动而由听课和读书所获得的知识是虚渺的。第五,儿童中心论。杜威是在批判旧教育的过程中提出"儿童中心主义"思想的,他认为儿童是中心,教育措施便围绕着他们而组织起来。把教育的重心从教师、教材那里转移到儿童身上,这就是杜威倡导的"新教育"(或"进步教育"),也就是"以儿童为中心"的教育。

2. 杜威的师德思想

杜威作为教育史上的思想大家,作为现代教育的代表人物,针对传统教育的弊端提出了"教育即生活,教育即生长,教育即经验的改造"三大命题,提倡"儿童中心",并在这一新的视角下,阐明了不同于传统教育的教师观。杜威的师德思想就是通过不同的教师观所展现出来的,他的教师观可以为我们学前教师职业道德提供以下几点启示:

(1) 尊重儿童,满足儿童需要,激发儿童兴趣

根据杜威提出的"从做中学"的教育思想,他强调儿童个人的直接经验,认为"教育是在经验中,由于经验和为着经验的一种发展过程"。他认为在经验的选择过程中,教师起着不可替代的作用。教师应从儿童的兴趣、需要出发,要准确判断经验的价值从而选择适合儿童的经验。同时,他还强调只有激起学生的好奇心和探究的欲望,增强创造力,有助于学生个体经验生长的经验,才是教师应选择的。也就是说,作为一名学前教师,在选择学生教学内容以及教学方法时,要从儿童的兴趣、需要出发,并且内容不宜枯燥乏味而是应该能激起学生的好奇心和探究的欲望,增强创造力。

(2) 建构平等师生关系

杜威民主主义的教育理念认为教育和民主密切相连,反对学校教育中的独断专行和强制灌输的作风,主张学校应有一种民主、自由、平等的氛围。教师应尊重学生,应积极主动地构建民主、平等对话的师生关系,而不再是传统教育中外在于儿童的独裁者、布置作业的监工。教师要注意倾听学生的心声,"他必须对各个人作为个体有同情的理解,使自己知道正在学习的儿童的心灵的真实情况是什么"。教师要了解他们的思想状态和内心感受,对他们的想法给予指导和建议,尊重他们对问题的认识和理解,尊重他们的兴趣、需要和个性差异。

(3) 提高自身修养,做发展型幼儿教师

传统的工具论意义上的教师观认为,教师仅仅向学生传授系统知识,是纯粹的教书匠,教师只关注学生

掌握知识的情况如何,不必关心学生在心理及其他方面的发展情况,而现代发展论教师观对教师的要求则是多方位的、复合型的、不断发展的。杜威认为,教师的教学观念必须跟上时代前进的步伐,对教学新观念要积极接受。教师应树立终身学习的教育理念,在教学之余,不忘学习,充实自己,发展自己,提高自身修养,不仅要提高教学能力,也要提高研究能力,做一名研究型、发展型教师。

杜威作为现代西方教育史上最有影响的一位教育家,顺应了时代的要求,提出了"做中学"的教学论体系,否定了科目本位式的传统课程,设计了以学生直接经验为主的活动课程,强调教学过程中的非智力因素对学生的影响等观点,都具有顺应时代的积极意义,对整个世界教育体系产生了巨大的推动作用。杜威关于教育本质的讨论,"做中学"的教学论体系以及他对教师观的探析都对幼儿教师职业道德思想有非常大的影响。

讨论

案例一

蒙台梭利"儿童之家"的小故事[①]

有一天,一群孩子又说又笑地围成一个圈,圈中间是一盆水,水里浮着一些玩具。我们学校(蒙台梭利的"儿童之家")有一个两岁半的小男孩,他独自一个人呆在外围。很显然,我们看到他充满了好奇。我(蒙台梭利)在远方很有兴趣地观察着他。他首先走近那群孩子,试图挤进去。但是他不够强壮,接着他站在那里看了看周围,他脸上的表情是非常有趣。我希望有一架照相机把这个情景照下来。他看到了一张小椅子。很显然,他打算把它放在这群孩子的后面,然后爬到椅子上。他开始向椅子走去,脸上闪烁着希望。但是,这个时候,教员用双手残酷地(或者说是轻轻地)抱起孩子,把他举过其他孩子,让他看到这盆水,说:"来,可怜的孩子,你也可以看到的。"

毫无疑问,小男孩看到了浮在水中的玩具,但他却没有享受到用自己的力量解决困难的乐趣。看到那些玩具并不算什么,而他所做的努力将开发他的内心智慧。在这个事例里,教员阻碍了孩子的自我教育,没有给他任何的补偿机会。这个小家伙打算让自己成为一个征服者,但他发现自己被压制在一双手臂之间,无能为力。让我(蒙台梭利)感兴趣的是孩子脸上那高兴、焦虑和充满希望的表情,但是现在它慢慢消失了,留在脸上的只是孩子知道别人会为他做任何事情的傻傻的表情。

案例二

裴斯泰洛齐给友人的信

裴斯泰洛齐对教育事业以及儿童的热爱,他那不倦的努力和坚韧不拔的精神在中外教育史上都是值得称道的。他在与友人的信中有如下一段精彩动人的描述:

"从早到晚我一直生活在他们中间……我的手牵着他们的手,我的眼睛注视着他们的眼睛,我随着他们的流泪而流泪;我随着他们的微笑而微笑。他们不知有世界,不知有斯坦兹。他们跟我形影不离,他们的饮食,就是我的饮食。我什么都没有——没有家园,没有朋友,没有什么人,只有他们。"[②]

思考:以上两个案例中,主要反映了幼儿教育名家什么样的师德思想? 对于今后即将从事幼儿教育的你有何启示作用?

---

① [意]玛利亚·蒙台梭利.蒙台梭利早期教育法[M].万信琼,译.北京:中国发展出版社,2004:204.
② 马骏,梁积荣,张国春.教师职业道德概论[M].太原:山西教育出版社,1991:46—47.

第三节　幼儿教育名家的职业道德思想特征与模范作用

走出历史的画卷,我们可以看出,在历史上,无论是中国还是外国,其师德思想都是非常丰富的。这些师德思想不仅在当时对教师职业道德的形成起了很重要的作用,塑造了一批又一批的优秀教师,而且在今天对于我们的师德建设也具有重大的现实意义。这些思想在当时是教师所应遵循的道德准则,就是在今天也是我们新时代教师的主要职业规范。虽然,历史上的幼儿教育家们所处的时代不同,站的阶级立场各异,但他们关于幼儿教师的师德思想仍有许多共同的特点。本节就将阐述不同幼儿教育家师德的共同特征以及这些思想的模范作用。

一、幼儿教育名家的职业道德思想的特征

(一) 热爱教育,甘于奉献

古今中外,在不同时代的教育实践中,涌现出了一批献身教育、甘于奉献、矢志不移的教育大师。伟大的思想、教育家孔子被后世尊为"至圣先师"、"万世师表",是我国教育史上最早以毕生精力贡献于教育工作的人。孔子认为教师首先要对教育事业有无限的热爱和奉献精神,应该以教为业,以教为乐,做到"居处恭,执事敬"。虽然孔子没有明确提到幼儿教师的职业道德,但他的师德思想对于幼儿教育却有非常大的影响力。著名幼儿教育学家陶行知,他以"捧着一颗心来,不带半根草去"的精神,将教育作为自己一生的事业,积极投入到教育实践中,为我国的幼儿教育作出了杰出的贡献。裴斯泰洛齐热爱教育,他将其毕生精力奉献给贫儿的教育,树立了世界教育史上的楷模。除了这些大家,历史上还有默默无闻献身教育的知识分子。这些人政治地位低下,经济收入微薄,生活贫寒清苦。但他们不图名利,以教为乐。正是他们这种热爱教育,甘于奉献的精神,推动了我国教育事业的发展,也为后人树立了典范。

(二) 热爱学生,有教无类

热爱教育,这是作为一名教师最起码的要求,也是师德的基本要求。而热爱学生则是热爱教育的具体表现。孔子热爱学生、尊重学生,处处关心学生,学生的一举一动、一言一行,他都十分清楚,同时他还针对不同学生的特点施以不同的教育,做到因材施教。他热爱学生,不分贵贱、贫富,倡导"有教无类"的思想。王守仁主张热爱学生,认为对于不同的儿童来说,就是要因材施教;对于同一个儿童来说,就是要循序渐进地施教。陈鹤琴曾明确提出教师对待儿童要热爱、公平;对待工作要有高度的热情,全心全意,富有创造性。另外,国外教育名家裴斯泰洛齐也倡导实施爱的教育,认为教师要以爱的思想为前提,并把这种爱的情感贯穿教育的始终。欧文也曾在幼儿教师的三个条件中认为教师首先要热爱幼儿并对他们有无限的耐心。在之后的历史发展中,学前教育家都在自己的实践中不断丰富着教师伦理思想,不断地完善着教师职业道德规范体系。他们既是"热爱学生,有教无类"的倡导者,也是践行者,为现在从事幼儿教育事业的教师树立了楷模。

(三) 以身作则,为人师表

教师是学生获取知识的导师和引路人,学生尊敬教师,教师的言行,教师的知识见解、治学态度以及他们的精神境界、信仰和品行,都会对学生产生潜移默化的作用。因此,以身作则,为人师表,是历代教育家所推崇的师德传统。被后人称为"万世师表"的孔子认为,教师对于学生的教育不仅有言教,而且重在身教,教师常以自己的行动和人格作为学生的榜样,会产生巨大的教育力量。陶行知也非常重视教师"以身作则,为人师表"这一品德,他认为教师要严格要求自己,以身作则,发扬民主的作风,以建立民主的师生关系。另外,国

外的学前教育名家裴斯泰洛齐、福禄培尔等人,通过自身的教育实践,展示出了他们以身作则,为人师表的良好品德。历代学前教育名家们都十分重视自身的一言一行对学生的影响。他们不仅以其深刻的思想和渊博的知识获得学生的敬佩,更以伟大的人格和崇高的精神赢得学生的信任和尊重。

(四)学而不厌,诲人不倦

"学而不厌,诲人不倦"最初是由孔子提出的,他认为这是教师应有的道德品质。孟子的一生是学无止境、诲人不倦的一生。他博览群书,精通"五经",以读书为享受,以育才为乐趣。张宗麟强调教师的终身教育,认为教师不要完全依赖学校的正规教育,而是要利用业余的时间多学习、勤思考,通过非正规教育和定期进修等途径,全面提高自身素质和业务技能。欧文也曾在对教师的三个条件中强调幼儿教师要对他们的学生有无限的耐心,性情温顺。"学而不厌,诲人不倦"是教师最宝贵的品格,是一种崇高的修养和精神境界,历代的学前教育学家们在这一方面给我们后人树立了榜样。[①]

这些教师职业道德思想中,虽然有些思想是对所有教师所提出的,但它们也同样适合于幼儿教师。这些思想本身就是一笔巨大的财富,有着几千年的丰厚积淀,博大精深,辉煌灿烂,为历代教育家所弘扬,至今仍有其存在价值。今天,结合中国特色社会主义的实践,我们应该继承和发扬这些教师职业道德,并赋予它们新的时代精神和内涵,进一步发挥它们的价值和作用。

二、幼儿教育名家的模范作用

历史上的幼儿教育名家热爱幼儿教育,并积极投身到幼儿教育事业中,通过长期的探索和研究,他们总结出了丰富的学前教育理论,为当时的学前教育的发展起到了非常好的促进作用。他们热爱教育、为教育献身的精神以及那些宝贵的师德思想和经验,对今天从事幼儿教育的教师们和如今我们所倡导的职业道德建设有着很大的影响,也起到了非常好的模范作用。总体来讲,这里的启示作用主要体现在以下几个方面:

(一)爱岗敬业、乐于奉献

爱岗敬业是教师职业的本质要求。倡导"爱岗敬业"就是要求幼儿教师对幼儿教育事业有强烈的责任和深厚的感情。乐于奉献就是要求幼儿教师必须具有奉献精神,为幼儿的教育事业奉献自己的一生。要做到不计名利,积极进取,开拓创新,无私奉献,力求干好自己的本职工作,尽职尽责地完成每一项教学工作,不断地挑战自己,超越自己,使自己成为一名"热爱幼教,甘愿奉献"的幼儿教师。

(二)关爱学生,尊重家长

在教师的职业生涯中,最重要的人际关系对象就是学生和家长。作为一名幼儿教师,首先要热爱自己的学生,用自己的爱去感化和教育每一个孩子。这种爱体现在幼儿教师要关心和了解每一个儿童,要尊重和信任孩子,要公平对待每一个学生,但也不能一味溺爱,要做到严慈相济。新时期的幼儿教师,同时也应注重跟家长的沟通和联络。幼儿教师要尊重学生家长,与家长团结协作,要善于充分调动各种教育力量,形成强大的教育合力,共同促进儿童的健康成长。

(三)教书育人,努力创新

当好一名幼儿教师,要不断加强自身专业知识、文化知识以及实践性知识的积累,要根据儿童身心发展的规律进行教育。教书育人不是教书和育人的内容简单相加,而是要根据幼儿身心发展规律,遵循教育教学规律,选用适当的教育教学方法促进儿童的全面发展。另外,作为21世纪的幼儿教师,更要树立努力创新的

---

① 段文阁,赵昆.教师职业道德[M].济南:山东人民出版社,2012:23—28.(引用时编者有改动)

意识。创新是一个民族的灵魂,是一个国家兴旺发达的不竭动力。幼儿教师在教师育人工作中要勤于进取、勇于创新、精益求精、追求卓越,努力成为一个新时代创新型的幼儿教师。

(四) 与时俱进,终身学习

新的教育理念、新的教学方法、新的科学技术与新的教学内容持续增加,只有做到终身学习,才能胜任教育教学工作。教师作为文化科学知识和文化的传播者,应具有广博的文化科学知识、与时俱进的教育理念和先进的教学手段。在"知识爆炸时代"、"数字时代"的今天,幼儿教师应该有终身学习的精神,只有这样才能更好地解学生之"惑",传为人之"道"。新时期的幼儿教育工作者,应让自己的知识处于不断更新的状态,跟上时代发展趋势,不断更新教育观念,并把所学应用到实际教学当中去,改革教学内容和方法,做一名紧跟时代步伐的合格幼儿教师。

讨论

幼儿教师桑平:要做孩子们最好的榜样

桑平1986年从陵县幼师毕业,来到了临邑县实验幼儿园。25年光阴荏苒,她由一名普通的幼教老师成长为优秀教育工作者,担任园长工作已15个年头。桑平在幼教岗位上默默耕耘,用辛勤的汗水换来社会的广泛认可,1993年、1995年她两次被评为"巾帼建功先进个人",1997年被评为德州市"优秀教育工作者",1999年被省教委评为"学前教育先进个人",2004年被评为德州市"市级文明服务标兵",今年荣获五一劳动奖章。

"每个孩子在我的心目中都是优秀的。"这是桑平多年来一贯的教育观念。桑平说,身为教育工作者,不仅自己要拥有爱心,最重要的是要用自己的爱感染孩子,教会孩子去爱别人。每天早晨,离上学时间还有半个小时,她便早早地来到幼儿园,做好孩子们的入园准备工作,并且利用这段时间和早到的家长交流孩子的情况。"要注重每一个细节。"这是她经常对年轻老师们说的一句话。"孩子的模仿能力非常强,老师的一言一行会直接影响他们的品德行为。当有孩子需要帮助时,一定要当着全班孩子的面关心他,照顾他,这样会对其他孩子形成良好的引导。"班上曾有个孩子先天性脑萎缩,以至于他的反应比其他孩子慢半拍,刚开始谁也不愿和他玩。桑平教育孩子们不能歧视他,要尊重他,应给他更多的关爱。在她的启发引导下,其他孩子们主动和他交朋友,和他一起做游戏,孩子回到了大集体中,露出了灿烂的笑容。通过实例,桑平让其他孩子慢慢养成了互相关心、互相帮助、尊重他人这一良好的品德。在多年的幼教工作中,她所带的孩子个个都具有良好的行为习惯和优良品德,由此得到了领导和家长的一致好评。

思考:上述优秀幼儿教师的案例中,你认为桑平老师具有怎样的教师职业道德?对你有什么启示?

课后练习

一、选择题

1. 裴斯泰洛齐提出了(　　)教师道德思想。

    A. 爱的教育　　　　　　B. 生活教育　　　　　　C. 自然教育　　　　　　D. 民主化教育

2. "顺其性情、寓教于乐"是(　　)提出的。

    A．孔子   B．孟子   C．颜之推   D．王守仁

3. 在《怎样做人民的幼稚园教师》一文中指出,要做好一名人民满意的幼稚园教师就应在政治思想、专业技术、教学方法、品质等方面具备相应的条件的是（　　　）。

    A．陶行知   B．陈鹤琴   C．张之洞   D．张雪门

4. 他所倡导的"幼儿园"作为学前教育机构,在世界各国一直沿用至今,并被后人称为"幼儿教育之父"的是（　　　）。

    A．裴斯泰洛齐   B．福禄培尔   C．蒙台梭利   D．欧文

5. 要对学生一视同仁,无论家庭地位高低、财富多寡、相貌丑俊,都一样看待,不可偏爱,不抱成见,不徇私情,体现了陶行知思想的（　　　）。

    A．对教育事业要有赤诚之心   B．热爱学生,爱满天下

    C．友爱同事,团结合作   D．以身作则,为人师表

二、判断题(对的打"√",错的打"×")

1. 颜之推提出"教儿婴孩,勿失良机"。   （　　）

2. 当一名幼儿教师,要不断加强自身专业知识、文化知识以及实践性知识的积累,要根据儿童身心发展的规律进行教育。   （　　）

3. "捧着一颗心来,不带半根草去"是陈鹤琴的名言。   （　　）

4. 幼儿教师要热爱自己的学生,用自己的爱去感化和教育每一个孩子并可以一味溺爱,孩子犯错误也不责备他。   （　　）

5. 在蒙台梭利幼儿教育体系中,教师主要扮演以下角色:观察者、环境创设者、指导者、家园合作的联络者。   （　　）

三、简答题

1. 除了教材中的中外幼儿教育名家,你还知道哪些幼儿教育名家？请总结概括他们的教师职业道德思想。

2. 请简单概括中外幼儿教育名家职业道德思想的特征。

3. 历史上的幼儿教育名家关于教师职业道德的思想对于将来要从事幼儿教师职业的你有什么启示？

四、案例分析

陶行知喂鸡

    有一次,陶行知先生在武汉大学演讲。他走向讲台,不慌不忙地从箱子里拿出一只大公鸡。台下的听众全愣住了,不知陶先生要干什么。陶先生从容不迫地又掏出一把米放在桌上,然后按住公鸡的头,强迫它吃米。可是大公鸡只叫不吃。怎么才能让公鸡吃米呢？他掰开公鸡的嘴,把米硬往鸡的嘴里塞。大公鸡拼命挣扎,还是不肯吃。陶先生轻轻地松开手,把鸡放在桌子上,自己后退了几步,大公鸡自己就开始吃起米来。这时陶先生开始演讲:"我认为,教育就像喂鸡一样。先生强迫学生去学习,把知识硬灌给他,他是不情愿学的。即使学也是食而不化,过不了多久,他还是会把知识还给先生的。但是如果让他自由地学习,充分发挥他的主观能动性,那效果一定好得多！"台下一时间掌声雷动,为陶先生形象的演讲开场白叫好。

    这一则故事中包含了怎样的师德思想？给你的启示是什么？

参考文献

［1］杨芷英. 教师职业道德［M］. 北京：高等教育出版社，2007.

［2］刘济良. 幼儿教师职业道德［M］. 上海：复旦大学出版社，2013.

［3］梁广，周积昀. 新时期教师职业道德［M］. 北京：中国人事出版社，2005.

［4］黄正平，刘守旗. 教师职业道德新编［M］. 南京：南京大学出版社，2010.

［5］龚乐进，张贵仁，王忠桥. 教师职业道德［M］. 北京：北京师范学院出版社，1992.

［6］王兰英，黄蓉生. 教师职业道德［M］. 北京：高等教育出版社，2000.

［7］教育部教师工作司编. 幼儿园教师专业标准（试行）解读［M］. 北京：北京师范大学出版社，2013.

［8］张燕. 幼儿教师专业发展［M］. 北京：北京师范大学出版社，2005.

［9］王毓珣，王颖. 教师新师德六项修炼［M］. 重庆：西南师范大学出版社，2009.

［10］教育部师范教育司编. 中小学教师职业道德规范学习手册［M］. 北京：高等教育出版社，2008.

［11］汤才伯. 廖世承教育论著选［M］. 北京：人民教育出版社，1992.

［12］叶岚. 幼儿园新教师导读［M］. 北京：高等教育出版社，2011.

［13］王正平. 教育伦理学［M］. 上海：上海教育出版社，1998.

［14］［英］伯兰特·罗素. 西方的智慧［M］. 马家驹，贺霖，译. 北京：世界知识出版社，1992.

［15］罗国杰. 伦理学［M］. 北京：人民出版社，1989.

［16］钱焕琦. 教师职业道德［M］. 上海：华东师范大学出版社，2008.

［17］周德义，王嘉德，王容德. 师德修养与教师专业成长［M］. 北京：科学出版社，2006.

［18］朱平. 高等学校教师职业道德概论［M］. 合肥：合肥工业大学出版社，2009.

［19］唐淑，王雯. 学前教育思想史［M］. 苏州：苏州大学出版社，2004.

［20］周玉衡，范喜庆. 学前教育史［M］. 上海：复旦大学出版社，2009.

［21］单中惠，刘传德. 外国幼儿教育史［M］. 上海：上海教育出版社，2004.

［22］马骏，梁积荣，张国春. 教师职业道德概论［M］. 太原：山西教育出版社，1991.

［23］段文阁，赵昆. 教师职业道德［M］. 济南：山东人民出版社，2012.

［24］傅维利. 教师职业道德教育指南［M］. 北京：高等教育出版社，2002.

［25］朱法贞. 教师伦理学［M］. 杭州：浙江大学出版社，2008.

［26］高美霞. 爬上豆蔓看自己——辛黛瑞拉的教育日记［M］. 北京：北京师范大学出版社，2008.

［27］吴颖新. 幼儿教师的专业素养［M］. 北京：中国轻工业出版社，2012.

［28］叶澜. 教师角色与教师专业发展新探［M］. 北京：人民教育出版社，2001.

［29］万迪人. 现代幼儿教师素养新论［M］. 南京：南京师范大学出版社，2004.

［30］施修华. 教育伦理学［M］. 上海：上海科学普及出版社，1989.

［31］孙彩平. 教育的伦理精神［M］. 太原：山西教育出版社，2004.

［32］汪荣有. 职业道德引论［M］. 北京：中央编译出版社，2004.

［33］钱焕琦，刘云林. 中国教育伦理学［M］. 徐州：中国矿业大学出版社，2000.

［34］檀传宝. 教师伦理学专题——教师职业道德范畴研究［M］. 北京：北京师范大学出版社，2000.

[35] 王海明. 伦理学原理[M]. 北京:北京大学出版社,2001.

[36] 钟志贤. 深呼吸:素质教育进行时[M]. 北京:教育科学出版社,2003.

[37] 刘次林. 幸福教育论[M]. 北京:人民教育出版社,2003.

[38] 王荣德. 教师道德教育论[M]. 北京:科学出版社,2004.

[39] 肖川. 教育的理想与信念[M]. 长沙:岳麓书社,2002.

[40] 孟繁华. 赏识你的学生[M]. 海口:海南出版社,2003.

[41] 罗国杰. 伦理学[M]. 北京:中国人民大学出版社,1992.

[42] 李春秋. 教育伦理学概论[M]. 北京:北京师范大学出版社,1993.

[43] 朱金香等编. 职业伦理学[M]. 北京:中央编译出版社,1997.

[44] [意]玛利亚·蒙台梭利. 蒙台梭利幼儿教育手册[M]. 肖咏捷,译. 北京:中国发展出版社,2003.

[45] [意]玛利亚·蒙台梭利. 蒙台梭利早期教育法[M]. 祝东平,译. 北京:中国发展出版社,2003.

[46] [意]玛利亚·蒙台梭利. 有吸收力的心灵[M]. 高潮,等,译. 北京:中国发展出版社;2003.

[47] [苏]苏霍姆林斯基. 给教师的一百条建议[M]. 周蕖,等,译. 天津:天津教育出版社,1981.

[48] [苏]苏霍姆林斯基. 和青年校长的谈话[M]. 赵玮,译. 上海:上海教育出版社,1983.

[49] [苏]苏霍姆林斯基. 给教师的建议[M]. 杜殿坤,译. 北京:教育科学出版社,2000.

[50] 马克思恩格斯全集(第三卷)[M]. 北京:人民出版社,1996.

[51] [德]第斯多惠. 德国教师培养指南[M]. 袁一安,译. 北京:人民教育出版社,2001.

[52] [苏]B·H·契尔那葛卓娃,等. 教师道德[M]. 严缘华,等,译. 上海:华东师范大学出版社,1982.

[53] [苏]赞可夫. 和教师的谈话[M]. 杜殿坤,译. 北京:教育科学出版社,1981.

[54] [法]卢梭. 爱弥儿[M]. 李平沤,译. 北京:商务印书馆,1978.

[55] [苏]马卡连柯. 父母必读[M]. 耿济安,译. 北京:人民教育出版社,1958.

[56] [苏]马卡连柯. 论共产主义教育[M]. 刘长松,译. 北京:人民教育出版社,1979.

[57] [英]洛克. 教育漫话[M]. 傅任敢,译. 北京:人民教育出版社,1957.

[58] 虞永平. 幼儿园课程中的家长参与和家长发展[J]. 学前教育研究;2006(6).

[59] 朱婷婷. 论幼儿园的师幼关系[D]. 呼和浩特:内蒙古师范大学,2013.

[60] 杨美兰. 我喜欢做孩子王[J]. 中等职业教育,2008(21).

[61] 董彦旭. 构建新时期师德评价指标体系[J]. 天津教育,2011(1).

[62] 张晓峰. 对现行教师评价三个基本问题的批判:后现代主义视角[J]. 教育理论与实践,2004(19).

[63] 王苣. 幼儿教师职业道德规范初探[J]. 河南职业技术师范学院学报(职业教育版),2009(6).

[64] [美]约翰·施拉特. 我是教师[J]. 教师月刊,2010(5).

[65] 刘彦华. 中国幼儿教师职业道德发展的回顾与前瞻[J]. 学前教育研究,2000(2).

[66] 姚亚东. 教师职业道德教育的新视角[J]. 绵阳师范学院学报,2006(6).

[67] 常瑞芳. 职业认同:幼儿教师专业成长的起点[J]. 教育导刊,2008(7).

[68] 丁海东. 论我国幼儿教师专业标准的功能定位与内容架构[J]. 中国教师,2011(11).

[69] 高洁. 论教师的游戏精神[J]. 全球教育展望,2008(10).

[70] 王成刚,袁爱玲. 论幼儿园教师专业道德发展的向度与路径[J]. 幼儿教育(教育科学),2009(27).

[71] 易凌云. 美国优秀幼儿教师专业标准及其启示[J]. 学前教育研究,2008(10).

[72] 张志欣. 幼儿教师需要什么样的职业道德[J]. 教育导刊,2010(7).

[73] 赵南. 学前教育"保教并重"基本原则的反思与重构[J]. 教育研究,2012(7).

[74] 檀传宝. 论教师的义务[J]. 教育发展研究,2000(11).

[75] 徐廷福. 教师专业伦理建设探微[J]. 教育评论,2005(4).

［76］欧阳建新.教师职业素养新论[J].职业时空,2012(5).

［77］吴春平.浅谈对教师职业素养的认识[J].学周刊,2010(1).

［78］易凌云.幼儿园教师专业理念与师德的定义、内容与生成[J].学前教育研究,2012(9).

［79］梁慧娟,冯晓霞.北京市幼儿教师职业倦怠的状况及成因研究[J].学前教育,2004(5).

［80］卢长娥,王勇.幼儿教师离职倾向及成因探析[J].早期教育,2006(7).

［81］吕苹.关于学前教育师资培养的实践与思考[J].学前教育研究,2004(5).

［82］彭世华.试论大专学前教育专业的学科建设[J].学前教育研究,2005(7—8).

［83］白明亮.文化的教育思考[J].教育理论与实践,2001(10).

［84］谢秀莲.兰州市幼儿园保育员队伍现状调查[J].发展,2010(11).

附 录 一

教育部关于进一步加强和改进师德建设的意见

教师〔2005〕1 号

各省、自治区、直辖市教育厅(教委),新疆生产建设兵团教育局,部属高等学校:

为全面贯彻落实《中共中央国务院关于进一步加强和改进未成年人思想道德建设的若干意见》和《中共中央国务院关于进一步加强和改进大学生思想政治教育的意见》精神,现就加强和改进师德建设工作提出如下意见。

一、充分认识新时期加强和改进师德建设的重要性和紧迫性

1. 加强和改进师德建设是全面贯彻党的教育方针的根本保证,是进一步加强和改进青少年学生思想道德建设和思想政治教育的迫切要求。教师是人类灵魂的工程师,是青少年学生成长的引路人。教师的思想政治素质和职业道德水平直接关系到大中小学德育工作状况和亿万青少年的健康成长,关系到国家的前途命运和民族的未来。我们要从确保党的事业后继有人和社会主义事业兴旺发达的高度,从全面建设小康社会和实现中华民族伟大复兴的高度,从落实科学发展观,落实科教兴国、人才强国战略的高度,充分认识新时期加强和改进师德建设的重要意义。

2. 党和政府高度重视教师队伍建设。长期以来,广大教师教书育人、敬业奉献,赢得了全社会的尊重。同时也必须看到,在市场经济条件和开放环境下,学校教育和师德建设工作面临许多新情况新问题和新的挑战;人民大众对于优质教育日益增长的需求,对教师素质提出了新的更高的要求。师德建设工作还存在许多不适应的方面和薄弱环节。教师队伍的师德水平和全面素质亟待进一步提高,师德建设工作亟待进一步加强和改进,师德建设的制度环境亟待进一步改善。在新的历史时期,加强和改进师德建设是一项刻不容缓的紧迫任务。

二、加强和改进师德建设的总体要求和主要任务

3. 加强和改进师德建设的总体要求是:以马克思列宁主义、毛泽东思想、邓小平理论和"三个代表"重要思想为指导,紧紧围绕全面实施素质教育、全面加强青少年思想道德建设和思想政治教育的目标要求,以热爱学生、教书育人为核心,以"学为人师、行为世范"为准则,以提高教师思想政治素质、职业理想和职业道德水平为重点,弘扬高尚师德,力行师德规范,强化师德教育,优化制度环境,不断提高师德水平,造就忠诚于人民教育事业、为人民服务、让人民满意的教师队伍,为培养德智体美全面发展的社会主义建设者和接班人做出新贡献。

4. 提高教师的思想政治素质。广大教师要认真学习马克思列宁主义、毛泽东思想、邓小平理论和"三个代表"重要思想,牢固树立正确的世界观、人生观和价值观,自觉抵制各种错误思潮和腐朽思想文化的影响;牢固确立在中国共产党领导下走中国特色社会主义道路、实现中华民族伟大复兴的共同理想和坚定信念;拥护中国共产党领导,拥护社会主义,热爱祖国,热爱人民,坚持正确的政治方向,拥护党和国家的路线、方针、政策,在大是大非问题上,立场坚定,旗帜鲜明。要积极参加社会实践,接触实际,了解国情。要认真学习宪法和有关法律法规,坚持学术研究无禁区、课堂讲授有纪律,严格教育教学纪律。要高度重视学生的思想道

德建设和思想政治教育,以良好的思想政治素质影响和引领学生。

5. 树立正确的教师职业理想。广大教师要有强烈的职业光荣感、历史使命感和社会责任感,以培育优秀人才、发展先进文化和推进社会进步为己任,站在时代的前列,努力成为为人民服务的践履笃行的典范。要志存高远,爱岗敬业,忠于职守,乐于奉献,自觉地履行教书育人的神圣职责,以高尚的情操引导学生全面发展。要正确处理个人与社会的关系,反对拜金主义、享乐主义和极端个人主义,把本职工作、个人理想与祖国的繁荣富强紧密联系在一起。

6. 提高教师的职业道德水平。广大教师要坚持社会主义教育方向,全面贯彻党的教育方针,遵守法律法规;树立先进教育理念,自觉遵循教育规律,积极推进教育创新,全面实施素质教育,不断提高教育质量;牢固树立育人为本、德育为先的思想,全面关心学生成长,热爱学生,尊重学生,公平公正对待学生,严格要求学生,因材施教,循循善诱,形成相互激励、教学相长的师生关系,促进学生全面发展;自觉加强师德修养,模范遵守职业道德规范,以身作则,言传身教,为人师表,以自己良好的思想和道德风范去影响和培养学生;大力提倡求真务实、勇于创新、严谨自律的治学态度和学术精神,团结合作、协力攻关、共同进步的团队精神,努力发扬优良的学术风气。坚持科学精神,模范遵守学术道德规范,潜心钻研,实事求是,严谨笃学,成为热爱学习、终身学习和锐意创新的楷模。

7. 着力解决师德建设中的突出问题。要坚决反对教师讥讽、歧视、侮辱学生,体罚和变相体罚学生的行为;坚决反对向学生推销教辅资料及其他商品,索要或接受学生、家长财物等以教谋私的行为;坚决反对在科研工作中弄虚作假、抄袭剽窃等违背学术规范,侵占他人劳动成果的不端行为;坚决反对在招生、考试等工作中的不正之风和违纪违法行为;严厉惩处败坏教师声誉的失德行为。

8. 积极推进师德建设工作改进创新。适应新形势新任务的要求,师德建设工作必须积极推进观念创新、制度创新。要努力探索新形势下师德建设的特点和规律,在内容、形式、方法、手段、机制等方面不断改进和创新,特别要在增强时代感,加强针对性、实效性上下功夫,讲究实际效果,克服形式主义,使师德建设更加贴近实际、贴近教师,把师德规范的主要内容具体化、规范化,使之成为全体教师普遍认同的行为准则,并自觉按照师德规范要求履行教师职责。

三、加强和改进师德建设的主要措施

9. 强化师德教育。多渠道、分层次地开展各种形式的师德教育。在加强和改进教师思想政治教育、职业理想教育、职业道德教育的同时,重视法制教育和心理健康教育。加强学风和学术规范教育。建立和完善各级各类学校德育工作者培训制度。对学校班主任、辅导员等德育工作者进行师德教育专题培训。建立和完善新教师岗前师德教育制度。各级各类师范院校和举办教师教育的综合大学,都要适应新的要求,将教师职业道德教育列为教师培养和职后培训的重要环节。要把师德教育作为新一轮中小学教师全员培训的首要任务和重点内容。

10. 加强师德宣传。每年教师节组织师德主题教育活动,以庆祝教师节和表彰优秀教师为契机,集中开展师德宣传教育活动;在三年一次全国性的教师和教育工作者表彰奖励中,表彰师德标兵,优秀班主任、辅导员、德育工作者和德育工作先进集体;组织师德典型重点宣传和优秀教师报告团活动,大力褒奖人民教师的高尚师德,广泛宣传模范教师先进事迹,展现当代教师的精神风貌,进一步倡导尊师重教的良好社会风尚;举办师德论坛,促进师德建设的理论创新、制度创新和管理创新,推动师德建设工作实现科学化、制度化。

11. 严格考核管理。进一步完善教师资格认定和新教师聘用制度,把思想政治素质、思想道德品质作为必备条件和重要考察内容;建立师德考评制度,将师德表现作为教师年度考核、职务聘任、派出进修和评优奖励等的重要依据。对师德表现不佳的教师要及时劝诫,经劝诫仍不改正的,要进行严肃处理。对有严重失德行为、影响恶劣者一律撤销教师资格并予以解聘。建立师德问题报告制度和舆论监督的有效机制。将师德建设作为学校办学质量和水平评估的重要指标。

12. 加强制度建设。修订《中小学教师职业道德规范》，制定《高等学校教师职业道德规范》。建立师德建设工作评估制度，构建科学有效的师德建设工作监督评估体系。抓紧研究制定科学合理的教师评价方法和指标体系，完善相关政策，体现正确导向，为师德建设提供制度保障。各级教育行政部门和学校要因地因校制宜，制定可操作的实施办法，完善师德建设规章制度，建立师德建设长效机制。

四、切实加强对师德建设的领导

13. 要将教师工作摆在更加重要的位置，加强教师队伍建设特别是教师职业道德建设。要大力弘扬尊师重教的优良传统，千方百计地为广大教师办实事、办好事，不断改善教师的工作、学习和生活条件，为教师教书育人创造更为良好的社会环境。全社会都要关心和支持师德工作。要坚持团结鼓劲、正面宣传为主的方针，大力宣传人民教师的先进典型和模范事迹，为师德建设营造良好的舆论氛围。

14. 各级教育行政部门要把师德建设作为一项事关教育工作全局的大事，纳入教育事业总体规划，加强领导，统筹部署，切实做到制度落实、组织落实、任务落实。要将师德建设作为考核教育行政部门和学校工作的一项重要内容。形成主要领导亲自抓、相关部门各负其责、有关方面大力支持的领导体制和统一领导、分工负责、协调一致的工作格局。教育部建立师德建设工作领导小组，协调全国师德建设工作。各地教育行政部门也要建立相应的工作机制，保证师德建设工作落到实处。要充分发挥教育工会等教师行业组织在教师职业道德建设中的积极作用。

15. 各级各类学校要把师德建设摆在教师工作的首位，贯穿于管理工作的全过程。学校主要领导要亲自抓师德建设。高校要切实把师德建设工作摆上重要议事日程，加强领导，统一规划，开展一次以师德建设为主要内容的教师轮训，在此基础上，做到经常化、制度化。学校基层党组织、广大党员教师要充分发挥政治核心和先锋模范作用。学校教代会和群团组织紧密配合，学生、家长和社会积极参与，形成加强和推进师德建设的合力。

附 录 二

国际教育组织关于教师职业道德的宣言

此声明代表教师和所有其他教育工作者的个人与集体宣言,也是对教师职业规范的法律、法规、条例和活动等的补充。除了作为教师和所有教育工作者对于教师职业的道德及相关问题的响应,此声明也提到不同教育参与者之间的关系以及会由此而引发的问题。

此宣言于 2001 年 7 月 25—29 日在泰国举办的第三届国际教育组织(Education International, EI)世界大会通过。国际教育组织是一个属于全球教育人员的产业工会组织,拥有来自 159 个国家的 310 个教育组织为会员,会员教师与教育人员高达 260 万人,是当前规模最大的全球性工会联盟。

■ 序言

高水平的公共教育是民主社会的主要基础。它的任务是确保所有的儿童和青少年享有接受教育的平等机会。它对经济、社会和文化的影响是一个国家良好发展的关键因素。提供高水平的公共教育是一项重要的使命,教师和教育工作者有责任建立公众对教学服务的高水平和标准的信心。

在职业实践中做出负责任的判断是教育的核心活动。提供高水平的公共教育的关键在于合格、有专业精神和责任感的教师以及教育工作者为了开发每名学生的潜力所表现的呵护与关切。

高水平的公共教育的实践,除了需要教师和教育工作者的教学能力和专业精神,良好的工作环境、社会的支持和周全的政策也是必备的条件。只有在所有的条件都具备的条件下,教师和教育工作者才可以充分地、负责任地为学生和社会执行他们的教育工作。

关于教师职业核心道德问题的讨论有利于教师职业的发展。对职业标准以及伦理意识的加强,不仅可以提高教师以及教育工作者的工作满意度和自我批评,也可以提高社会对教师职业的尊敬。

作为国际教育组织(EI)的成员、教师、其他教育工作者和他们的工会,应努力提倡教育,来帮助人们充分地发挥自身的能力,为社会的发展进步做出贡献。

认识到教育过程中需要背负的所有责任以及为了教师职业、同仁、学生和家长所必须保持的职业道德行为,身为国际教育组织的成员,教师工会应该:

(A) 积极地提倡国际教育组织世界大会和行政董事会所采纳的政策和决议,包含此职业道德宣言。

(B) 确定教育工作者享有能够使他们履行职业的良好工作政策和条件,确保他们能得到在国际劳工组织(ILO)基本劳工条款和权利的宣言中所有的权利,如下所列:

— 自由结社的权利

— 集体谈判的权利

— 就业中不受歧视的保护

— 平等就业

— 就业中不受威胁和保护人身自由

— 废除童工

(C) 确保他们的会员拥有国际劳工组织(ILO)和联合国教科文组织(UNESCO)就教师地位的联合宣言以及就高等教育的教育工作者地位的宣言内所列出的所有权利。

(D) 消除一切在教育里以性别、婚姻状况、性倾向、年龄、宗教信仰、政治观点、社会地位、经济情况、民族或种族为理由的各种偏见与歧视。

（E）在自己的国家内合作,提倡为所有儿童提供政府资助的高水平的教育,提高教育工作者的地位和维护他们的权利。

（F）发挥影响力和号召力,使全世界的儿童(尤其是童工,遭社会主流排斥的家庭的儿童,或其他有特殊困难的儿童),在不受到任何歧视的情况下得到高水平的教育。

■ 宣言

为了引导教师、其他教育工作者和他们的工会达到教师职业应有的职业道德标准,国际教育组织宣言如下:

一、对职业的承诺:教育工作者应该

（A）为所有学生提供高水平的教育,以加强公众对教育工作者的信心,以赢取他们对教师职业的尊敬。

（B）确保定期更新并增进专业知识。

（C）安排自身的终身学习计划,包括计划的内容、程序和时间,以表现教师的专业精神。

（D）声明并不隐瞒任何相关专业资格的资料。

（E）通过积极参与工会活动,达到良好的工作状况,以吸引高素质的人士加入教师职业。

（F）通过教育,全力支持并推进民主和人权。

二、对学生的承诺:教育工作者应该

（A）尊重所有的儿童(特别是他们的学生)的权利,以确保他们受到联合国童权公约(尤其是所有有关教育的条款)的保护。

（B）保护和提倡学生的人身安全和利益,确保他们不受到任何形式的欺负以及任何生理或心理的伤害。

（C）尽所有可能保护儿童不让他们受到性伤害。

（D）以应有的照顾,努力对待任何有关学生的安全和利益的事项,并同时保护学生的隐私。

（E）协助学生建立一套符合国际人权标准的价值观。

（F）与学生保持师生之间的专业关系。

（G）认识到每个学生的特殊性、特点和特殊的需求。

（H）让学生认同于一个富有互助精神,却也有个人空间的社会。

（I）以公正与慈悲发挥教师的权威。

（J）确保师生之间的特殊关系,不受任何宗教或意识形态的影响和控制。

三、对教育界同事的承诺:教育工作者应该

（A）通过对彼此(尤其是对刚从事教师职业或在培训中的同事)的职业等级和观点的尊重,提高同事之间的交流和帮助。

（B）除非有严格的专业或法律原因,不可透露在就业中得到关于同事的任何数据。

（C）协助同事完成由教师工会和雇主所同意的同事互相审查的审查程序。

（D）保障同事的人身安全和利益,确保他们不受到任何形式的欺负以及任何生理或心理的伤害和性侵犯。

（E）为了此声明的实践得到最佳效果,确保内容的落实和执行是国家级的工会组织内透彻讨论的结果。

四、对管理层的承诺:教育工作者应该

（A）熟悉他们的法律和行政的权利和职责,并且尊重集体合同中列出的条例和学生的权利。

（B）执行管理者合理的指示,并有权力通过清晰的、规定的程序对于该指示提出质疑。

五、对家长的承诺:教育工作者应该

（A）认识到家长有权利通过双方(教育工作者和家长)同意的渠道对于他们孩子的安全和利益进行

咨询。

（B）尊重父母的法定权利，但可为了儿童的最大利益从专业的角度向他们提出建议。

（C）作最大的努力让家长积极参与他们孩子的教育以及积极支持教育过程，避免孩子参与任何的形式不利于他们教育的工作。

六、对教师的承诺：小区和社会应该

（A）让教师感受到就业中得到公平的对待。

（B）认识到教师有保留隐私、照顾自身和在小区内正常生活的权利。

附 录 三

中小学教师职业道德规范(2008 年修订)

一、爱国守法。热爱祖国,热爱人民,拥护中国共产党领导,拥护社会主义。全面贯彻国家教育方针,自觉遵守教育法律法规,依法履行教师职责权利。不得有违背党和国家方针政策的言行。

二、爱岗敬业。忠诚于人民教育事业,志存高远,勤恳敬业,甘为人梯,乐于奉献。对工作高度负责,认真备课上课,认真批改作业,认真辅导学生。不得敷衍塞责。

三、关爱学生。关心爱护全体学生,尊重学生人格,平等公正对待学生。对学生严慈相济,做学生良师益友。保护学生安全,关心学生健康,维护学生权益。不讽刺、挖苦、歧视学生,不体罚或变相体罚学生。

四、教书育人。遵循教育规律,实施素质教育。循循善诱,诲人不倦,因材施教。培养学生良好品行,激发学生创新精神,促进学生全面发展。不以分数作为评价学生的唯一标准。

五、为人师表。坚守高尚情操,知荣明耻,严于律己,以身作则。衣着得体,语言规范,举止文明。关心集体,团结协作,尊重同事,尊重家长。作风正派,廉洁奉公。自觉抵制有偿家教,不利用职务之便谋取私利。

六、终身学习。崇尚科学精神,树立终身学习理念,拓宽知识视野,更新知识结构。潜心钻研业务,勇于探索创新,不断提高专业素养和教育教学水平。

附 录 四

幼儿园教师专业标准(试行)

为促进幼儿园教师专业发展,建设高素质幼儿园教师队伍,根据《中华人民共和国教师法》,特制定《幼儿园教师专业标准(试行)》(以下简称《专业标准》)。

幼儿园教师是履行幼儿园教育教学工作职责的专业人员,需要经过严格的培养与培训,具有良好的职业道德,掌握系统的专业知识和专业技能。《专业标准》是国家对合格幼儿园教师专业素质的基本要求,是幼儿园教师实施保教行为的基本规范,是引领幼儿园教师专业发展的基本准则,是幼儿园教师培养、准入、培训、考核等工作的重要依据。

一、基本理念

(一) 师德为先

热爱学前教育事业,具有职业理想,践行社会主义核心价值体系,履行教师职业道德规范,依法执教。关爱幼儿,尊重幼儿人格,富有爱心、责任心、耐心和细心;为人师表,教书育人,自尊自律,做幼儿健康成长的启蒙者和引路人。

(二) 幼儿为本

尊重幼儿权益,以幼儿为主体,充分调动和发挥幼儿的主动性;遵循幼儿身心发展特点和保教活动规律,提供适合的教育,保障幼儿快乐健康成长。

(三) 能力为重

把学前教育理论与保教实践相结合,突出保教实践能力;研究幼儿,遵循幼儿成长规律,提升保教工作专业化水平;坚持实践、反思、再实践、再反思,不断提高专业能力。

(四) 终身学习

学习先进学前教育理论,了解国内外学前教育改革与发展的经验和做法;优化知识结构,提高文化素养;具有终身学习与持续发展的意识和能力,做终身学习的典范。

二、基本内容

维度	领域	基本要求
专业理念与师德	(一)职业理解与认识	1. 贯彻党和国家教育方针政策,遵守教育法律法规。 2. 理解幼儿保教工作的意义,热爱学前教育事业,具有职业理想和敬业精神。 3. 认同幼儿园教师的专业性和独特性,注重自身专业发展。 4. 具有良好职业道德修养,为人师表。 5. 具有团队合作精神,积极开展协作与交流。

续　表

维度	领域	基本要求
专业理念与师德	(二)对幼儿的态度与行为	6. 关爱幼儿,重视幼儿身心健康,将保护幼儿生命安全放在首位。 7. 尊重幼儿人格,维护幼儿合法权益,平等对待每一位幼儿。不讽刺、挖苦、歧视幼儿,不体罚或变相体罚幼儿。 8. 信任幼儿,尊重个体差异,主动了解和满足有益于幼儿身心发展的不同需求。 9. 重视生活对幼儿健康成长的重要价值,积极创造条件,让幼儿拥有快乐的幼儿园生活。
	(三)幼儿保育和教育的态度与行为	10. 注重保教结合,培育幼儿良好的意志品质,帮助幼儿养成良好的行为习惯。 11. 注重保护幼儿的好奇心,培养幼儿的想像力,发掘幼儿的兴趣爱好。 12. 重视环境和游戏对幼儿发展的独特作用,创设富有教育意义的环境氛围,将游戏作为幼儿的主要活动。 13. 重视丰富幼儿多方面的直接经验,将探索、交往等实践活动作为幼儿最重要的学习方式。 14. 重视自身日常态度言行对幼儿发展的重要影响与作用。 15. 重视幼儿园、家庭和社区的合作,综合利用各种资源。
	(四)个人修养与行为	16. 富有爱心、责任心、耐心和细心。 17. 乐观向上、热情开朗,有亲和力。 18. 善于自我调节情绪,保持平和心态。 19. 勤于学习,不断进取。 20. 衣着整洁得体,语言规范健康,举止文明礼貌。
专业知识	(五)幼儿发展知识	21. 了解关于幼儿生存、发展和保护的有关法律法规及政策规定。 22. 掌握不同年龄幼儿身心发展特点、规律和促进幼儿全面发展的策略与方法。 23. 了解幼儿在发展水平、速度与优势领域等方面的个体差异,掌握对应的策略与方法。 24. 了解幼儿发展中容易出现的问题与适宜的对策。 25. 了解有特殊需要幼儿的身心发展特点及教育策略与方法。
	(六)幼儿保育和教育知识	26. 熟悉幼儿园教育的目标、任务、内容、要求和基本原则。 27. 掌握幼儿园各领域教育的学科特点与基本知识。 28. 掌握幼儿园环境创设、一日生活安排、游戏与教育活动、保育和班级管理的知识与方法。 29. 熟知幼儿园的安全应急预案,掌握意外事故和危险情况下幼儿安全防护与救助的基本方法。 30. 掌握观察、谈话、记录等了解幼儿的基本方法和教育心理学的基本原理和方法。 31. 了解0—3岁婴幼儿保教和幼小衔接的有关知识与基本方法。
	(七)通识性知识	32. 具有一定的自然科学和人文社会科学知识。 33. 了解中国教育基本情况。 34. 具有相应的艺术欣赏与表现知识。 35. 具有一定的现代信息技术知识。
专业能力	(八)环境的创设与利用	36. 建立良好的师幼关系,帮助幼儿建立良好的同伴关系,让幼儿感到温暖和愉悦。 37. 建立班级秩序与规则,营造良好的班级氛围,让幼儿感受到安全、舒适。 38. 创设有助于促进幼儿成长、学习、游戏的教育环境。 39. 合理利用资源,为幼儿提供和制作适合的玩教具和学习材料,引发和支持幼儿的主动活动。

续 表

维度	领域	基本要求
专业能力	（九）一日生活的组织与保育	40. 合理安排和组织一日生活的各个环节,将教育灵活地渗透到一日生活中。 41. 科学照料幼儿日常生活,指导和协助保育员做好班级常规保育和卫生工作。 42. 充分利用各种教育契机,对幼儿进行随机教育。 43. 有效保护幼儿,及时处理幼儿的常见事故,危险情况优先救护幼儿。
	（十）游戏活动的支持与引导	44. 提供符合幼儿兴趣需要、年龄特点和发展目标的游戏条件。 45. 充分利用与合理设计游戏活动空间,提供丰富、适宜的游戏材料,支持、引发和促进幼儿的游戏。 46. 鼓励幼儿自主选择游戏内容、伙伴和材料,支持幼儿主动地、创造性地开展游戏,充分体验游戏的快乐和满足。 47. 引导幼儿在游戏活动中获得身体、认知、语言和社会性等多方面的发展。
	（十一）教育活动的计划与实施	48. 制定阶段性的教育活动计划和具体活动方案。 49. 在教育活动中观察幼儿,根据幼儿的表现和需要,调整活动,给予适宜的指导。 50. 在教育活动的设计和实施中体现趣味性、综合性和生活化,灵活运用各种组织形式和适宜的教育方式。 51. 提供更多的操作探索、交流合作、表达表现的机会,支持和促进幼儿主动学习。
	（十二）激励与评价	52. 关注幼儿日常表现,及时发现和赏识每个幼儿的点滴进步,注重激发和保护幼儿的积极性、自信心。 53. 有效运用观察、谈话、家园联系、作品分析等多种方法,客观地、全面地了解和评价幼儿。 54. 有效运用评价结果,指导下一步教育活动的开展。
	（十三）沟通与合作	55. 使用符合幼儿年龄特点的语言进行保教工作。 56. 善于倾听,和蔼可亲,与幼儿进行有效沟通。 57. 与同事合作交流,分享经验和资源,共同发展。 58. 与家长进行有效沟通合作,共同促进幼儿发展。 59. 协助幼儿园与社区建立合作互助的良好关系。
	（十四）反思与发展	60. 主动收集分析相关信息,不断进行反思,改进保教工作。 61. 针对保教工作中的现实需要与问题,进行探索和研究。 62. 制定专业发展规划,积极参加专业培训,不断提高自身专业素质。

三、实施建议

（一）各级教育行政部门要将《专业标准》作为幼儿园教师队伍建设的基本依据。根据学前教育改革发展的需要,充分发挥《专业标准》引领和导向作用,深化教师教育改革,建立教师教育质量保障体系,不断提高幼儿园教师培养培训质量。制定幼儿园教师准入标准,严把幼儿园教师入口关;制定幼儿园教师聘任(聘用)、考核、退出等管理制度,保障教师合法权益,形成科学有效的幼儿园教师队伍管理和督导机制。

（二）开展幼儿园教师教育的院校要将《专业标准》作为幼儿园教师培养培训的主要依据。重视幼儿园教师职业特点,加强学前教育学科和专业建设。完善幼儿园教师培养培训方案,科学设置教师教育课程,改革教育教学方式;重视幼儿园教师职业道德教育,重视社会实践和教育实习;加强从事幼儿园教师教育的师资队伍建设,建立科学的质量评价制度。